認知科学講座❷

川合伸幸 編

心と脳

東京大学出版会

Cognitive Science 2: Mind and Brain
Nobuyuki KAWAI, Editor
University of Tokyo Press, 2022
ISBN978-4-13-015202-0

「認知科学講座」刊行にあたって

　認知科学とは，心と知性を科学的・学際的に探究する学問である．認知科学の萌芽は 1950 年代，そして開花を始めたのは 70 年代と言える．日本でも 1980 年代に満開・結実の時を迎えた．こうした第一世代が着実に知見を重ねる中，1990 年代，その土壌に新たな種子がまかれることとなり，この種子は 21 世紀になり第二世代の認知科学として果実を生み出した．その結果，知性はそれまでに考えられてきたものとは大きく異なる姿を見せることになった．大きな変化は「身体」「脳」「社会」の三つにまとめられるように思われる．これらはいずれも伝統的な認知科学の枠組みの中で中核を占めるものではなかったが，現代の認知科学を支える柱となっている．

　伝統的な立場からは単なる情報の入口と出口と見なされていた「身体」は，現代認知科学では知性の重要なパートナーであることが明らかになっている．また，人間が行うような高度な認知を支える脳活動を探ることは長らく困難であったが，新たなテクノロジーにより，それを詳細なレベルでとらえることができるようになった．その結果，「脳」の各部位，そのネットワークの驚異的な働きが解明されるようになった．一方，われわれの心は身体，脳にとどまるわけではない．われわれはモノ，ヒトのネットワーク，すなわち「社会」の中で，様々な調整を行いつつ，日々の生活を巧みに営んでいる．したがって，社会は進化，発達を通して，われわれの心の中に深く組み込まれている．こうした心の本源的社会性は，様々なアプローチによってあらわになってきた．身体，脳，社会への注目に基づく変化が起こり始めてから数十年が経過する中で，さらにその先を見据えた，つまり第三世代の認知科学構築のためのフレームワーク，方法論の提案も活発になってきた．

　このような動向を踏まえ，本講座は第 1 巻「心と身体」，第 2 巻「心と脳」，

第3巻「心と社会」，第4巻「心をとらえるフレームワークの展開」という構成となった．各巻では，そのテーマの中で最も根源的であり，かつ最もアクティブに研究が展開している領域を章として配置した．加えてテクノロジーとのかかわり，哲学的な検討も重要であると考え，これらの分野の研究者による章も置かれている．

　現代認知科学のこうした発展，展開を，認知科学はもちろん，関連諸分野の研究者，学生，大学院生の方々と共有したいと考え，本講座を企画した．読者の方々がこれを通して新たな人間像，知性観を知るとともに，さらなる発展に向けたパートナーとなってくれることを期待する．

　2022年9月

編集委員一同

序　認知科学における「脳」研究の来し方行く末

川合伸幸

　本書には，「心と脳」という，あまりにも平凡なタイトルがついている．ど
れくらいありきたりかを確認するために，国会図書館および他機関が所蔵する
書籍データベースから，タイトルに「心と脳」を含む本の数を調べてみた．そ
の結果，2022 年の 6 月時点で 64 冊あった．心の働きは脳が担うのだから，心
とその生物的基盤について述べた本のタイトルが「心と脳」となるのは，ごく
自然であるように思われる．むしろ，「心と脳」（安西, 2011）というタイトル
から，これらの関連に積極的に取り組もうとする意気込みさえ感じられる．

　認知科学は，心の働き，特に知的な活動が，どのように表現・処理・出力さ
れるかを情報処理の観点から研究する学問領域である．当然，認知科学では心
の働きを担う脳の構造と機能についても十分な研究の積み重ねがある，と考え
るだろう．本シリーズの他の 3 巻の序章でも，認知科学は心と脳の研究をして
きたと書かれている．しかし，本当にそうだろうか．認知科学の選書で，「心
と脳」を外すわけにはいかないが，どうやら脳そのものを対象にした研究は，
想定するほど多くないのではないだろうか．

　しかも，認知科学の研究者には，脳を実体として理解している人がそれほど
多くないように感じる．筆者は人間の（灌流固定された）脳をさわって学生に見
せていたし，動物の脳の切片も作成した．ヒツジの脳も食べたことがある（ヒ
ンナヒンナ）．まさに脳に触れてきたが，そのような認知科学の研究者は少数派
ではないだろうか．

　認知科学は，脳が担う一部の機能（たとえば，作動記憶，思考，言語など）を研
究対象としてきたが，脳そのものにまで話が及んでいないのではないか．そん
な印象を抱いたので，Cognitive Science Society の機関誌である *Cognitive
Science* 誌で脳（brain）という言葉がどれだけ出てくるかを，Web of Science

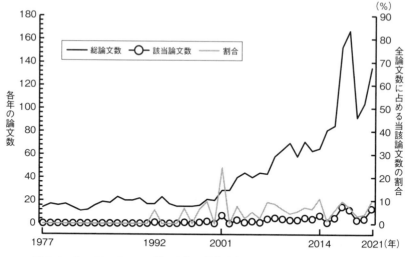

図 0-1　*Cognitive Science* 誌の各年の掲載論文数と brain を含む論文数の推移

で（およびデータのない 1977〜79 年は *Cognitive Science* 誌から）調べてみた．*Cognitive Science* 誌は 1977 年以降，毎年 4 号発行されている．

　最初に brain という言葉が出てくるのは 1987 年のことであるが，これは，Oakley（1985）の "*Brain and mind*" についての書評記事である．研究論文のトピックとして最初に brain が現れるのは，発刊から 15 年以上経過した 1992 年である．Chapman（1992）の抄録の一部に次のように記述されていた．

　　The system, SIVS, models psychophysical discoveries about visual attention and search. It is designed to be efficiently implementable in slow, massively parallel, locally connected hardware, such as that of the brain.

ここでも脳のことを研究対象にしたというよりは，「脳のように」という比喩として登場しているだけである．

　図 0-1 は，*Cognitive Science* 誌の総論文数と，トピック（タイトル，抄録，著者キーワード，Keywords Plus）に brain が含まれた論文の件数，さらに右側の第 2 軸には総論文数に占める当該論文の割合を 1977〜2021 年まで示したものである．この図から興味深いことがいくつかわかる．1977〜2002 年までは，

掲載された論文が年間 20 編前後しかない．しかし，2003 年以降は掲載される論文の数が年々増加している．総論文数が増加しているにもかかわらず，この 40 年以上にわたって，brain という言葉を含む論文が 1 年で 20 編を超えて掲載されたことは一度もない．そのため，全体に示す割合は，10% 以下でしかない．10% を超えたのは 2001 年と 2014 年だけで，前者では 'Special section on brain and speech' の特集が含まれていたため，多くの論文が brain に言及していた．45 年間の総論文数 1950 編に対し，brain を含む論文は 107 編，わずか 5.5% であった．もちろん，*Cognitive Science* 誌以外にも，認知科学の研究は掲載されるが，決して多いとは思えない．

認知科学と認知神経科学

　この結果は，わたしの印象を裏づけている．他巻の序章にも書かれていたように，認知科学には（その一分野としての）認知神経科学があるではないか，と考えるかもしれない．しかし，「認知神経科学」は，「認知科学」に「神経」の研究が加わったのではなく，「神経科学」と「心理学」が重複する分野を指す．Wikipedia の 'cognitive neuroscience' の項を読むと，'Cognitive neuroscience is a branch of both neuroscience and psychology, overlapping with disciplines such as behavioral neuroscience, cognitive psychology, physiological psychology and affective neuroscience. Cognitive neuroscience relies upon theories in cognitive science coupled with evidence from neurobiology, and computational modeling. (Gazzaniga *et al.*, 2002)' とある．この説明の歴史的起源の項には，'Cognitive neuroscience is an interdisciplinary area of study that has emerged from neuroscience and psychology (Kosslyn & Andersen, 1992)' とある．すなわち，神経科学と心理学を母体としてできあがったのが認知神経科学であり，認知科学は理論的な寄与をしているに過ぎないと述べられている．

　興味深いのは，「認知神経科学」は当初「認知科学」を「脳」の研究へ展開しようとしていたことが窺えるところである．今では 200 冊以上ある，タイトルに 'cognitive neuroscience' という言葉を含む書籍の最初のものは，マイケル・ガザニガが編集した *"Handbook of cognitive neuroscience"* (1984) である．

Handbook とあるが，19 章からなる通常の書籍と同じ構成をとっている．当初の意図が理解できるので，各章の題目の一部を示すと以下のようになる．第1章「認知科学」，第2章「文化の起源としての教育論と美学」，第3章「認知発達」，第4章「知覚の発達と生理学」，第5章「音楽，音高知覚および皮質における聴覚機構」，第6章「運動制御と視知覚の統合」，第7章「視覚情報の初期処理における計算と機構」，……第17章「コンピュータメタファーの不適切さ」，第18章「演繹的思考」，第19章「形式的学習理論」．これらはまさに当時の認知科学を代表するような研究テーマであるが，ガザニガはこのようなテーマが認知神経科学を先導すると考えていた．

しかし，同じガザニガ（および2人の共編者）による *Cognitive neuroscience: The biology of the mind* (2nd ed.)" (2002) では，すっかり様変わりしている．第1章「認知神経科学の簡単な歴史」の要約の最後で，認知神経科学は脳研究と認知心理学が融合してできたものである，と述べている．細胞や神経伝達物質を扱った章や脳の解剖学的構造を説明した神経科学の記述に加えて，選択的注意と定位や，実行機能と前頭葉というように，認知心理学と密接に関連する章も含まれている．

このような海外の状況を背景に，国内ではどのようにとらえられているかを調べてみると，「認知神経科学」という言葉をタイトルに含む和文の著書は14冊しか刊行されていない．目次を見る限り，これらは神経科学をベースにしたものである．筆者の指導教員であった今田寛は，「ある学問領域は，1）学会の設立，2）定期学術誌の刊行，3）事典（辞典）・ハンドブックの刊行の三つでもって成立したとみなすべき」と主張している（今田，2022）．「認知科学」はこれらのいずれも満たしているが，「認知神経科学」にはまだ和文の事典・ハンドブックはない．ある学問領域で知識が十分に深く広く蓄積されてから，ようやく事典やハンドブックが刊行できるということを考えれば，少なくとも国内では「認知神経科学」だけを専門にしている研究者はそれほど多くないように思われる．認知神経科学会にも何度か呼ばれて講演をしたが，医学が主体の学会であった．学術会議に登録されている認知神経科学会の学術研究領域を調べてみると，心理学・教育学・基礎医学・臨床医学と記載されている．認知神経科学は，計算神経科学（computational neuroscience）と同じように，神経科

学の一分野と言える.

脳の働きを調べる手法

　心と脳の機能を実証的に調べる方法は, 大きく分けて三つのアプローチで進められてきた. 損傷実験, 電気生理学実験, 脳機能イメージングである (近年では, 光で活性化する物質を細胞に発現させ, 光によって細胞の機能を制御する光遺伝学などもある). これらの研究から, 大脳皮質は一様の機能を担っているのではなく, 場所 (領域, 部位) に応じて機能を分担していることが明らかにされた. 前頭葉にあるブローカ野が言語を音声として発するのに, また側頭葉にあるウェルニッケ野が聞いた言語の意味を理解するのに, それぞれ重要な役割を果たしていることはよく知られている (Geschwind, 1970). てんかん治療のために両側の海馬を摘出された HM という患者が, 新しく物事を覚えられなくなったという症例から, 記憶の固着に海馬が必要であると認識された. 日露戦争中に後頭葉に弾丸を受けた兵士が, 眼球に障害がないにもかかわらず見えなくなった例から, この領域が視覚処理に関与していることが明らかになった (Glickstein, 1988).

　電気生理学の研究から, 後頭葉にある一次視覚野のニューロンの多くは傾きを持つ線分に反応すること, また, 一次視覚野では比較的簡単な情報処理を行うが, 徐々に複雑な情報処理を行う領域間の階層性があることなどがわかった.

　これらの伝統的な手法に加えて, 認知神経科学の立役者となったのが, 非侵襲的脳機能イメージングである. この手法は大きく分けて, 脳内の血流の変化を測る方法と, 神経集団の電気・磁気的活動を計る方法の二つに分けられる. 前者では, 体内に注入した放射性同位元素の崩壊で生じる γ 線から測るポジトロン断層法 (positron emission tomography：PET) や, 磁場パルスの緩和過程から測る機能的磁気共鳴イメージング (functional magnetic resonance imaging：fMRI) がある. これらの方法はどちらも, 脳内の特定の領域が活動すると, その領域に流入する血液が局所的に増加するということを用いて, 血流の変化から間接的に脳の活動を推定する. 後者には, 神経細胞集団の電気的活動である脳波 (electroencephalography：EEG) 計測や細胞が集団として活動した際に流れる電流から生じる微少な磁場を測る脳磁図 (magnetoencephalography：MEG)

計測がある．これらの手法により，言語や推論など，動物では調べることのできなかった認知機能を調べることが可能になった．本書の第1章に，これらの手法の長所・短所や歴史的変遷が詳細に記述されている．

マーの三つの説明レベル

　これらの手法を用いて研究するには，（EEG を除けば）大がかりな装置や施設が必要であり，そのような設備を有する研究者は，研究者の集団の規模が大きい（当然，引用数も多くなることが期待できる）神経科学を指向してきた．それでは，認知科学は脳の研究とは無縁であったかと言えば，そうではない．デイヴィッド・マーは，情報処理システムを理解するためには，三つのレベルでの理解が必要と提唱した（Marr, 1982）．三つのレベルとは，計算理論（computational theory），入出力の情報表現と計算理論を実現するアルゴリズム（representation and algorithm），そしてハードウェアもしくは神経回路という実装（implementation）である．この三つのレベルの違いは，かならずしも明確ではなく，理解しにくいところもある．そこで，太古に書かれた本が発見されて，それを研究するという例で説明する．その本が書かれているのは石版か，パピルスか，羊皮紙か，あるいはページ数はどれだけか，インクの材料は何か，ということを調べるのがハードウェア（実装）レベルの研究である．書かれている文字はヒエログリフか，くさび形文字か，また言語はヘブライ語かギリシア語か，どのような文法構造か，などを調べるのが表現とアルゴリズムレベルの研究である．そして，その本に書かれている内容を調べるのが計算理論レベルの研究である．

　なぜこれら三つのレベルの説明（理解）が必要なのだろうか．電気生理学で観測できる神経活動は，多細胞同時記録法を用いてもせいぜい数十個でしかない．しかし，サルの脳であっても神経細胞は数十億個もある．その中のわずかな神経細胞のふるまいを観測しても，全体の働きは理解できない．ちょうど，コンピュータの CPU に含まれる膨大な素子から一つの素子のふるまいを観測しても，コンピュータの動作がわからないことと同じである．まさに，そのような方法では理解できないということを証明しようとした研究が行われている．3510 個のトランジスタで構成される電子回路が組み込まれたマイクロプロセ

ッサを脳に見立て，神経科学の手法を用いてマイクロプロセッサの動作原理を解明できるかが試みられた．様々な手法で解析したにもかかわらず，マイクロプロセッサの動作原理について意味ある知見を得ることはできなかった（Jonas & Kording, 2017）.

　将来，すべての神経細胞の活動を同時に観測できるようになったとしても，（活動していないことで情報を表現する神経細胞もあるので）「脳はどのような計算をしているか」ということはわからないのかもしれない．伝統的な電気生理学や損傷の研究では，脳活動の発現として一つひとつの神経細胞の活動を測定できても，（ポピュレーション・コーディングなどもあるが）集団として何の計算をしているかというマクロな視点での理解・説明を欠いていた．

　マーが提唱した三つの説明レベルは，個々の神経細胞というミクロなレベルと，神経細胞の集団が機能的なまとまりとして処理する計算というマクロなレベルをはっきりと峻別するとともに，それらをつなぐ必要性を説くものである．マーは，三つの説明レベルは互いに緩やかに結びついているが独立に研究できると提唱した．

　認知科学では，どのような目的（what）・計算をなすべきか（why）という計算理論や，その計算のためにはどのような（how）表現・アルゴリズムを考えなければならないか，というレベルの研究は数多くなされてきたが，実装するためのハードウェアである脳の研究は，神経科学に任せてきたように思われる．そのために，「脳」という言葉が認知科学の論文に出現しなかったのではないだろうか．逆に神経科学では，個別の神経機構に注目することが多く，計算神経科学が登場するまで，必ずしも脳の機能の本質をよりマクロなレベルから考えていなかった．

古典的な情報処理モデル

　脳の機能を計算論的に理解しようとする試みの歴史は長い．最初期のものは，複数の神経細胞からの入力が，ある閾値を超えるとその神経細胞が活動電位を発するという単一神経細胞の機能を模したものであった（McCulloch & Pitts, 1943）．神経細胞どうしのネットワークを重視した考えは，当時のヘッブ則（Hebb, 1949）にも見られるが，まだ数理モデルに落とし込まれていなかった．

新行動主義心理学の学習モデルでも主流であった，入力と出力の差分を小さくするように学習する（＝アルゴリズム）デルタルールを用いて，中間層と出力層の結合加重を更新する三層構造の学習ネットワークがパーセプトロンであった（Rosenbratt, 1961）．パーセプトロンが解決できなかったいくつかの問題（非線形の計算が学習できない）を，誤差逆伝播やシグモイド関数，相互結合ネットワークの導入などで解決したのが，並列分散処理モデル（parallel distribution processing model：PDP モデル）である（Rumelhart & McClelland, 1986）．脳神経系の情報処理は複数の処理ユニット（神経細胞）が同時並行的に働いていることに着目したという点で画期的であった．このモデルは，知的な活動には情報の並列分散処理が必要であるとのコネクショニズムの考えに基づいたもので，ニューラルネットワークの一つと考えられている．

　PDP モデルは，情報処理モデルであること，フレームやスキーマといった知識表現に取り組んでいること，推論などの高次思考のシミュレーションを与えたことなどから，認知科学や認知心理学，人工知能の研究を大いに刺激した．認知科学は心と脳の研究と深くかかわってきた，という印象を持つのは，PDP モデルの果たした貢献に負うところが大きいだろう．しかし，上下 2 巻からなる原著の第 2 巻には 'Neural and conceptual interpretation of PDP models' という脳生理学との対応が書かれた章があったにもかかわらず，その後の PDP モデルを用いた研究では，表現やアルゴリズムを実際の脳の構造・機能に対応づけようとする試みは多くなかった（和訳では，2 巻が 1 冊にまとめられ，その生理学の章は採録されなかった）．

　PDP モデルをマーの三つのレベルの説明に照らせば，他の認知科学の研究がそうであるようにトップダウンなアプローチを採っており，実装のレベルにまで至らなかったと言える．ここでのトップダウンのアプローチとは，人間や動物，エージェントが示す行動から出発し，その行動がどのような「計算」をするためのものと見なせるかを考えるものである．たとえば，ヒトが最短の手順でハノイの塔課題を解くためにはどのような計算をしているか，迷路の中のネズミは餌を得るという目標のために，自分の位置とゴールの位置をどのように計算しているか，などである．

　一方，生理学や神経科学研究はボトムアップなアプローチを採ってきた．ハ

ードウェア実装のレベルをまず調べ，そ
れに基づいてハードウェアが実行してい
るアルゴリズムやその計算理論を探ると
いう方向性である．たとえば，複数の神
経細胞集団がどのようなパターンで活動
するか，信号がどのような経路で伝達・
処理されていくか，などである．

　すなわち，認知科学と神経科学は逆の
アプローチを採っていたため，なかなか
両者が交わることがなかった（図 0-2）．

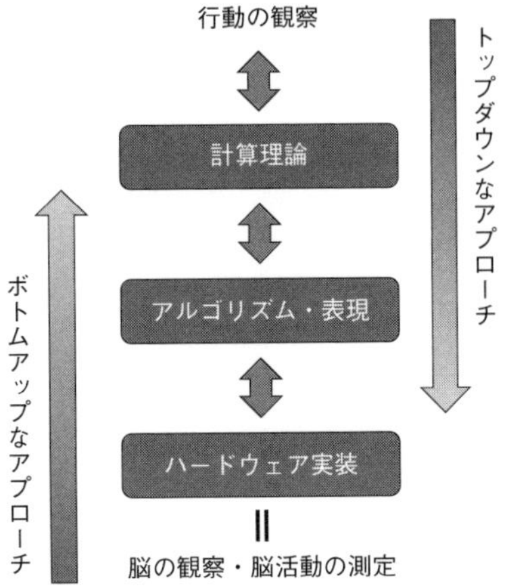

行動の観察

計算理論

アルゴリズム・表現

ハードウェア実装
＝
脳の観察・脳活動の測定

トップダウンなアプローチ

ボトムアップなアプローチ

図 0-2　マーの三つのレベルの説明とト
ップダウンおよびボトムアップな戦略

認知科学と神経科学の邂逅

　しかし，認知神経科学やニューラルネ
ットワークの発展により，今では認知科学の研究は実装レベルまで考慮するよ
うになり，また神経科学の研究も脳全体の計算理論を視野に入れるようになっ
た．

　近年では，インターネットの発達により大規模なデータにアクセスできる．
その恩恵を受けて，深層畳み込み型ニューラルネットワーク（DCN）は，ゼロ
から物体認識を学習するにもかかわらず，第 1 層のニューロン群の畳み込み重
みは，V1 野の単純型細胞群のように，様々な方位と空間周波数からなるガボ
ール・フィルタに似た重み分布を示した．さらに，高次層のニューロンは，
TE 野の神経細胞が示す物体カテゴリ選択性を示すなど，やはり脳に似た情報
表現様式を獲得した．このようなトップダウンのアプローチの妥当性を検証す
るために，サルの脳から記録した神経活動データと DCN 各層の神経細胞応答
を比較することで，DCN の脳モデルとしての妥当性を，ボトムアップのアプ
ローチから検証する研究が行われている．その結果，サルが実際に見ていた画
像を神経情報から可視化できることが示された．これらの背景や経緯および詳
細は，本書の第 4 章で詳述されている．

　この他にも，本書には認知科学（計算理論）から神経科学（実装）にまたがる，
マーの三つの説明レベルを包含する研究が含まれている．ヒトを始めとする霊

長類の脳は，集団生活に適応するために大きくなったとする計算理論（社会脳仮説）は，どのような脳の領域や機能によって実現（実装）されているのかを，最新の知見を踏まえて紹介したのが本書の第3章である．身体や身体動作は，側頭葉（上側頭溝，紡錘状回，MT野など）で処理されていることや，またその情報表現はどのように発達するか（アルゴリズム），が解説される．さらには，定型発達児とは異なる神経回路（実装）を有すると想定される自閉症やウィリアムズ症候群児・者の社会的認知特性を，質問紙や注視行動を用いた研究で明らかにすることで，ヒトの社会性分布の広がりと可塑性について考察している．

　第1章は，視覚，体性感覚，多感覚統合に関する神経科学の知見が手際よくまとめられている．第3〜5章と密接に関連しているので，第1章を先に読むとよりこれらに関する神経科学の理解が深まると考えられる．これらの多くは，（認知）神経科学の知見（実装）に基づくものであるが，多感覚統合の計算モデルも紹介されており，視・触覚や視・聴覚がどのように統合（あるいは独立に処理）されるかを，その神経基盤とともに理解することができる．

　表現・アルゴリズムレベルの説明に数式を用いていないが，第5章も同じように，三つのレベルで行動や心，脳の進化が説明される．「脳・神経系」は，その生物が本来棲息している環境の情報を検出（感覚・入力）し，それらを随時処理することによってその瞬間に最適な行動（運動・出力）を引き起こすための「今・ここ」の情報を処理する汎用装置である，という仮定から出発し，それなのになぜヒト（ホモ・サピエンス）は，本来の棲息環境から大きく飛び出し，全く異なる自然環境の地へと移住を繰り返したのか，という謎に挑んでいる．地球上のほぼすべての気候帯の地域にまで棲息域を拡げるという，生物種としては特異なヒトの行動パターンは，その行動を引き起こす認知と，それを制御する脳の機能・構造に何らかの変化が生じた結果だと考えられる．第5章では，その大きな変化を相転移と呼び，ヒトの現在の文明社会に至るまでには，大きな相転移が3回あったと仮定する．そして，それらの相転移における「計算理論」「表現・アルゴリズム」「実装」を，神経科学と認知科学の立場から説明している．たとえば，人類が石器を使い始めた相転移の第1相における「計算理論」は，地下茎などの食物を効率よく採種するために石を道具として使用する，ということである．「表現・アルゴリズム」は，道具を手の延長として

身体と一体的に制御するための，自己の身体像の修正であり，道具を使う身体
もまた道具と一体となった操作対象と見なされるようになった．さらには，道
具との一体化を介して，自己を他者と対峙する客観化された対象として認識さ
れるようになった．このような手段（アルゴリズム）によって，（計算）目的を
達成しようとした結果，これにかかわる神経細胞が，ヘップ則などの活動で共
時する際に既存の要素的システムの重複を繰り返すことで定量的に増大した結
果，道具使用に関わる脳領域の膨大が生じた（実装）と推測している．実際，
著者らは，サルに道具使用を 2 週間訓練させるだけで，大脳皮質頭頂葉で膨大
化が生じ，さらにはこの道具使用の学習過程に対応して，この脳部位である種
の遺伝子発現を伴った大脳皮質間結合が再構成されることを見出している．計
算神経科学とはアプローチが異なるが，ここでも三つのレベルの説明を用いて，
ホモ・サピエンスがどのように認知や脳を進化させたかについての壮大な理論
が展開されている．

　第 2 章では，恐怖の学習と脅威の検出にかかわる神経機構が解説されている．
脅威の検出については，ヒトやヒト以外の霊長類は，その祖先の頃から捕食者
であったヘビを検出するために視覚システムを進化させたというヘビ検出理論
と，それを支持する研究結果が示されている．脅威を検出する視覚機構の計算
理論の目的（why）は，生存を有利にすることである．そのため，霊長類やヒ
トがすべきこと（what）は，脅威の対象（ヘビ）を早く見つけることである．
その処理は，「高い樹上で暮らした祖先の霊長類時代に，唯一の捕食者である
ヘビをすばやく検出しなければ捕食されてしまう」ために必要であった．この
働きを担うハードウェア（実装）は，視覚の低次経路（網膜→上丘→視床枕→扁
桃体）と V2，V4，IT 野である．認知科学の問題で最も重要なのが，どのよう
な入力がどのような処理を経て，別の信号として出力されるのかというアルゴ
リズムレベルの問題である．網膜に入った情報の一部が上丘から視床枕を経て
V2 や V4 と協調しながら扁桃体へ送られる．この経路は粗く詳細な情報を伝
えられないが，ヘビの特徴であるウロコ様パターンにこれらの脳領域が迅速に
反応し，あらかじめ扁桃体を活性化させることで，一次視覚野から送られてく
る通常の視覚情報処理を加速させる．このようなアルゴリズムで脅威（ヘビ）
を効率よく見つけていると考えられる．これらの領域の神経細胞が具体的にど

のようなエッジ検出やフィルターを組み合わせているかなどの詳細なパラメータの解明は，今後の研究を待たねばならないが，マーの三つのレベルに即した心と脳の研究が展開されている．

哲学および圏論からのアプローチ

本書の第6章と第7章は，実証的なアプローチをする認知科学研究がこれまで正面から扱ってこなかった意識について，圏論と哲学の立場からアプローチしている．第7章では，哲学における自然主義の立場が述べられている．哲学が対象とする真善美など形而上の問題に，（純粋数学がそうであるように）観察や実験に基づく実証的な方法ではアプローチできないとする立場と，他の自然科学研究と同じように観察や実験によって得られた知見によって様々な現象を理解しようとする立場がある．後者を自然主義というが，その基本的発想は，この世界に存在する多様な事物は，「構成による説明」と，「実現による説明」を繰り返すことで，最終的にはミクロレベルの基礎的な構成要素によって説明可能であるという存在論的自然主義に基づいている．これは，還元論の立場であり，唯物論とも呼ばれる．果たして，直接観察することのできない心や意識を，自然主義の立場からアプローチできるのだろうか．たとえば，感覚入力，他の心的状態，行動出力が一定の因果関係にあることによって，ある思考が生じると仮定すれば，この因果的機能を実際に果たす脳状態を特定することで，実現による説明が可能になる．そのように心的状態を因果的機能に分析することで，実現による説明を可能にしようとするのが，「心の自然化」である．同様に，意識もそのような機能主義的な立場によって，自然化が可能である．ただし，意識の自然化には，因果的機能にもとづいて理解可能な「心理学的意識」と，意識の中身そのものであるクオリア（赤いりんごを見て「赤い」と感じる）を本質とする「現象的意識」があることを峻別し，後者こそが意識の自然化をめぐる問題の核心であると指摘している．

第6章では，そのクオリアを理解するために「クオリア構造」というアプローチが必要であることを説いている．構造とは，単純化すれば，関係のまとまりということができる．スタンリー・スティーブンスの精神物理学の手法を用いれば，（視覚的には観察できない）聞こえた「音の大きさ」の違いを（視覚的に

観察可能な）「光の明るさ」の違いで表現できるように，数理的な関係を利用することで，直接観察できない意識にアプローチしようとしていると考えれば理解しやすいかもしれない．

　第6章では，まず哲学の問題として論考されていた意識の問題が神経科学の俎上に載るようになった歴史的経緯が述べられる．脳機能イメージングの発展により，実際の視覚入力と想像したイメージの違い，夢，幻覚，マインドワンダリングなど，入力刺激がない状態での意識現象に対応する神経活動が明らかになったという神経科学研究が紹介された後に，数理的に「構造」を理解するために発展した，数学の一分野である圏論の解説が導入される．この構造を用いることで，主観的な意識体験である「クオリア」とその内観「報告」の関係を概念的に整理することが試みられている．あるモノと他のモノの（随伴）関係は，他のところにも移す（変換する）ことが可能である，ということを用いて，クオリアと内観報告の関係を取り出そうとしている．これらの随伴関係を積み重ねることで，クオリア（圏）の構造を解明する可能性を探っている．

実装レベルの認知科学とは

　認知科学は，心の働きを調べる学問であるが，それを担う実体である脳には深くかかわってこなかったことを文献研究によって示した．認知神経科学は，少なくとも国内では未だに神経科学の一分野であり，認知科学の研究とは（オーバーラップはあるものの）一線を画している．マーの三つのレベルの説明という観点に立てば，三つのレベルを包摂した先駆的な研究（望月・大森，1996; 大森・下斗米，2000）は行われていたものの，どちらかと言えば認知科学の研究は計算理論から表現・アルゴリズムレベルの説明に重心があり，神経科学は実装や表現・アルゴリズムレベルまでの研究に焦点を当ててきたと言える．

　しかし，研究手法・解析法の発展や，他領域との交流，実体である脳の知見が積み重なってきたことなどから，昨今の認知科学は脳を視野に入れた研究を展開している．本書で示される研究は，必ずしも「認知神経科学」の範疇に収まるものではない．新機軸を打ち出しているという意味で，本書の研究を実装レベルの認知科学と呼びたい．（遅まきながら）実体である「脳」レベルの説明を含めたマーの三つのレベルの説明すべてに及ぶ「認知科学」が，確立されつ

つある．このような広い説明レベルの研究が認知科学に根づくことを期待して
いる．

引用文献

安西祐一郎（2011）．心と脳——認知科学入門　岩波書店

Chapman, D.（1992）. Intermediate vision: Architecture, implementation, and use. *Cognitive Science, 16*(*4*), 491–537.

Gazzaniga, M. S.（Ed.）（1986）. *Handbook of cognitive neuroscience.* Prenum Press.

Gazzaniga, M. S., Ivry, R. B., & Mangun, G. R.,（Eds.）（2002）. *Cognitive neuroscience: The biology of the mind.* W. W. Norton.

Geschwind, N.（1970）. The organization of language and the brain. *Science, 170*, 940–944.

Glickstein, M.（1988）. The discovery of the visual cortex. *Scientific American, 259*(*3*), 118–127.

Hebb, D. O.（1949）. *The organization of behavior: A neuropsychological theory.* Wiley.

今田寛（2022）．生理心理学，情動の心理学の近年の‘姿’を探る　第40回日本生物心理学会大会・日本感情心理学会第30回大会合同大会特別公演

Jonas, E., & Konrad, P. K.（2017）. Could a neuroscientist understand a microprocessor? *PLoS Computational Biology, 13*(*1*), e1005268

Kosslyn, S. M. & Andersen, R. A.（1992）. *Frontiers in cognitive neuroscience.* MIT press.

Marr, D.（1982）. *Vision: A computational investigation into the human representation and processing of visual information.* W. H. Freeman & Company.

McCulloch, W. S., & Pitts, W. A（1943）. Logical calculus of the ideas immanent in nervous activity. *Bulletin of Mathematical Biophysics, 5*, 115–133.

望月彰子・大森隆司（1996）．PATON——文脈依存性を表現する動的神経回路網モデル　日本神経回路学会誌，*3*(*3*)，81–89．

Oakley, D. A.（Ed.）（1985）. *Brain and mind.* Methuen.

大森隆司・下斗米貴之（2000）．文法を利用した語彙獲得における加速現象の脳モデル化　認知科学，*7*(*3*)，223–235．

Rosenblatt, F.（1961）. *Principles of neurodynamics: Perceptions and the theory of brain mechanism.* Spartan Books.

Rumelhart, D. E., & McClelland, J. L.（1986）. *Parallel distributed processing*（2-volume set）: *Explorations in the microstructure of cognition*（PDP research group）. MIT Press.

目　次

第1章　知覚の神経基盤

楊嘉楽・山口真美

1　認知神経科学とその方法

　ヒトの知覚はどのように成り立ち，外部世界を認識できるのか，という認識論の問題は，古くからプラトン，アリストテレス，ルネ・デカルト，ジョン・ロック，ジョージ・バークリーなどの巨匠たちにより考え続けられてきた．彼らの思考の結晶として，「哲学」という学問が発展されたとも言える．しかし，哲学的方法論は思弁でしかないという批判もありうる．一方で，科学革命の流れの中で，ヒトの知覚を脳の神経活動の産物と見なし，主観的認知と特定の神経活動との関係を実験的に解明するという科学的方法論によって，ヒトの主観的世界に踏み込むことが可能となった．このような認知神経科学のアプローチは19世紀に萌芽し，生体測定や脳機能イメージングなどの技術の発展により，20世紀に飛躍的な進歩を遂げた．

　認知科学では，ヒトの知覚と神経活動の関係を理解するために，情報処理という概念を取り入れ，脳の働きを情報処理システムとして仮定している．外界からの刺激はシステムに入力される情報であり，認知・行動などを含むヒトの反応は情報処理の出力と考えられる．情報処理システムの入力と出力はモデル化できるため，仮説のもとにモデルを立て，ヒトや神経の反応を予測し検証するという科学的方法により，ヒトの主観的世界を定量的に調べることが可能となった．たとえば，脳活動のデータとしては，ニューロンの電気活動や，脳の特定の部位の血流量の変化などがあり，行動的指標としては，反応時間や正答率などがある．

　神経科学では，神経活動と知覚行動の相関を調べることは重要であるが，そ

の際には過大解釈の危険性も伴う．ヒトの大脳には約160億個のニューロンがあると言われており，この複雑なニューロンネットワークの中で，一つのニューロン，あるいはニューロン集団の活動を認知機能に対応させる時に，相関関係を過大解釈する可能性がある．神経基盤の因果関係の解明には様々な手法がある．動物実験で特定の部位のニューロンに損傷を与える手法，ヒトを対象とした実験で皮質に局所的に電気刺激や磁気刺激を与え脳の機能を一時的に変化させる手法，脳に損傷を持つ患者の認知機能を調べる手法などが挙げられる．さらには，2008年ノーベル化学賞を受賞した光遺伝学の開発により，特定の神経活動を高い時間精度で正確に操作することが可能となったことは，神経科学の新手法として大きなインパクトを与えた．

　脳の神経活動のデータを大量に集めても，脳の情報処理の理解に直結できるわけではない．神経活動によって脳の情報処理はどのように行われているのかという問題を理解するために，数式やアルゴリズムを用い，数理解析や計算機シミュレーションにより検証する計算論的アプローチがある．近年人工知能（artificial intelligence: AI）技術の発展により，計算論的アプローチが目覚ましい進歩を遂げている．たとえば，AI技術の一つであるニューロンの結合を模した深層ニューラルネットワーク（deep neural network: DNN）を使用することで，ヒトと同程度かそれ以上の高精度で画像を分類できるようになった．しかもDNNのふるまいは，ヒトの視覚情報処理と類似している．低次層は低次視覚と同様に色や傾きなどの低次視覚特徴を表現し，高次層は高次視覚野と同様に物体のカテゴリ情報を表現している．脳内の神経情報表現をDNNの各階層の情報表現と比較することで，脳の情報処理を明らかにすることができる．計算論的アプローチの詳細は第3章に述べる．

脳機能計測法

　脳の神経細胞の電気活動は，脳の一次信号として記録される．神経細胞が活動するためには，エネルギー供給としてアデノシン三リン酸（adenosine triphosphate: ATP）が必要である．ATPは酸素と糖の代謝活動によって産生される．この酸素と糖を供給するため，神経組織への血流が増加する．こうした代謝活動と血流の変化は，神経活動を間接的に反映しているため，それぞれ二次

信号と三次信号と呼ばれている．

　一次信号を記録する実験法には，電気生理実験，脳波（electroencephalography: EEG）実験，脳磁図（magnetoencephalography: MEG）実験が挙げられる．三次信号の記録法には，機能的磁気共鳴画像（functional magnetic resonance imaging: fMRI）と機能的近赤外分光法（functional near-infrared spectroscopy: fNIRS）が挙げられる．さらに，陽電子断層画像（positron emission tomography: PET）は二次信号と三次信号を同時に記録する．

　電気生理実験では，電極を脳に挿入することで，神経細胞の入力と出力による電気活動を記録できる．記録の方法は，電極の挿入場所によって細胞内記録と細胞外記録に分けられる．細胞内記録では，微小電極を神経細胞に刺入し，神経細胞の膜電位を記録する．細胞外記録とは，神経細胞の近傍に生じる微弱な電気的変化を調べる記録法である．細胞外記録は，さらに細胞集団全体の活動を調べる局所フィールド電位記録（local field potential: LFP），個々の神経細胞の発火活動を調べる単一ユニット記録（single unit activity: SUA）とマルチユニット記録（multi-unit activity: MUA）に分類することができる．

　電気生理実験は，脳に電極を挿入するという侵襲性があり，倫理的な問題があるため，てんかん患者の治療と同時に実施する稀な研究以外，ヒトを対象とすることは不可能である．その代わりに，EEG，MEG，fMRI，fNIRS，PET などの非侵襲性イメージング手法が開発されている．

　EEG は，頭皮上に置いた電極から神経の電気活動を記録する．MEG は，頭皮外に微小磁場を測定するセンサを配置し，神経の磁気活動を記録する．EEG と MEG は，多くの細胞集団における興奮性と抑制性のシナプス後電位の総和を記録すると仮定される．脳は常に自発的に活動しており，課題を遂行しなくても，EEG と MEG は記録される．一方，感覚入力があった時や，記憶の想起や注意の変化などの特定の事象に伴い，EEG と MEG は変動する．このように特定の事象に関連して生じる電位と磁場変化を事象関連電位（event-related potential: ERP）と事象関連磁場（event-related field: ERF）と呼ぶ．EEG と MEG は，時間分解能が高く，ミリ秒単位の変化を計測できるが，その空間分解能は低い．EEG の振幅が，電極直下の神経細胞の活動を反映しない可能性は留意すべきである．

fMRI，PET，fNIRS は，脳の神経活動に伴う血流量の変化や酸素代謝の変化を画像化し，脳の神経活動を調べる手法である．fMRI では，BOLD 信号と呼ばれる脳の信号を測定している．神経細胞への酸素を供給する時に増加する血液中のヘモグロビンは，酸素の有無によって磁性が異なる．酸素と結合した酸素化ヘモグロビンが反磁性であるのに対し，酸素分子と結合していない脱酸素化ヘモグロビンは常磁性を持つ．酸素化・脱酸素化ヘモグロビンの割合の変化によって生じる磁気共鳴信号が BOLD 信号と呼ばれる．fMRI では，BOLD 信号を計測することで，脳の活動を推定している．

PET は，電子を放出する核種により標識された水を実験参加者の体内に注入し，神経活動によって生じる脳血流変化を計測する方法である．fMRI とPET の特徴としてミリメートル単位という高い空間解像度で計測できる利点がある．ただし，両者が測定できる信号の時間分解能は数十ミリ～数百ミリ秒であり，脳活動の時間ダイナミックな変化をとるのが難しいとされている．

fNIRS は，生体細胞を透過しやすい近赤外光（波長 700～1300 nm）を用いた非侵襲性の脳機能イメージング法である．この方法では，外部から頭部に近赤外レーザー光を照射し，大脳皮質内部で透過・回折・散乱の後，頭皮上に戻ってきた光量を計測することで，脳皮質表面部位の酸素化ヘモグロビン，脱酸素化ヘモグロビン，総ヘモグロビンの相対的な変化を計測する．fMRI と比べ，fNIRS の空間解像度は低いが，装置が安価で，実験参加者への拘束も少なく，多少頭が動いても計測できるという利点があるため，乳幼児を対象とする発達研究に向いている．

神経心理学

神経心理学とは，脳損傷患者の脳の損傷と認知機能の障害を調べることで，該当脳領域と認知機能の関係を解明する分野であり，認知神経科学の源流の一つである．構音言語機能の中枢であるブローカ野の発見は一例である．脳の神経ネットワークは複雑な構造であり，その構造を理解するため，様々な脳損傷患者の知覚・認知障害を調べることは有効な手段である．たとえば，脳の前頭葉内側部，脳梁前部が損傷されると，エイリアンハンド症候群（alien hand syndrome）が起こることが知られている．エイリアンハンド症候群は，自己の

意思あるいは意図と関係なく腕が動く運動障害である．腕を動かす運動指令を
生み出すのは患者本人の脳であるにもかかわらず，本人がそのことを認識でき
ず，腕に対する運動主体感と身体所有感を失ってしまう．エイリアンハンド症
候群から，運動主体感と身体所有感が脳のどの処理にかかわるかを調べること
が可能である．

2　視　覚

　視覚とは，光のエネルギーが網膜上の視細胞に受容されることによって生じ
る感覚のことである．視覚によって，外界にある物体の色，かたち，運動，テ
クスチャ，奥行き，質感などについての物体情報はもちろん，物体の位置とい
った外界の空間的な情報など生体の生存にとって必要な情報を，遠隔から得る
ことができる．

網膜と外側膝状体

　網膜には錐体，桿体を含む視細胞，双極細胞，水平細胞，アマクリン細胞と
神経節細胞などの細胞が存在する．目に入る光は，まず視細胞の外節にある視
物質で電気信号に変換され，その信号はシナプスを介して双極細胞と水平細胞
に伝達される．双極細胞はアマクリン細胞や神経節細胞とシナプス結合してお
り，神経節細胞の軸索が視神経として外側膝状体に投射している（図1-1）．網
膜上の視細胞の数は1億以上あるのに対し，神経節細胞は100万程度しかない．
視細胞の信号は網膜内の神経ネットワークで変換されることによって，情報が
集約されると考えられている．

　神経節細胞の応答を生じさせる視細胞の範囲，あるいはそれに対応する視野
の範囲を神経節細胞の受容野と呼ぶ（図1-1）．神経節細胞の応答を調べると，
中心―周辺拮抗型受容野構造を持つことがわかった（図1-2A）．ON中心OFF
周辺型受容野を持つ神経節細胞の場合，受容野の中心に光を当てると応答が増
加するのに対し，周辺に光を当てると応答が抑制される．中心と周辺が互いに
拮抗して応答することによって，中心―周辺領域をまたいだ，わずかな刺激強
度の変化が強調して知覚される（図1-2B）．この情報処理プロセスは側抑制と

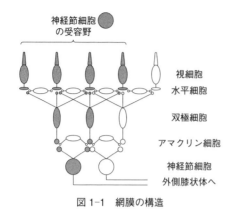

神経節細胞
の受容野

視細胞
水平細胞

双極細胞

アマクリン細胞

神経節細胞
外側膝状体へ

図 1-1　網膜の構造

呼ばれる.

　神経節細胞は，構造と神経結合の特徴から，パラソルとミジェットの2種類に分類される. パラソル細胞とミジェット細胞はそれぞれ外側膝状体 (lateral geniculate nucleus: LGN) の大細胞層 (magnocellular layer)，小細胞層 (parvocellular layer) に投射される. サルの電気生理学の研究において，大細胞層の神経細胞は，輝度が一定で色のみが変化する刺激に対して応答が生じないという特性が示されている. すなわち，パラソル細胞から大細胞層に投射する大細胞経路では，色情報ではなく，輝度情報を伝達している. 一方，ミジェット細胞から小細胞層に投射する小細胞経路は，色に感受性を持つ. さらに，パラソル細胞は大きな受容野を持ち，信号の時間分解能が高く，運動情報の検出に向いている一方で，ミジェット細胞は小さい受容野を持ち，信号の空間分解能が高く，形態情報と色情報の検出に適している.

　網膜からの視覚情報は LGN に中継され，後頭葉内側の鳥距溝にある一次視覚野 (primary visual cortex: V1) に伝達されるが，皮質に投射されない，皮質下の視覚経路も存在する. 網膜の神経節細胞から中脳の上丘に投射する皮質下経路は，眼球運動による視線定位に関与し，視交叉上核に投射する皮質下経路は，概日リズムに貢献している. さらに，皮質下の視覚経路は，盲視 (blindsight) という視覚意識が生じない視覚において，重要な役割を果たすと考えられている.

一次視覚野 (V1)

　V1 は後頭葉の最後部にある. V1 と LGN にはレチノトピー (retinotopy: 網膜部位再現) という重要な特徴がある. V1 と LGN では，網膜の位置関係が保存されており，網膜上のある1点を刺激すると，V1 と LGN での対応する1点が応答するという1対1の対応関係が見られる. ただし，V1 のレチノトピ

6

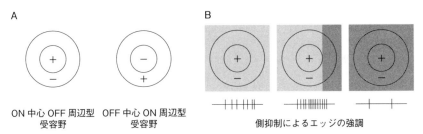

図 1-2　神経節細胞の受容野の構造

A：ON 中心 OFF 周辺型受容野と OFF 中心 ON 周辺型受容野．B：側抑制により画像のエッジが強調される．

ーは，視野の周辺から中心にかけて，網膜と対応する皮質面積が徐々に大きくなる．その結果，V1 の情報表現では視野の中心部が拡大され，中心視野の情報が高空間分解能で処理できることにつながる．

　Hubel & Wiesel（1959）は，ネコの V1 ニューロンが刺激の傾き，運動方向などの特定の視覚特徴に選択性を持つことを初めて発見した．この功績により，彼らは 1981 年ノーベル生理学・医学賞を受賞した．方位選択性を持つ単純型細胞（simple cell）は，縞型の受容野を持ち，受容野内の特定位置にある特定の傾きの線分に選択的に応答する．一方，複数の単純型細胞からの入力を結合する複雑型細胞（complex cell）は，受容野内の位置にかかわらず特定の傾きの線分に応答する．

　同じ方位選択性と受容野を持つニューロン集団は，V1 の垂直方向に多く分布している．この構造を方位選択性コラムと呼ぶ．V1 の水平方向に，ブロブと呼ばれる点を中心に，方位選択性コラムが選択的応答する傾きは，0° から 180° まで徐々に変化し，皮質の表面から見ると，車輪のような放射状配置になっている．V1 では方位選択性の他に，両眼それぞれに応答するニューロンもコラム構造を形成しており，皮質の表面に帯状の左眼優位コラムと右眼優位コラムが交互に分布している．

一次視覚野以降の視覚経路

　V1 で抽出された視覚刺激の傾き，運動方向，色，コントラストなどの低次情報は，逐次的に高次視覚領野に伝達され，階層的に処理される．V1 の受容野は小さく，情報の抽象度が低いのに対し，一次視覚野以降の視覚経路では，

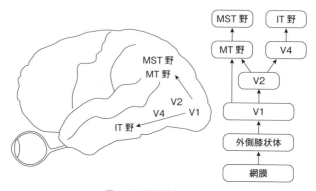

図 1-3　視覚情報の流れ

網膜から入る視覚情報は，LGN, V1, V2 を経て，運動や空間的位置などを処理する背側経路と，色やかたちなどを処理する腹側経路に分かれる.

受容野が徐々に大きくなり，情報の抽象度も高くなり，たとえば顔・身体などの，生存に役に立つ高次な情報を抽出できるようになる.

　V1 で処理された情報の大半は，V2 に送られる．V2 のニューロンは，V1 と共通する特性を多数持っており，傾き，コントラスト，色などの低次情報を処理する一方，主観的輪郭の向きや，図と地の処理などの比較的高次情報も処理する．また V2 野から，LGN を起点とする大細胞系経路と小細胞系経路が分かれる．大細胞系経路は，MT 野（middle temporal area），MST 野（medial superior temporal area）を経て，頭頂連合野へ投射される．なお，MT 野の一部のニューロンは，V1 から直接信号入力を受け，V2 をバイパスする．この経路は解剖学でいうところの背側方向へ走るため，背側経路（dorsal stream）と呼ばれる．一方，小細胞系経路は V4 を経て，下側頭皮質（inferior temporal cortex: IT 野）へと投射され，腹側経路（ventral stream）と呼ばれる（図 1-3）. この二つの経路は，解剖的に異なる位置にあるのみならず，機能的にも分化している．背側経路は，運動や空間的位置などの情報を処理するため，where 経路とも呼ばれる．一方，腹側経路は，色やかたちなど物体に関する情報を処理するため，what 経路とも呼ばれる．背側経路は大細胞系の入力を受けるため，信号の時間分解能が高いのに対し，腹側経路は小細胞系の入力を受けるため，信号の空間分解能が高い.

運動知覚

　運動情報は，背側経路の MT 野と MST 野を中心に処理される．MT 野は外線条野の一部であり，後頭葉と頭頂葉の境界にある．MT 野の大半のニューロンは，刺激の傾きや色やかたちに選択性を持たず，運動刺激の速度と方向，両眼視差に応答する．MT 野のニューロンは反対側視野に受容野を持ち，視野の位置に従い配列し，レチノトピーの性質を示している．これらのニューロンは，最適刺激の運動方向に従ってコラム状に並んでいる．MT 野に損傷を受けると，運動を知覚できず，世界が静止した「フレーム」の連続に感じられることが，神経心理学の研究で示されている（Hess *et al.*, 1989）．

　MST 野は頭頂連合野の一部にある．MT 野と比べると MST 野では個々のニューロンの受容野が広く，レチノトピーの性質は弱まっている．そのため，MT 野がどちらかというと局所的運動情報を処理するのに対し，MST 野は回転や拡大縮小といった大域的な運動情報を処理している．また MST 野は，自身の眼球運動と身体運動から由来する運動情報と，外部の物体運動から由来する運動情報を切り分ける機能を担っている（Inaba *et al.*, 2007）．さらに，MST 野は，視覚情報の処理のみならず，視覚情報に関連する眼球や手指の動きにもかかわる．

　さて，動きの情報はどのように検出されるのだろう．動いている物体は，時間に沿ってその空間位置を変える．たとえば，左から右まで水平方向に等速で動く物体の軌跡（図 1-4A）は，時間軸と水平方向の空間軸から構成される座標系上で斜めの直線としてプロットされる（図 1-4B）．時空間フィルターによって時空間座標系上での傾きを検出すれば，運動情報を検出できることになる（図 1-4C）．実際，V1 の上に，このような時空間構造の受容野を持つ単純型細胞が存在する（Rust *et al.*, 2005）．ただし，受容野構造の出力は刺激入力の位相によって変動するため，正弦波のような連続的に運動する刺激に対して応答は周期的に変化する．そこで，位相が 90° 異なる受容野構造を持つ単純型細胞の出力を加えると，刺激入力の位相によらず，安定的に運動情報を出力することができる．V1 の複雑型細胞ではこのような安定的な出力が見られ，受容野内のどの時間位置でも運動が検出できる（Rust *et al.*, 2005）．Adelson & Bergen (1985) が提唱した運動エネルギーモデルは，このような初期視覚系の応答特

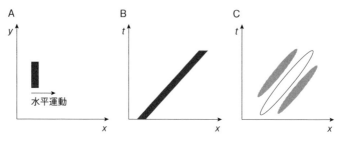

図 1-4　時空間傾き検出

A：物体は右へ水平運動．B：横軸は空間位置，縦軸は時間を表す時空間座標系の運動表現．
C：時空間座標系の傾きを検出する時空間フィルター．

性をうまく説明している．このモデルでは，位相が 90° 異なる二つの時空間フィルターのそれぞれの出力を 2 乗し，加算することで運動エネルギーを検出する．サルの電気生理実験では，運動刺激に対する V1 のニューロンの応答は，運動エネルギーモデルの予測とよく一致することが示されている．

　運動エネルギーモデルは，時空間座標系上の輝度分布の変化を検出すれば，運動情報を抽出する可能を示している．この際の運動は，刺激の輝度変化で定義できる．輝度は刺激の中の 1 点で決まる一次の刺激属性であるため，輝度変化で定義できる運動は一次運動と呼ばれる．これに対し，コントラスト・時空間周波数・両眼視差など，刺激 2 点の関係で定義される運動は二次運動と呼ばれる．二次運動は輝度分布の変化を伴わないため，運動エネルギーモデルからは直接検出できないが，半波整流などの非線形変換によって，二次の刺激構造を抽出することにより，運動エネルギーを検出可能である．ネコの 17 野と 18 野のニューロンは二次運動を検出し，その応答特性が前述のモデルの出力特性と類似していることが示されている（Zhou & Baker, 1993）．

　一定方向に運動する刺激を見続けた後，静止する刺激に逆方向への運動が知覚される現象は，運動残効と呼ばれる．運動残効は網膜位置依存であり，順応した網膜位置でしか生じない．運動残効の両眼間転移の有無により，運動残効にかかわる情報処理が両眼情報統合の前に処理されるか，またはその後で処理されるかを調べることができる．一次運動では，両眼間転移は 5 割程度である（Wade *et al.*, 1993）．運動残効の転移率は V1 における両眼性細胞の割合に対応することから，一次運動は両眼情報を統合する前の段階で処理されると考えら

れる．一方で，二次運動に順応後では，静止刺激に対して運動残効が生じないが，フリッカー刺激に対して順応刺激と逆方向の動きが知覚される．この二次運動の残効は両眼間転移するため，二次運動には比較的高次の両眼性機構が関与していることが示唆される（Raymond, 1993）.

　局所的運動情報しか利用できない時に，視覚系は窓問題（aperture problem）に直面する．小さい窓枠から線分の運動刺激を観察する際に，線分の運動方向は様々な可能性があるため，線分の運動方向と速度が一意に定まらない．この

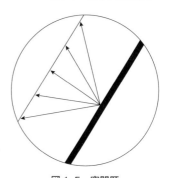

図 1-5　窓問題
小さい窓枠から線分の運動刺激を観察する際には，線分の運動方向は様々な可能性がある．

際，世界が急速に変化しないという制約条件を利用し，視覚系は運動速度が最も遅く知覚するように，線分の局所輪郭線と直交する方向の運動として知覚される（図 1-5）.

　V1 のニューロンは受容野が小さいため，検出される運動信号は窓問題に直面し，対象全体の運動方向と速度を検出できない．そこで運動情報を正しく検出するためには，V1 で検出された局所運動信号を統合し，パターン全体の運動情報を抽出する必要がある．この統合過程はより大きな受容野構造を持つMT 野，MST 野などの高次領野で行われると考えられている（Pack & Born, 2001）.電気生理学的研究によると，V1 ニューロンのほとんどが局所的動きに対して応答するのに対し，MT 野ニューロンの約 3 分の 1 と MST 野ニューロンのほとんどは，運動パターン全体の方向に応答する（Khawaja *et al.*, 2009）.これは，MT 野と MST 野が運動情報の統合過程にかかわっていることを示唆している．

奥行き知覚

　網膜は二次元であるため，外界からの光が網膜に投射される情報には，奥行き方向の次元が失われている．失われた奥行きの情報を復元し，外界の三次元構造を推定するのが，視覚が解くべき問題の一つである．しかし，数学的には，二次元の網膜情報から三次元の外界情報を変換する「逆光学過程」には，無数

の解があり，一意には定まらない．そのため，視覚系は不良設定問題を解く必要がある．これには，外界の構造を適切に反映した性質を利用した制約条件を導入することで，解を制限することができる．知覚研究は，どのような制約条件がどのように知覚の情報処理に組み込まれているかを調べることであるとも言える．

　視覚系は，様々な奥行き手がかりを利用することで，逆光学過程の解を制限し，もっともらしい奥行きの解を，外界の三次元構造として知覚する．奥行き手がかりを分類すると，大まかに両眼手がかり（binocular cue）と単眼手がかり（monocular cue）に分けることができる．両眼手がかりは，両眼が離れていることによって生じる網膜像のずれ，両眼視差を利用し，奥行き情報を復元している．さらに，両眼で対象物を注視する際に両眼球の内転でできた輻輳角から，対象物までの距離を推定できる．一方の単眼手がかりには，絵画的奥行き手がかりと運動視差がある．絵画的奥行き手がかりとは，文字通り絵画の中で表現される奥行き情報である．たとえば，物体の陰影や遮蔽関係から奥行き知覚が生じる．運動視差とは，視野内の対象が移動する際に，奥行き距離によって生じる網膜像の運動の速度差である．たとえば，車窓から外の風景を眺めると，近いものの速度が速いのに対し，遠くのものの速度は遅い．さらに，注視点より近いものは自分と逆方向に移動するのに対し，注視点より遠いものは自分と同じ方向に移動する．

　両眼視差は両眼の網膜像の対応づけにより取り出されるため，視覚対象の特徴を抽出して対応を決めた後に，より高次の処理レベルによって計算されると考えられていたが，1960年代から70年代にかけて，Julesz（1960）が考案したランダムドット・ステレオグラム（random-dot stereogram: RDS）により，ランダムドットのように輪郭がなくても，奥行き知覚が生じることが判明し，両眼視差を直接検出するモジュールが脳内に実装されていると考えるようになった．ネコと霊長類の視覚処理経路では，両眼視差に選択的に応答するニューロンはV1で初めて現れる．これらのニューロンの出力特性を説明する視差エネルギーモデルが提唱されている（Ohzawa *et al.*, 1990）．視差エネルギーモデルでは，複雑型細胞は，四つの両眼性単純型細胞の出力の2乗和を視差エネルギーとして出力する．四つの単純型細胞の受容野の位相は，右眼，左眼のそれ

それにおいて 90° ずつ異なっている．運動エネルギーモデルと同じように，位相が 90° 異なる受容野を持つニューロンの応答の 2 乗和をとることで，刺激の位相によらず，安定した視差信号が出力できる．視差エネルギーモデルは，V1 のニューロンの応答をよく予測できている（Cumming & Parker, 1997）．

　両眼視差を正しく検出するためには，両眼の網膜像の対応づけを正しく決める必要があるため，対応しない網膜像（フォールスマッチ）には奥行き知覚が生じない．しかし，V1 の両眼性ニューロンの受容野は小さく，局所的情報しか処理できないため，フォールスマッチ刺激にも応答できる（Cumming & Parker, 2000）．奥行きを知覚しないフォールスマッチ刺激を抑制するため，より高次の段階でパターン全体の整合性から対応問題を解く機能が必要である．実際に V4 と IT 野の両眼視差選択性ニューロンの受容野は広く，フォールスマッチに応答しないことが示されている（Tanabe et al., 2004）．ヒトを対象とする fMRI の実験も類似の結果を示している（Preston et al., 2008）．このことから，高次領野の大域的両眼視差情報に局所的両眼視差情報が統合され，両眼の網膜像の対応がとれることがわかる．

　ヒトの両眼間の距離を考えると，両眼視差だけで，数十 m 以上離れた物体の奥行き構造を正確に検出するのは難しい．そのため単眼手がかりと統合して利用することにより，奥行き知覚は向上する．たとえば，陰影と両眼視差の手がかりを同時に利用すると，物体の三次元形状をより精確に弁別することが知られている．fMRI デコーディングを利用し，単眼・両眼手がかりを統合する脳内機構を調べると，V1，V2，V3 といった低次領野では，二つの手がかりを独立に線形加算に統合するのに対し，V3 に隣接する V3B/KO（kinetic optical）では，二つの手がかりを融合して統合するという結果が示された（Ban et al., 2012）．両眼視差と陰影手がかり，両眼視差とテクスチャ勾配手がかりの融合を調べた実験でも類似な結果が示され，複数の奥行手がかりが V3B/KO で融合されることが明らかになっている（Welchman, 2016）．

色知覚と質感知覚
　物体認知では，三次元構造のみではなく，その表面の物理特徴から，物体の色や質感・材質などを瞬時に知覚できる．こうした情報により，その物体は危

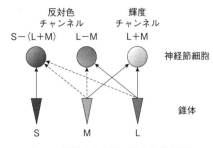

図1-6 錐体と神経節細胞の色情報表現
実線は応答の和，点線は応答の差分を表す．

険なのか，食べることができるか，自分にとって価値があるかなどの判断ができる．ヒトは多様な色彩と質感を知覚し，現実世界の豊かさを実感するとともに，物体の素材や状態など，生存に不可欠な情報を得ている．以下では，色知覚と質感知覚について説明する．

色知覚は，物体の表面特性を反映していると考えられる．光が物体を照射する時に，物体が照明光を吸収したり反射したりする．どのくらいの光が反射されるかは，物体表面の特性である分光反射率によって決められる．物体からの反射光は目に入射し，網膜にある視細胞の応答を引き起こす．視細胞は桿体と錐体の2種類がある．桿体は1種類のみだが，錐体には分光感度の異なる3種類（L錐体，M錐体，S錐体）がある．この3種類の錐体応答の差により，色知覚が生じる．

錐体レベルでは，3種類の錐体が独立に応答しているのに対し，神経節細胞とLGNでは，赤—緑と青—黄の組み合わせで拮抗的な応答を示す，反対色の応答が確認されている．この神経節細胞では，L錐体とM錐体の応答の差分を「赤—緑反対色チャンネル」の信号とし，L錐体とM錐体の応答の和とS錐体の応答の差分を「青—黄反対色チャンネル」の信号として，LGNを経てV1に伝達する．さらに，L錐体とM錐体の応答の和を計算するチャンネルは輝度情報を伝達する（図1-6）．

神経節細胞とLGNにおける色の情報は，赤—緑反対色軸と青—黄反対色軸を，直交するLMS色空間で表現できる（Derrington *et al.*, 1984）．サルのV1，V2，V4，IT野などの腹側経路では，四つの反対色はもちろん，その中間に当たる色（たとえば，オレンジ・紫・シアン・黄緑など）に選択的応答を示すニューロンが多く存在する（Komatsu *et al.*, 1992; Hanazawa *et al.*, 2000）．最近のfMRIとEEGの研究でも，ヒトのV1において，中間色に反応する神経細胞が存在する証拠が得られている（Kuriki *et al.*, 2015; Kaneko *et al.*, 2020）．特定の色相に選択性を持つニューロンは，色空間上の狭い領域に応答する．このよ

うな応答領域は，錐体情報の線形結合では説明できず，何らかの非線形変換が必要と考えられる．

　色情報は V1 と V2 で処理された後に，V4 と IT 野に送られ，色情報処理は最終段階に入る．そこで，微妙に異なる複数の色が同じカテゴリとしてまとめられ，色カテゴリとして情報を集約して処理される（Komatsu *et al.*, 1992; Brouwer & Heeger, 2013）．たとえば，色味が微妙に異なっても，いくつかの緑を同じ「緑」というカテゴリとして認識できる．このカテゴリ効果により，同じ「緑」に属している二つの色の違いは，「緑」に属する色と「青」に属する色の違いよりも気づきにくくなる．この色カテゴリは，言語によって成立するのか，あるいは，生理的基盤によって形成されるのか，という言語相対性と知覚普遍性の論争があった．「言語相対性」を支持する証拠もある（Roberson *et al.*, 2000）．その一方で，乳児を対象とした最近の研究では，言語獲得前の 5～7 カ月児でも，カテゴリカル色知覚に対応する脳活動が後側頭領域に存在することを fNIRS により発見し，カテゴリカル色知覚と言語システムが独立である可能性を示している（Yang *et al.*, 2016）．さらに，チンパンジーも色空間内にヒト成人と似たような領域に複数の色カテゴリを持つことが報告されている（Matsuno *et al.*, 2004）．このように，カテゴリカル色知覚は言語システムと独立した脳内基盤を持ち，言語や文化の影響によって変容し，その結果，色カテゴリの境界の多様性が生じると考えられる．

　物体の表面特性から，質感知覚も生じる．たとえば，物体の表面がつるつるか，ざらざらか，硬いか，やわらかいか，さらに物体の材質まで，一目で知覚できる．近年，コンピュータグラフィックス（CG）による刺激の生成・制御技術の飛躍的な進展により，質感知覚研究が盛んに行われている．

　網膜像から物体の表面特性を推定する逆光学過程では，照明環境，物体の 3D 形状と物体表面の反射関数の三つの要因を同時に推定する必要があり，脳の情報処理の限界を超える．そのため視覚系は別の手がかりを使用していると考えられる．

　物体の素材知覚を考える際に，素材特有のテクスチャをもとにヒトは識別していることは言うまでもない．ここのテクスチャとは素材特有の細かい模様のことである．たとえば，木材には木材特有の木目があり，布の種類によってテ

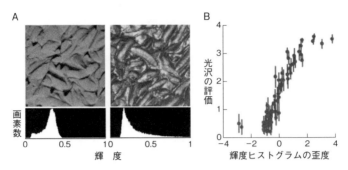

図 1-7　輝度ヒストグラムの歪度から物体の光沢を知覚（Motoyoshi *et al.*,
2007）
A：光沢感のない画像と光沢感のある画像と，それぞれの画像の輝度ヒストグラム．光沢感の
ある画像の輝度ヒストグラムは正の方向に歪んでいる．B：画像の輝度ヒストグラムの歪度と
画像の光沢感の評価の関係．画像の輝度ヒストグラムの歪度が高くなると，画像の光沢感の
評価も高くなる．

クスチャは異なる．このようなテクスチャを細かく観察すると，完全に一致す
るパターンの繰り返しではなく，微妙に異なるパターンが連続しているものを
テクスチャとして知覚することがわかる．視覚系は局所的輝度特徴の平均・分
散・相関などの画像統計量をテクスチャに含まれる共通の特徴として抽出して
いると考えられている．Portilla & Simoncelli（2000）が考案した画像統計量
（PS 統計量）では，輝度統計量の他に，異なる位置，方位，大きさの空間周波
数のフィルター出力の自己相関と相互相関が使われている．PS 統計量を使用
すると，自然テクスチャ画像と類似するテクスチャ画像を合成できるため，
PS 統計量はテクスチャ情報を表現するのに有効であるとされている（Portilla
& Simoncelli, 2000）．最近の研究から，PS 統計量は腹側経路に沿って逐次的に
抽出されることが示されている．PS 統計量から合成したテクスチャ画像と，
それと同じ低次画像統計量を持つノイズ画像を提示することで，腹側経路内の
処理の流れを fMRI で調べた．その結果，ヒトとサルの V1 はテクスチャ画像
に対してもノイズ画像に対しても同じ活動を示したが，V2 と V4 はテクスチ
ャ合成画像での活動がより強かった（Freeman *et al.*, 2013）．さらに，自然テク
スチャ合成画像をサルに提示した時の V2 と V4 のニューロンの応答は，PS
統計量の組み合わせで説明することができ，V2 よりも V4 が高次画像統計量
の寄与が高くなった（Okazawa *et al.*, 2015, 2017）．

　画像統計量は質感知覚の重要な手がかりであることが，心理物理実験からも示されている．光沢がある画像の画像統計量の一つである輝度ヒストグラムを調べると，光沢感が強くなるにつれ，画像の輝度ヒストグラムの歪度が正の方向に歪んでいった．画像の輝度ヒストグラムの歪度を人工的に操作すると，知覚される光沢感も変化することから（図1-7），ヒトは輝度ヒストグラムの歪度から物体の光沢を知覚していると考えられる（Motoyoshi *et al.*, 2007）．また，サルの V4 野では輝度ヒストグラムの歪度に応答するニューロンが存在し，画像の輝度ヒストグラムを処理する脳内機構が確認されている（Okazawa *et al.*, 2015）．さらに，高次視覚野である IT 野の中部と後部に，光沢に選択的に反応するニューロンも見つかっている．これらのニューロンは，鏡面反射率，拡散反射率，表面の粗さ，以上三つの光沢にかかわる物理パラメータの特定の組み合わせに強く応答し，ニューロン集団全体で光沢情報を表現すると考えられる（Nishio *et al.*, 2014）．

高次視覚認識

　コントラスト，傾き，色，輪郭など，低次視覚野で検出された様々な視覚特徴は，高次視覚野で統合され，その結果，高次視覚野の特定の部位で顔，身体，物体，空間などの神経表象が形成される．このような対象特異的な情報処理の脳内基盤を紹介していこう．

　ナンシー・カンウィッシャーらは，顔に選択的に反応する紡錘状回顔領域（fusiform face area: FFA）を発見した（Kanwisher *et al.*, 1997）．紡錘状回の中央外側部に位置する FFA は，ヒトの顔，動物の顔，キャラクターの顔に対して活動が上昇するが，手足，花，物体など顔ではない物体には活動が上昇しないという結果が fMRI で得られている．さらに，FFA の活動は顔の全体処理（holistic processing）と強く相関することが報告された（Kanwisher *et al.*, 1998）．顔の全体処理は顔情報処理の特性であり，目鼻口などの構成要素に還元できない顔の単一印象として処理することを指す．たとえば，サッチャー錯視の顔を倒立で提示すると，顔の向きと目口の向きが逆になっても気づかない．Kanwisher *et al.*（1998）の実験では，顔刺激を逆さにすると，FFA の活動が正立提示よりも減少することから，FFA が顔特有の情報処理を備えており，顔知

覚に特異的な領野であると主張する．さらに，FFA は顔の人物同定にも関与
している．同一人物の写真を連続提示すると FFA の活動が低下するという神
経順応（neural adaptation）が生じるが，複数の人物の写真を連続的に提示す
る場合は神経順応が生じないことが示されている（Grill-Spector *et al.*, 1999;
Andrews & Ewbank, 2004）．同一人物への神経順応は，提示位置，顔の大きさ
や向きなどの情報が変化しても生じるため，FFA は顔に関する不変的情報を
抽出していると考えられる．

　FFA が主に顔の静的情報を処理し，人物同定に必要な不変的特徴を抽出し
ているのに対し，上側頭溝後部（posterior superior temporal sulcus: pSTS）は顔
の動的情報を処理し，視線や表情，口や目の動きに対して強く活動することが
知られている（Gobbini & Haxby, 2007）．FFA と異なり，pSTS は人物同定課
題を遂行する時は賦活しない．さらに，同一人物の写真を連続提示する時に上
側頭溝（STS）は神経順応を示さず，むしろ同一人物の視点や表情が変化する
と活動が上昇する（Andrews & Ewbank, 2004）．

　下後頭回にある後頭顔領域（occipital face area: OFA）は，顔の早期検出に関
与するとされている．OFA は顔の持つ一般的特徴や顔の構成要素に強く反応
する．OFA に TMS 刺激を当てると，顔弁別課題のパフォーマンスは低下す
るが，物体弁別と身体弁別課題は影響を受けないことがわかっている（Pitcher
et al., 2011）．さらに，OFA は顔刺激に対する反応潜時が FFA より早いため，
初期の顔知覚表象の形成に関与すると考えられている（Pitcher *et al.*, 2011）．こ
れらのことから，OFA，FFA と STS は顔情報のネットワークを形成し，顔
の知覚的分析の異なる側面を担っていることがわかる．

　身体の視覚情報を処理する領野は顔領域と同じように，静的情報と動的情報
を処理する領野に分けられる．外側後頭側頭領域にある外線条身体領域（extra-
striate body area: EBA）と，紡錘状回にある紡錘状回身体領域（fusiform body
area: FBA）は，主に静的身体形状に反応し，ヒトの身体を表す線画やシルエ
ットでも活動する．EBA と FBA の機能的違いは，EBA では身体のパーツの
情報を，FBA では身体の全体の情報を処理していることである（Taylor *et al.*,
2007）．一方で，pSTS は顔の動的情報だけでなく，身体の運動や手の動きなど
の動的情報にも選択的に反応する（Grosbras *et al.*, 2012）．また，pSTS は抽象

的な身体運動であるバイオロジカルモーション（biological motion）にも反応し，動的な社会的情報も検出する（Grossman *et al.*, 2000）．このように，顔と身体の静的情報と動的情報を処理するそれぞれの領野は，解剖学的に近接し，あるいは重なっているため，取り入れる低次情報が類似していることから，機能的にも類似した働きをする．

　物体を処理する領域は，ヒトの外側後頭複合領域（lateral occipital complex: LOC）とサルの IT 野に発見されている．Grill-Spector *et al.*（1999）は，車や顔などの物体カテゴリにあたる画像を繰り返し提示すると，LOC での神経順応が見られることを報告している．提示位置とサイズを変化しても神経順応が見られたことから，LOC は物体に関する不変的な情報を処理することがわかった．LOC が損傷を受けると，視覚対象を一つのまとまりとして認識できない統覚型視覚失認となることも報告されている（Bridge *et al.*, 2013）．また，サルの IT 野に特定のカテゴリの物体に選択的に反応するニューロンが存在することも示されている（Freedman *et al.*, 2001）．

　場所やシーンに反応する領域は，海馬傍回場所領域（parahippocampal place area: PPA）と脳梁膨大後部皮質（retrosplenial cortex: RSC）にある（Epstein & Kanwisher, 1998; Epstein & Higgins, 2007）．PPA は室外，室内，都市，自然などの場所やシーンの刺激を提示されると活動するが，そのシーンに含まれる物体には活動しない．たとえば，車が走っている高速道路と，車の走っていない高速道路に対して同じ反応を示すが，車に対しては反応を示さない．

　このように，脳には特定の領野が特定の刺激を処理する領域固有性（domain specificity）がある．領域固有性は生得的か，生後の知覚経験によって形成されるかについては論争が続いているが，最近の研究では，知覚経験の少ない新生児の脳においても，ニューロンネットワークの領域固有性が存在することを示している（Kamps *et al.*, 2020）．この実験では刺激や課題のない状態での自発脳活動を測定する安静時 fMRI（resting state fMRI）を用い，睡眠中の新生児の二つの顔領域（OFA と FFA）と二つの場所領域（PPA と RSC）の間の機能的結合を測定している．ネットワークの領域固有性が経験によるものであれば，四つの領域の間の機能的結合は同程度であるはずだが，領域内の結合は領域間の結合よりも強いことが判明し，新生児でも成人と類似した機能的結合が存在

することが示された．さらにこの結合の強さは皮質上の距離と相関しないこともわかっている．この結果から，脳の領域固有性が生得な性質である可能性が高いことが示される．

3　体性感覚

　視覚，聴覚，味覚，嗅覚，平衡覚などの感覚は，それぞれに対応する受容器が特定の身体部位に局在しているのに対し，体性感覚（somatic senses）と呼ばれる触覚，温度感覚，固有感覚，痛覚などの感覚の受容器は全身に分布している．体性感覚には，身体を介して感じる感覚（触覚，温度感覚）と，身体の状態に対する感覚（固有感覚，痛覚）がある．また，受容器の場所によって，触覚，温度感覚，痛覚などの皮膚感覚と，筋や腱，関節などに起こる深部感覚に分けられる．皮膚感覚が，身体表面の皮膚や粘膜にある受容器によって起こる感覚であるのに対し，深部感覚は，身体内部にある筋肉，腱，筋膜，関節，靭帯などの固有受容器によって起こる．深部感覚により，身体部位の位置情報を得ることができる．

　われわれは普段，肢体の位置や向きなどの体性感覚をあまり意識しない．われわれの意識が外部世界に向いており，身体の動きは自動化されているからである．しかし，体性感覚はわれわれの身体運動に大切な役割を果たしている．たとえば，コップに手を伸ばしてつかもうとする時には，コップと手の位置関係を脳内で計算し，算出した運動指令を筋肉に送る必要がある．そこでは，自分の手が今どこにあるのかを知覚する固有感覚の役割が必要である．非常に稀な症例であるが，感染症による末梢神経の損傷によって触覚と固有感覚を失った患者は，身体を自由に動かすことができなくなり，自分の身体を他人の身体として知覚することがある（McNeill *et al.*, 2010）．興味深いのは，これらの患者が運動系神経に損傷を受けず，麻痺も全く起きていないことである．長いリハビリテーションにより，身体部位の場所を目視で確認しつつ，肢体の動きを事前にイメージすることで，歩く，食べるなどの簡単な運動機能が回復できるが，健常者と同じようななめらかな自動化された動きは回復できない．

体性感覚受容器とその伝導路

　身体表面の皮膚には，マイスナー小体，メルケル盤，パチニ小体，ルフィニ終末など，触覚を生じるための受容器が数多く分布している．2021 年のノーベル生理学・医学賞を受賞したアーデム・パタプティアンは，機械的刺激を受ける時に PIEZO1，PIEZO2 などの機械受容体のイオンチャネルが開く性質を発見した．機械受容器の受容野のサイズはそれぞれ異なる．皮膚の浅層にあるマイスナー小体とメルケル盤の受容野は狭く，細かい皮膚の変形を弁別できるが，皮膚の深い位置にあるパチニ小体とルフィニ終末は受容野が広く，より広い領域の情報を受け取る．受容器の順応特性もそれぞれ異なる．マイスナー小体とパチニ小体は触覚刺激への順応が速く，特に刺激のオンとオフに反応することから，刺激の加速度成分を検出していると考えられる．一方でメルケル盤とルフィニ終末は順応が遅く，持続的な圧力や低周波数の振動に応答し，刺激の位置や形態などを検出すると考えられる．機械受容器の他に，皮膚には痛みを生じさせる侵害受容器と，温度感覚を生じさせる温度受容器が分布している．

　身体の深部の骨格筋にある筋紡錘と，腱にあるゴルジ腱器官は，筋肉と腱の長さとその時間変化を検出する．これらの受容器は骨格筋の張力調節にフィードバックし，運動を制御する上では大切な役割を果たしている．さらに，関節位置の感覚，身体の動きの感覚と筋力の強さの感覚などの固有感覚の生起にも貢献する．

　以上の受容器からの神経線維は，脊髄後根から脊髄に入り，同側の後索を上行し，延髄でニューロンを換え，そこから対側の視床に投射し，再度ニューロンを換え，大脳皮質体性感覚野へ投射する．最終的に，視覚の伝導路と同じように，身体の左半分の情報は右脳の体性感覚野で，右半分の情報は左脳の体性感覚野で処理される．

体性感覚野と体部位再現

　大脳皮質の体性感覚中枢は二つあり，それぞれ一次，二次体性感覚野と呼ばれる．一次体性感覚野（primary somatosensory cortex: S1）は，前頭葉と頭頂葉を分ける中心溝のすぐ後ろに位置する．二次体性感覚野（S2）は，一次体性感覚野の下方に続く皮質領域にある．体性感覚野の応答の特徴として，S1,

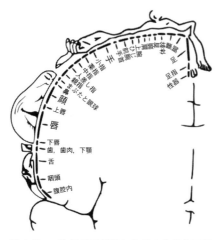

図1-8　一次体性感覚野における体部位再現のマップ
左が外側，右が内側に対応する．中心溝の後方にある一次運動野は，ほぼ同じ体部位再現を持つ．

S2それぞれに体部位再現（somatotopy）がある．カナダの脳外科医，ワイルダー・ペンフィールドは，てんかん患者の手術部位を決定する時に，患者の大脳皮質に電気刺激を与え，身体のどこを刺激されていると感じるかを調べた．それにより，身体の隣接する部位からの入力を受ける皮質領域は，隣接する部位と同じように規則的に配列し，身体部位と体性感覚野の領域の間に対応関係があることがわかっている．具体的には，S1は冠状面の外側から内側まで，頭部，手，上肢，体幹，下肢，足の順に各身体部位と対応している（図1-8）．ただし，この対応関係では，身体部位の大きさと皮質の対応部分の広さが比例していない．顔，舌や手などのよく使われる体部位は，他の体部位と比べ広い皮質を占め，情報処理能力がより高くなっている．

　S1に電気刺激を与えると身体に生々しい触覚が生じることから，触覚の情報表現はS1が支配的であるとこれまで考えられてきた．しかし，最近の電気生理学の研究では，S1の神経活動だけでは触覚の成立を説明できないとしている．サルを対象とした知覚と生理の関係を示した実験がある．触覚検出課題を行う際に，振動刺激の強度が閾値付近になると知覚判断は難しくなる．そこで，S1と運動前野のニューロンの発火頻度を計測すると，S1のニューロンの活動は振動刺激の物理強度と相関したのに対し，運動前野ではサルの知覚判断と相関していた（De Lafuente & Romo, 2005）．また，げっ歯類を対象とした研究では，知覚された刺激の強度は，S1ではなく一次運動野（M1）で表現されることが示され，二次運動野（M2）からS1のフィードバック信号が正常な触覚に必須であることがわかった（Fassihi et al., 2017）．このように，触覚はS1野のみではなく，運動野の情報処理と深くかかわっているという点が最近注目

されている.

触覚定位のメカニズム

　身体に触れられると,触覚刺激の存在だけでなく,触覚刺激の位置も特定できる.S1 には体部位再現マップが存在するため,身体のどこに触れられているかという触覚的定位は,S1 のどこの神経活動がピークになっているかを同定する問題に還元できるように思われるが,実際はもっと複雑である.触覚経験により S1 の領域が変化し,皮質の位置と身体部位の対応関係が変化するという機能再構築が生じるためである.そのため,体部位再現マップをアップデートする必要が出てくる.これは,触覚現象で有名な幻肢から説明できる.幻肢とは,失ったはずの身体部位の感覚が生じる現象である.幻肢の患者に S1 の機能再構築が発見されている (Flor *et al.*, 2006).たとえば,上肢切断後の患者では患側上肢に対応する S1 の領域の縮小の代わりに,上肢の隣に位置する口と顔の領域の拡大が見られた.こうした S1 の機能再構築は,身体コントロールのエキスパートにも見られる.弦楽器演奏者の左手の指に対応する S1 領域は普通の人と比べ広く,そしてその広さが弦楽器の演奏歴と相関することが報告されている (Elbert *et al.*, 1995).つまり,S1 の体部位再現は可塑性を持っており,日常の触覚経験と自分の身体に関する知識といった高次の身体表現が,S1 の機能再構築に貢献していると考えられる (Tamè *et al.*, 2019).

　機能再構築では,S1 の領域が歪んだり,拡張・縮小したりするが,トポロジー的な関係は維持されているため,皮質と身体部位の位置の対応関係をアップデートすれば,体部位再現マップによる触覚的定位が可能である.しかし,体部位再現マップのみでは触覚的定位を説明しにくい現象がある.幻肢の患者では,同側の足あるいは対側の手に触れられたにもかかわらず,切断された手がタッチされたと感じるファントム・エラーが報告されている (Ramachandran & Hirstein, 1998).最近の研究では,ファントム・エラーが健常者でも見られると報告されている (Badde *et al.*, 2019).手が交差する時に,触れられた手と別の手に,低い頻度で触覚が生じることが報告されている.さらに驚くことに,手が触れたのに,手と関係ない足にもファントム・エラーが生じる.ファントム・エラーの種類を解析すると,手と手,足と足の間に起きる「肢体タ

イプエラー」，同側の手足の間に起きる「身体側性エラー」と，手足がともに交差する時に右手があるはずの右側にある（これをカノニカルサイドと呼ぶ）左足と右手の間に起きる「カノニカルサイドエラー」（逆の場合もある）の3種類がある．S1では，対側の手足はもちろん，同側の手足の領域は離れているため，ファントム・エラーはS1の体部位再現によるものだと考えにくい．むしろ，触覚定位の際に，手・足や身体の左側・右側などのカテゴリ情報が利用されている可能性が高い．身体のカテゴリ知覚表現の考えは，最近の運動表象の知見と合致する．後頭頂葉（posterior parietal cortex: PPC）では，運動の情報表現がカテゴリカルな特性を持つ．すなわち，同じPPCニューロン集団は異なる身体パーツの運動情報を表現し，パーツの種類によって神経活動の発火パターンが異なるため，それぞれの身体パーツに対して機能的に分化していると考えられる（Zhang *et al.*, 2017）.

　皮膚上の2点の距離を判断する時に，身体パーツのカテゴリ効果も見られる（De Vignemont *et al.*, 2009）．物理的距離は同じであるにもかかわらず，異なる身体パーツに属する手のひらと腕を結ぶ2点は，同じ身体パーツの腕の中にある2点よりも離れて知覚される．このカテゴリ効果は6〜7カ月児にも見られるため，身体パーツの言語ラベルと関係なく，生得的基盤があると考えることができる（Shen *et al.*, 2020）.

　触覚受容器は皮膚表面に分布しているため，得られた情報は二次元である．しかし，われわれは虫に刺されたら，すぐに虫の場所を空間上に特定し，虫を追い払うことができる．すなわち，二次元の皮膚座標系の情報を瞬時に三次元の空間座標系に変換することができる．この変換では，触覚，固有感覚，視覚などの多感覚の情報を統合する必要がある．さらに，同じ皮膚の場所に対しても，身体の姿勢によって空間的位置は変化するため，姿勢が変化するたびに触覚情報は皮膚座標系から空間座標系に再マッピングされる必要がある．触覚の再マッピング問題は，腕交差効果でよく検討されている．腕が交差する時，皮膚座標系で右側にあるはずの右手が，身体の正中線を超え空間座標系の左側に位置するため，皮膚座標系と空間座標系が矛盾する．この際に，腕に与える触覚刺激の時間順序判断は，腕が交差しない時と比べ，主観的に逆転している（Yamamoto & Kitazawa, 2001）．皮膚座標系と空間座標系の矛盾により，皮膚座

標系から空間座標系への再マッピングのプロセスが阻害される．その結果，刺
激の時間順序判断が逆転されたと考えられている．触覚位置の表象が皮膚座標
系から空間座標系に変わる時間ダイナミクスは，腕交差時の注意課題からも検
討されている（Azañón & Soto-Faraco, 2008）．実験では，交差した手の上に複
数の LED が置かれ，ある一つの LED の点灯に対する反応時間が測定された．
LED の点灯の前に，空間的手がかりとして触覚刺激を片方の手に与えた．触
覚の空間的手がかりと視覚刺激の間隔が 60 ミリ秒以下の場合，空間的手がか
り効果が皮膚座標系ベースで確認されたが，間隔が 60 ミリ秒以上の場合，こ
の手がかり効果は空間座標系ベースで現れた．この結果から，初期の触覚定位
が皮膚座標系で表現されるのに対し，その後に空間座標系で表現される流れが
確認できる．

身体表現（body representation）

　脳内で身体を表現する情報は，視覚，触覚や体性感覚などの多感覚情報を統
合することにより生成されると考えられている（Ehrsson, 2020）．脳内で生成
される身体表現は，身体の境界を越え，外部空間へも拡張することができる．
ラバーハンド錯覚（rubber hand illusion）はその一つの例である（Botvinick &
Cohen, 1998）.

　ラバーハンド錯覚の実験では，実験参加者は机の上に手を置き，その手の横
に同じ向きで，本物の手とそっくりなラバーハンドが置かれる．実験者はボー
ドやブランケットなどで参加者の本物の手を隠すと同時に，ブランケットの下
からラバーハンドが出ているようにセットする．つまり，実験参加者には自分
の手は見えず，偽物のラバーハンドが目の前に見える．そこで実験者は，2 本
のブラシで，参加者の指とラバーハンドの同じ指を同時に何度もなでる．しば
らくすると，参加者はラバーハンドを自分の手のように感じ，ラバーハンドに
対して身体所有感が生じる（Botvinick & Cohen, 1998）．その後の研究では，ブ
ラシでなでるだけでなく，本物の手と同じようにラバーハンドを動かしても，
錯覚的な身体所有感が生じることが報告されている（Kalckert & Ehrsson, 2012）.

　ラバーハンド錯覚が生起する際に，本物の手とラバーハンドとの間にいくつ
かの制約が存在する（Tsakiris & Haggard, 2005）．たとえば，本物の手とラバ

ーハンドに与える視覚刺激と触覚刺激が時間的非同期の時，あるいは本物の手とラバーハンドの向きが一致しない時では，ラバーハンド錯覚は生起しにくくなる．これらの制約は多感覚統合の制約と合致することから，多感覚統合により身体表現が再構成され，ラバーハンドに移されると考えられている（Ehrsson, 2020）．脳機能イメージングの研究からも，側頭頭頂接合部（temporo-parietal junction: TPJ），頭頂間溝（intraparietal sulcus: IPS），前運動野といったマルチモダリティに感受性を持つ領野で，ラバーハンド錯覚生起時に，BLOD信号が大きく上昇することが確認されている（Blanke *et al.*, 2015）．

　脳内の身体表現は身体の境界を越えるのみではなく，道具などの身体以外の物体にも拡張できる（Iriki *et al.*, 1996）．サルの頭頂間溝にある，体性感覚と視覚から入力を受けるバイモーダルニューロンの受容野を測定し，その後，熊手のような道具を使って餌をとるように訓練した．すると，手の周辺に限られていたバイモーダルニューロンの視覚受容野が，訓練の後に，手に持った熊手の先まで拡大した．このように，脳内の身体表現には柔軟性があり，運動や道具の使用によって，外部空間に拡張することが可能となる．

4　多感覚知覚

　知覚システムは，常に複数の感覚モダリティから入力される．たとえば，映画を鑑賞する時，役者のふるまいは視覚から，役者の声は聴覚から知覚される．情報モダリティは異なるが，複数の感覚モダリティの情報を相互に照らし合わせながら，一つのコヒーレントな知覚表象が脳内に形成される．このように，異なる感覚モダリティに入力された刺激を一つの事象として知覚することを多感覚統合（multisensory integration）という．多感覚統合により，単一モダリティから得られた情報の曖昧さを低減できる．たとえば，パーティー会場で会話する時，ノイズが多い中で聴覚情報だけでは相手の発話は聞き取りにくいが，発話する際の唇の動きという視覚情報を利用することにより，発話は聞き取りやすくなる．

多感覚統合の規則

　複数の感覚入力が存在する際には，知覚システムは同じ知覚イベントとして統合するか，あるいは別々の知覚イベントとして分離して処理するか，という問題に直面する．心理物理学の研究から，時間的一致性・空間的一致性という多感覚統合の規則を利用し，同一の知覚イベントを判断することが示されている（Spence, 2018）．つまり，異なる感覚モダリティの刺激が，同じタイミング，同じ空間位置で提示される場合，多感覚統合が生じることとなる．

　最近の研究では，多感覚統合の規則が，意識が関与しない時でも成立することが示されている．Aller *et al.*（2015）は，連続フラッシュ抑制（continuous flash suppression: CFS）を利用し，視聴覚統合と意識の関係を調べている．CFS とは，連続的に変化する図形を片目に提示することによって，もう片方の目に提示した視覚刺激が長時間知覚に意識に上らなくなる現象であり，視覚刺激への意識的な気づきを操作するための研究手法である．Aller *et al.*（2015）は，視覚刺激と聴覚刺激が同時に提示される時に，視覚刺激が意識に上る時間が短くなる多感覚促進効果を発見した．さらに，視覚刺激と聴覚刺激の提示位置が一致する際に，その効果は最も大きくなった．また，音声知覚の研究からも類似の現象が報告されている．視聴覚刺激の開始タイミングが不一致の時と比べ，一致の時の CFS の抑制時間が短かった（Alsius & Munhal, 2013）．これらの結果から，多感覚統合の規則は，情報が意識に上る前に成立し，多感覚統合には意識が関与しないことが示唆される．

多感覚統合の計算論モデル

　Ernst & Banks（2002）のパイオニア的な研究を発端として，異なるモダリティから入力される情報はどのように統合されるのか，すなわち異なる感覚情報がどのような重みづけで統合されるのかについて，定量的な研究が盛んに行われている．Ernst & Banks（2002）では，感覚間情報を統合する際に，モダリティの信頼性に基づき，情報を重みづけして統合するという，最適化情報処理が行われ，その重みづけ係数は最尤推定による推定値と一致することを示している．つまり，知覚システムは信頼性の高いモダリティからの情報を高く重みづけするのに対し，信頼性の低いモダリティからの情報を低く重みづけする

という最適化計算を行っている．このように統合された多感覚情報の信頼性は，単一のモダリティから得られた情報の信頼性より高いため，知覚システムのパフォーマンスが向上すると考えられる．Ernst & Banks（2002）の実験では，参加者に，視覚と触覚で提示された棒の幅を判断させている．特殊な実験装置を使うことで，視覚で提示される棒の幅と触覚で提示される棒の幅はそれぞれ調整することができる．視覚条件と触覚条件の単一モダリティで刺激を提示し，それぞれの弁別閾を測定した．視覚・触覚条件では，二つのモダリティで刺激を提示し，視覚と触覚の刺激の幅のずれを段階的に調整し，刺激の幅を報告させた．単一モダリティの弁別閾が小さければ小さいほど，情報の精度と信頼性が高いことを意味するので，最尤推定に基づいて，視覚と触覚の弁別閾から，視覚・触覚条件の感覚反応を推定できる．実験の結果，最尤推定で推定された反応値は，視覚・触覚条件で測定された反応値とよく一致した．この結果から，Ernst & Banks（2002）は，多感覚モダリティの入力を統合する際には，それぞれのモダリティの信頼性に基づいて知覚表象が決定されると主張している．

　Ernst & Banks（2002）の研究の独創性は，多感覚統合の際に，量的に知覚表象を予測できることと言ってもよいだろう．同じ方法を使用し，視覚・聴覚，視覚・触覚，視覚・前庭覚などの多感覚統合も，最尤推定モデルによる推定値がヒトの知覚と一致することが示されている（Ernst, 2012）．ただしその後研究で，多感覚統合では，最適推定値まで情報が統合されるのではなく，その手前で止まると報告している（Butler *et al.*, 2011）．ヒトの多感覚統合が最適まで統合されない理由は，いくつかが挙げられる．最も可能性が高いのが，最尤推定モデルは，複数のモダリティからの情報が同じ信号源から得られたと仮定しているからというものである．すなわち，多感覚刺激が複数の独立した信号源から得られた可能性を考慮せずに，信号源が異なる多感覚情報を一律に統合している点である．とはいえ，刺激が曖昧な場合では，ヒトは多感覚刺激を複数の独立した単一モダリティとして知覚する可能性がある．たとえば，実験課題の設定で情報に対する確信度を低減させると，参加者は多感覚刺激を一つの刺激として知覚せずに，複数の刺激として知覚する傾向となる．その際には，参加者の反応は最尤推定モデルの推定値と一致しないことが示されている（Butler *et al.*, 2011）．また，多感覚統合の二つの規則である時間的一致性と空間的一致

性が満たされない時には，多感覚刺激は統合されず，それぞれ分離して知覚される．たとえば，視覚・聴覚刺激を同時に提示する際に，聴覚刺激の位置が視覚刺激の方向に近づいて知覚される腹話術効果は，視覚・聴覚刺激の距離が一定以上離れると，独立した視覚刺激と聴覚刺激として知覚されることが報告されている（Slutsky & Recanzone, 2001）．

　Slutsky & Recanzone（2001）が報告したように，多感覚刺激を知覚する時には，必ずしも同じ信号源を持つものとして知覚するわけではなく，多感覚情報を統合するか，あるいは，分離するかを決める情報処理が存在するはずである．この知覚判断の過程を，ベイズ因果推定を使用し，モデリングする試みが行われている．行動実験の結果，参加者の反応はベイズ因果推定モデルの推定結果と一致したため，知覚システムはベイズ因果推定のような情報処理を利用し，知覚判断を行っていることが示唆される（Körding *et al.*, 2007）．

多感覚統合の神経基盤

　ネコの視覚野に方位選択性を持つニューロンが存在することを示した Hubel & Wiesel（1959）の研究は，視覚情報処理の解明の夜明けとなった．多感覚統合の神経基盤の究明も同じように，ネコを対象とした電気生理研究から始まる．中脳にある上丘（superior colliculus）は層構造を持ち，浅層では視覚情報を受け取るのに対し，深層は対側のサッケードに関連した活動が生じる．上丘に関する電気生理の初期の研究では，頭部や眼球を視対象・聴対象へ向ける役割が検討されている．後に，上丘の深層では視覚・聴覚・体性感覚の入力を受け取り，サッケードに関連した感覚運動変換を支えることが明らかになり，上丘は多感覚情報の統合機構の一つとして認識された．ネコを対象とした単一細胞記録の研究では，単一モダリティの刺激と比べ，複数のモダリティによって同時に刺激されると，上丘のニューロンの発火頻度がより高くなり，上丘には複数のモダリティの入力に反応する多感覚ニューロンが存在することが報告された（Meredith & Stein, 1983）．さらに，上丘の多感覚ニューロンの反応特性は，多感覚統合の規則と一致した．たとえば，視覚・聴覚刺激が同一の位置から提示された場合，視覚刺激と聴覚刺激がそれぞれ異なる位置から提示された時よりも多感覚ニューロンの発火頻度が上昇することが報告されている（Meredith &

Stein, 1986）．時間情報の一致に関しても，視覚・聴覚刺激が同期した場合は，非同期の時よりも多感覚ニューロンの発火頻度が増えることが示されている（Meredith *et al.*, 1987）．

　バリー・スタインらの一連の研究で示されたように，皮質下の神経経路に多感覚情報を処理する機構が存在する一方，最近の研究では，皮質において多くの領野が多感覚情報処理に関与していることが明らかにされている．単一モダリティの情報処理と同じように，多感覚情報処理は階層構造を持つと認識されている．低次感覚情報を処理するV1，一次聴覚野（A1）とS1などの初期感覚野は，位置と機能に関してそれぞれ独立している．これらの初期感覚野から入力を受けるSTS，IPS，前頭前皮質（prefrontal cortex: PFC）などの高次領野で，複数の感覚モダリティの情報を結合することにより，多感覚情報処理が実現されると考えられてきた．しかし近年，クロスモーダル効果が初期感覚野でも見られることが報告されている（Bauer *et al.*, 2020）．たとえば，聴覚野の神経活動は，視覚・聴覚刺激（Miller & D'Esposito, 2005），聴覚・触覚刺激（Kayser *et al.*, 2005）の同期性によって変調される．ただし，低次感覚野に見られる神経活動の変調は，低次感覚野で多感覚情報が統合されていることを意味するのではなく，多感覚情報を統合した高次領野からのフィードバックによる可能性があると指摘され，高次領野からのフィードバックと初期感覚野における多感覚情報処理を切り分ける研究へと展開することが期待されている．

　多感覚情報処理の階層構造において，多感覚統合の計算論モデルで示したような情報の重みづけと統合は，神経情報処理のどの段階で行われるだろう．この問題に焦点を当てた研究が進んでいる．サルを対象とした電気生理研究では，多感覚信号の信頼性を操作しながら，皮質ニューロンの発火頻度の変調を調べている（Fetsch *et al.*, 2012）．これらの実験では，コンピュータが制御する回転台にサルとプロジェクターを固定し，回転と連動したオプティックフロー（optic flow: 自己運動に伴い，網膜上に生じる運動パターン）刺激をプロジェクターで提示した．回転台の回転とオプティックフローをそれぞれ操作することで，前庭感覚と視覚の入力をコントロールできる．さらに，オプティックフローのランダムドットのコヒーレンスを操作することで，視覚情報の信頼性を調整できる．実験は，単一モダリティの情報しか利用できない視覚条件と前庭感覚条件

と，二つのモダリティの情報を利用できる視覚・前庭感覚条件の三つの条件で構成された．それぞれの条件で，知覚された身体の回転方向の弁別課題を遂行させた時の MST 野背側部（dorsal medial superior temporal area: MSTd）のニューロンの発火を記録した．行動実験の結果では，ヒトを対象とした多感覚統合と同様に，視覚・前庭感覚条件の正答率は，視覚と前庭感覚の信頼性から推定した正答率と一致した．重要な点は，MSTd の一部のニューロンの発火頻度は，視覚信号と前庭感覚信号の信頼性によって変調され，この変調が行動データから計算されたモダリティの重みづけの変化との相関が示された．この結果から，MSTd の一部のニューロンが，多感覚情報を重みづけして融合することが示されている．ヒトを対象とした fMRI のデコーディング（decoding: 脳活動パターンを機械学習させ，脳活動から刺激や心的状態を推定する技術）研究では，多感覚統合の階層性を明確に示している（Rohe & Noppeney, 2018）．視聴覚定位課題を行う際に，視覚野，聴覚野と IPS の脳活動から刺激の位置を推定するデコーダを作成した．デコーダの精度を行動実験の正答率と見なすと，視聴覚統合の時に各領野での神経活動の重みづけを最尤推定モデルから推定できる．実験の結果，視覚野と聴覚野は主に刺激視覚定位と聴覚定位をエンコードしたのに対し，IPS は感覚モダリティの信頼性に基づいて情報をエンコードすることが示された．

　IPS は，各モダリティの情報を統合する役割を果たしていると考えられるが，各モダリティの情報の統合，あるいは分離を決める神経機構はどこにあるのだろう．Mihalik & Noppeney（2020）は，fMRI デコーディングを使用し，視覚・聴覚刺激が提示される際に，位置のずれがあるか否かを判断する時の脳活動から，知覚判断に関連する脳領域を調べた．その結果は先行研究と一致し，視覚定位と聴覚定位は視覚野と聴覚野それぞれに処理されるのに対し，視覚定位と聴覚定位の一致性の検出は IPS，前頭眼野（frontal eye field: FEF），背外側前頭前野（dorsolateral prefrontal cortex: DLPFC）で処理された．さらに，提示位置の一致性に対する知覚判断は，DLPFC でデコードできたため，ベイズ因果推定モデルで仮定したような，原因事象の事後確率を計算する情報処理は，DLPFC に存在すると考えられる．

　このように，多感覚統合においては，脳の低次領域から高次領域までの階層

的処理が見られる．さらに，この情報処理の時間的な流れも，前述した階層性に従っていることが，EEG デコーディングの研究からわかっている（Rohe *et al.*, 2019）．刺激位置に関する視覚・聴覚の情報処理は 60〜250 ミリ秒の間で現れ，その後に，視聴覚間の情報処理が 160〜360 ミリ秒の間で現れ，さらに，350〜450 ミリ秒遅く知覚判断にかかわる情報処理が現れる．最近の fMRI と EEG から，多感覚情報を統合する際に，脳はベイズ因果推定モデルで仮定したような階層的情報処理を行うことが示唆されている．

引用文献

Adelson, E. H., & Bergen, J. R. (1985). Spatiotemporal energy models for the perception of motion. *Journal of the Optical Society of America A: Optics and Image Science, 2(2)*, 284-299.

Aller, M., Giani, A., Conrad, V., Watanabe, M., & Noppeney, U. (2015). A spatially collocated sound thrusts a flash into awareness. *Frontiers in Integrative Neuroscience, 9*, 16.

Alsius, A., & Munhall, K. G. (2013). Detection of audiovisual speech correspondences without visual awareness. *Psychological science, 24(4)*, 423-431.

Andrews, T. J., & Ewbank, M. P. (2004). Distinct representations for facial identity and changeable aspects of faces in the human temporal lobe. *Neuroimage, 23(3)*, 905-913.

Azañón, E., & Soto-Faraco, S. (2008). Changing reference frames during the encoding of tactile events. *Current biology, 18(14)*, 1044-1049.

Badde, S., Röder, B., & Heed, T. (2019). Feeling a touch to the hand on the foot. *Current Biology, 29(9)*, 1491-1497.

Ban, H., Preston, T. J., Meeson, A., & Welchman, A. E. (2012). The integration of motion and disparity cues to depth in dorsal visual cortex. *Nature Neuroscience, 15(4)*, 636-643.

Bauer, A. K. R., Debener, S., & Nobre, A. C. (2020). Synchronisation of neural oscillations and cross-modal influences. *Trends in Cognitive Sciences, 24(6)*, 481-495.

Blanke, O., Slater, M., & Serino, A. (2015). Behavioral, neural, and computational principles of bodily self-consciousness. *Neuron, 88(1)*, 145-166.

Botvinick. M., & Cohen, J. (1998). Rubber hands "feel" touch that eyes see. *Nature, 391*, 756.

Bridge, H., *et al.* (2013). Structural and functional changes across the visual cortex of a patient with visual form agnosia. *Journal of Neuroscience, 33(31)*, 12779-12791.

Brouwer, G. J., & Heeger, D. J. (2013). Categorical clustering of the neural representation of color. *Journal of Neuroscience, 33(39)*, 15454-15465.

Butler, J. S., Campos, J. L., Bülthoff, H. H., & Smith, S. T. (2011). The role of stereo vision in visual–vestibular integration. *Seeing and Perceiving, 24(5)*, 453–470.

Cumming, B. G., & Parker, A. J. (1997). Responses of primary visual cortical neurons to binocular disparity without depth perception. *Nature, 389*, 280–283.

Cumming, B. G., & Parker, A. J. (2000). Local disparity not perceived depth is signaled by binocular neurons in cortical area V1 of the macaque. *Journal of Neuroscience, 20 (12)*, 4758–4767.

De Lafuente, V., & Romo, R. (2005). Neuronal correlates of subjective sensory experience. *Nature Neuroscience, 8(12)*, 1698–1703.

De Vignemont, F., Majid, A., Jola, C., & Haggard, P. (2009). Segmenting the body into parts: Evidence from biases in tactile perception. *Quarterly Journal of Experimental Psychology, 62(3)*, 500–512.

Derrington, A. M., Krauskopf, J., & Lennie, P. (1984). Chromatic mechanisms in lateral geniculate nucleus of macaque. *The Journal of Physiology, 357(1)*, 241–265.

Ehrsson, H. H. (2020). Multisensory processes in body ownership. In K. Sathian & V. S. Ramachandran (Eds.), *Multisensory perception: From laboratory to clinic* (pp. 179 –200). Academic Press.

Elbert, T., Pantev, C., Wienbruch, C., Rockstroh, B., & Taub, E. (1995). Increased cortical representation of the fingers of the left hand in string players. *Science, 270*, 305–307.

Epstein, R., & Kanwisher, N. (1998). A cortical representation of the local visual environment. *Nature, 392*, 598–601.

Epstein, R. A., & Higgins, J. S. (2007). Differential parahippocampal and retrosplenial involvement in three types of visual scene recognition. *Cerebral Cortex, 17(7)*, 1680–1693.

Ernst M. O. (2012). Optimal multisensory integration: Assumptions and limits. In B. E. Stein (Ed.), *The new handbook of multisensory processes* (pp. 1084–1124). MIT Press.

Ernst, M. O., & Bank, M. S. (2002). Humans integrate visual and haptic information in a statistically optimal fashion. *Nature, 425 (6870)*, 429–433.

Fassihi, A., Akrami, A., Pulecchi, F., Schönfelder, V., & Diamond, M. E. (2017). Transformation of perception from sensory to motor cortex. *Current Biology, 27(11)*, 1585–1596.

Fetsch, C. R., Pouget, A., DeAngelis, G. C., & Angelaki, D. E. (2012). Neural correlates of reliability-based cue weighting during multisensory integration. *Nature Neuroscience, 15(1)*, 146–154.

Flor, H., Nikolajsen, L., & Jensen, T. S. (2006). Phantom limb pain: A case of maladaptive CNS plasticity? *Nature Reviews Neuroscience, 7(11)*, 873–881.

Freedman, D. J., Riesenhuber, M., Poggio, T., & Miller, E. K. (2001). Categorical representation of visual stimuli in the primate prefrontal cortex. *Science, 291*, 312–316.

Freeman, J., Ziemba, C. M., Heeger, D. J., Simoncelli, E. P., & Movshon, J. A. (2013).

A functional and perceptual signature of the second visual area in primates. *Nature Neuroscience, 16(7)*, 974–981.

Gobbini, M. I., & Haxby, J. V. (2007). Neural systems for recognition of familiar faces. *Neuropsychologia, 45(1)*, 32–41.

Grill-Spector, K., *et al.* (1999). Differential processing of objects under various viewing conditions in the human lateral occipital complex. *Neuron, 24(1)*, 187–203.

Grosbras, M. H., Beaton, S., & Eickhoff, S. B. (2012). Brain regions involved in human movement perception: A quantitative voxel-based meta-analysis. *Human Brain Mapping, 33(2)*, 431–454.

Grossman, E., *et al.* (2000). Brain areas involved in perception of biological motion. *Journal of Cognitive Neuroscience, 12(5)*, 711–720.

Hanazawa, A., Komatsu, H., & Murakami, I. (2000). Neural selectivity for hue and saturation of colour in the primary visual cortex of the monkey. *European Journal of Neuroscience, 12(5)*, 1753–1763.

Hess, R. H., Baker, C. L., & Zihl, J. (1989). The "motion-blind" patient: Low-level spatial and temporal filters. *Journal of Neuroscience, 9(5)*, 1628–1640.

Hubel, D., & Wiesel, T. (1959). Receptive fields of single neurones in the cat's striate cortex. *Journal of Physiology, 148(3)*, 574–591.

Inaba, N., Shinomoto, S., Yamane, S., Takemura, A., & Kawano, K. (2007). MST neurons code for visual motion in space independent of pursuit eye movements. *Journal of Neurophysiology, 97(5)*, 3473–3483.

Iriki, A., Tanaka, M., & Iwamura, Y. (1996). Coding of modified body schema during tool use by macaque postcentral neurones. *Neuroreport, 7(14)*, 2325–2330.

Julesz, B. (1960). Binocular depth perception of computer-generated patterns. *Bell System Technical Journal, 39(5)*, 1125–1162.

Kalckert, A., & Ehrsson, H. H. (2012). Moving a rubber hand that feels like your own: A dissociation of ownership and agency. *Frontiers in Human Neuroscience, 6*, 40.

Kamps, F. S., Hendrix, C. L., Brennan, P. A., & Dilks, D. D. (2020). Connectivity at the origins of domain specificity in the cortical face and place networks. *Proceedings of the National Academy of Sciences, 117(11)*, 6163–6169.

Kaneko, S., Kuriki, I., & Andersen, S. K. (2020). Steady-state visual evoked potentials elicited from early visual cortex reflect both perceptual color space and cone-opponent mechanisms. *Cerebral Cortex Communications, 1(1)*, tgaa059.

Kanwisher, N., McDermott, J., & Chun, M. M. (1997). The fusiform face area: A module in human extrastriate cortex specialized for face perception. *Journal of Neuroscience, 17(11)*, 4302–4311.

Kanwisher, N., Tong, F., & Nakayama, K. (1998). The effect of face inversion on the human fusiform face area. *Cognition, 68(1)*, 1–11.

Kayser, C., Petkov, C. I., Augath, M., & Logothetis, N. K. (2005). Integration of touch and sound in auditory cortex. *Neuron, 48(2)*, 373–384.

Khawaja, F. A., Tsui, J. M., & Pack, C. C. (2009). Pattern motion selectivity of spiking outputs and local field potentials in macaque visual cortex. *Journal of Neuroscience, 29(43)*, 13702–13709.

Komatsu, H., Ideura, Y., Kaji, S., & Yamane, S. (1992). Color selectivity of neurons in the inferior temporal cortex of the awake macaque monkey. *Journal of Neuroscience, 12(2)*, 408–424.

Körding, K. P., *et al.* (2007). Causal inference in multisensory perception. *PLoS One, 2 (9)*, e943.

Kuriki, I., Sun, P., Ueno, K., Tanaka, K., & Cheng, K. (2015). Hue selectivity in human visual cortex revealed by functional magnetic resonance imaging. *Cerebral Cortex, 25 (12)*, 4869–4884.

Matsuno, T., Kawai, N., & Matsuzawa, T. (2004). Color classification by chimpanzees (*Pantroglodytes*) in a matching-to-sample task. *Behavioural Brain Research, 148*, 157–165.

McNeill, D., Quaeghebeur, L., & Duncan, S. (2010). IW-"The man who lost his body". In D. Schmicking & S. Gallagher (Eds.), *Handbook of phenomenology and cognitive science* (pp. 519–543). Springer.

Meredith, M. A., Nemitz, J. W., & Stein, B. E. (1987). Determinants of multisensory integration in superior colliculus neurons. I. Temporal factors. *Journal of Neuroscience, 7(10)*, 3215–3229.

Meredith, M. A., & Stein, B. E. (1983). Interactions among converging sensory inputs in the superior colliculus. *Science, 221*, 389–391.

Meredith, M. A., & Stein, B. E. (1986). Visual, auditory, and somatosensory convergence on cells in superior colliculus results in multisensory integration. *Journal of neurophysiology, 56(3)*, 640–662.

Mihalik, A., & Noppeney, U. (2020). Causal inference in audiovisual perception. *Journal of Neuroscience, 40(34)*, 6600–6612.

Miller, L. M., & D'Esposito, M. (2005). Perceptual fusion and stimulus coincidence in the cross-modal integration of speech. *Journal of Neuroscience, 25(25)*, 5884–5893.

Motoyoshi, I., Nishida, S. Y., Sharan, L., & Adelson, E. H. (2007). Image statistics and the perception of surface qualities. *Nature, 447*, 206–209.

Nishio, A., Shimokawa, T., Goda, N., & Komatsu, H. (2014). Perceptual gloss parameters are encoded by population responses in the monkey inferior temporal cortex. *Journal of Neuroscience, 34(33)*, 11143–11151.

Ohzawa, I., DeAngelis, G. C., & Freeman, R. D. (1990). Stereoscopic depth discrimination in the visual cortex: Neurons ideally suited as disparity detectors. *Science, 249*, 1037–1041.

Okazawa, G., Tajima, S., & Komatsu, H. (2015). Image statistics underlying natural texture selectivity of neurons in macaque V4. *Proceedings of the National Academy of Sciences, 112(4)*, E351–E360.

Okazawa, G., Tajima, S., & Komatsu, H. (2017). Gradual development of visual texture-selective properties between macaque areas V2 and V4. *Cerebral Cortex, 27(10)*,

4867–4880.

Pack, C. C., & Born, R. T. (2001). Temporal dynamics of a neural solution to the aperture problem in visual area MT of macaque brain. *Nature, 409*, 1040–1042.

Pitcher, D., Walsh, V., & Duchaine, B. (2011). The role of the occipital face area in the cortical face perception network. *Experimental Brain Research, 209(4)*, 481–493.

Portilla, J., & Simoncelli, E. P. (2000). A parametric texture model based on joint statistics of complex wavelet coefficients. *International Journal of Computer Vision, 40 (1)*, 49–70.

Preston, T. J., Li, S., Kourtzi, Z., & Welchman, A. E. (2008). Multivoxel pattern selectivity for perceptually relevant binocular disparities in the human brain. *Journal of Neuroscience, 28(44)*, 11315–11327.

Ramachandran, V. S., & Hirstein, W. (1998). The perception of phantom limbs. The D. O. Hebb lecture. *Brain, 121(9)*, 1603–1630.

Raymond, J. E. (1993). Complete interocular transfer of motion adaptation effects on motion coherence thresholds. *Vision Research, 33(13)*, 1865–1870.

Roberson, D., Davies, I. R. L., & Davidoff, J. (2000). Color categories are not universal: Replications and new evidence from a Stone Age culture. *Journal of Experimental Psychology: General, 129(3)*, 369–398.

Rohe, T., Ehlis, A. C., & Noppeney, U. (2019). The neural dynamics of hierarchical Bayesian causal inference in multisensory perception. *Nature Communications, 10 (1)*, 1–17.

Rohe, T., & Noppeney, U. (2018). Reliability-weighted integration of audiovisual signals can be modulated by top-down attention. *eNeuro, 5(1)*, 0315–0317.

Rust, N. C., Schwartz, O., Movshon, J. A., & Simoncelli, E. P. (2005). Spatiotemporal elements of macaque v1 receptive fields. *Neuron, 46(6)*, 945–956.

Shen, G., Meltzoff, A. N., Weiss, S. M., & Marshall, P. J. (2020). Body representation in infants: Categorical boundaries of body parts as assessed by somatosensory mismatch Negativity. *Developmental Cognitive Neuroscience, 44*, 100795.

Slutsky, D. A., & Recanzone, G. H. (2001). Temporal and Spatial Dependency of the Ventriloquism Effect. *Neuroreport, 12(1)*, 7–10.

Spence, C. (2018). Multisensory perception. In J. T. Wixted & J. Serences (Eds.), *Stevens' handbook of experimental psychology and cognitive neuroscience, 2*(pp. 1–56). Springer.

Tamè, L., Azañón, E., & Longo, M. R. (2019). A conceptual model of tactile processing across body features of size, shape, side, and spatial location. *Frontiers in Psychology, 10*, 291.

Tanabe, S., Umeda, K., & Fujita, I. (2004). Rejection of false matches for binocular correspondence in macaque visual cortical area V4. *Journal of Neuroscience, 24(37)*, 8170–8180.

Taylor, J. C., Wiggett, A. J., & Downing, P. E. (2007). Functional MRI analysis of body and body part representations in the extrastriate and fusiform body areas.

Journal of Neurophysiology, 98(3), 1626–1633.

Tsakiris, M., & Haggard, P. (2005). The rubber hand illusion revisited: Visuotactile integration and self-attribution. *Journal of Experimental Psychology: Human Perception and Performance, 31(1)*, 80–91.

Wade, N. J., Swanston, M. T., & De Weert, C. M. (1993). On interocular transfer of motion aftereffects. *Perception, 22(11)*, 1365–1380.

Welchman, A. E. (2016). The human brain in depth: How we see in 3D. *Annual Review of Vision Science, 2*, 345–376.

Yamamoto, S., & Kitazawa, S. (2001). Reversal of subjective temporal order due to arm crossing. *Nature Neuroscience, 4(7)*, 759–765.

Yang, J., Kanazawa, S., Yamaguchi, M. K., & Kuriki, I. (2016). Cortical response to categorical color perception in infants investigated by near-infrared spectroscopy. *Proceedings of the National Academy of Sciences, 113(9)*, 2370–2375.

Zhang, C. Y., *et al.* (2017). Partially mixed selectivity in human posterior parietal association cortex. *Neuron, 95(3)*, 697–708.

Zhou, Y. X., & Baker, C. L. (1993). A processing stream in mammalian visual cortex neurons for non-Fourier responses. *Science, 261*, 98–101.

第2章　恐怖学習と脅威検出の神経機構

川合伸幸

1　はじめに

　恐怖は，できるだけ経験したくないネガティブな感情である．しかし，恐怖は個体を危険から遠ざけるという重要な役割を果たす．そのため，ヒトだけでなく多くの動物が危険な状況や対象に対して恐怖反応を示す．個体の生存に有利に働く恐怖は，進化の初期で出現したと考えられている（川合，2016; Kawai, 2019; LeDoux, 1996）．恐怖の到来を予告する信号は生存にとって重要な情報なので，アメフラシやザリガニなどの無脊椎動物（Kawai *et al.*, 2004a）や生まれる前のチンパンジー胎児（Kawai *et al.*, 2004b）でさえ容易に学習する．そのため，恐怖をもたらす電気ショックとそれを信号する音刺激を用いて，それらの学習の神経機構を調べる研究が数多く行われてきた．本章では，脅威を与える刺激が脳内でどのように処理されるかについて概観する．まず，恐怖の学習に関する神経機構について説明し，それからヒトや霊長類にとっての生得的な脅威対象をどのように処理し検出しているかについて述べる．

2　恐怖の中枢としての扁桃体

　いくつかの機能は，脳で局在している．ピエール・P・ブローカ以降，紡錘状回顔領域（fusiform face area）（第1章参照）やミラーニューロン・システム，視覚や体性感覚など多くの機能局在が発見されてきた．感覚入力は，皮質のどの領域で処理されるかが明らかになっているが，感情の処理はそれほど機能局在が明確ではない．しかし，基本情動の中でも，恐怖は扁桃体で処理されるこ

とが多くの研究から明らかになっている.

扁桃体は,側頭葉内側部に一対存在する神経核の集合体である.扁桃体を両側とも切除されたサルは,ヘビのおもちゃなど,本来怖がるはずの対象を恐れなくなる(Klüver & Bucy. 1937; Ono & Nishijo, 1992).これを(他の精神盲と呼ばれる行動の変化を含めて)クリューバー・ビューシー症候群と呼ぶ.ウルバッハ・ヴィーデ類脂質蛋白症(Urbach-Wiethe disease)というめずらしい遺伝病のせいで両側の扁桃体が機能しなくなった 44 歳の女性 S. M. は,ヘビ,クモ,ホラー映画を見ても,過去のトラウマ的体験を回想しても,全く「恐怖」を示す様子を見せなかった(Feinstein *et al.*, 2011).ペットショップでは,ヘビやクモを平気でさわった.

機能的神経画像研究からも,恐怖の対象を提示すると扁桃体が活性化することが示されており,扁桃体が恐怖の処理にかかわっていることが様々な研究から確かめられている.これらのことは,扁桃体が恐怖の中心的な役割を果たすことを示している.

3　恐怖の学習と扁桃体

恐怖は扁桃体でどのように処理されているのだろうか.ジョセフ・ルドゥーは 30 年以上にわたって,ラットの恐怖条件づけにかかわる神経機構を調べてきた(LeDoux, 1996).ルドゥーは,電気ショックとその到来を予告する条件刺激(音刺激)を与え,ラットが条件刺激に対して凍結反応(freezing response)を示す学習過程を調べた.

聴覚刺激は内耳の中のコルチ器で神経信号に変換され,聴覚神経を通じて脳幹の聴覚核(蝸牛核)へ伝えられる.ここから伝達路は反対側へ入り,中脳の下丘へ伝えられる.次に伝達路は下丘から視床内の聴覚中継核である内側膝状体(聴覚視床)に達し,聴覚皮質へ伝えられる.この一連の経路のどの領域が恐怖条件づけに決定的な役割を果たすのだろうか.ルドゥーはまずラットの聴覚皮質を損傷させて恐怖条件づけが成立するかを確認した(LeDoux *et al.*, 1983).その結果,聴覚皮質に障害を与えても,凍結反応や血圧の変化の条件づけに何の影響もなかった.つまり,音を対象とした恐怖条件づけの形成には,

必ずしも聴覚皮質が必要ではないことがわかった．次に聴覚視床と聴覚中枢を
それぞれ独立に損傷させたところ，いずれも恐怖の条件づけが成立しなかった．
つまり，聴覚刺激に対して恐怖条件づけが成立するためには，聴覚情報が内耳
から視床に至る聴覚路を通る必要があるが，それは聴覚皮質まで到達する必要
がない．その後の研究で，聴覚視床に神経トレーサーを注入して投射経路を調
べたところ，聴覚皮質以外の 4 カ所に投射していた．そのうちの一つが扁桃体
であった．

4　恐怖条件づけにおける扁桃体の役割

　扁桃体は一つの大きな神経核の塊だが，10 以上の亜核から構成される（Sah
et al., 2003）．これらの核は脳内の様々な異なる領域へ投射している．恐怖条件
づけにはどの亜核が重要な役割を果たすのだろうか．ウサギの扁桃体の中心核
が損傷されると，心拍数の変化を指標とした恐怖の条件づけが形成できなかっ
た（Kapp *et al.*, 1984）．中心核は心拍数の変化や他の自律神経系の反応を調節
する脳幹の領域と連絡している．そして扁桃体の中心核を刺激すると心拍数の
変化や他の自律神経系反応が引き起こされたことから，中心核が恐怖刺激を自
律神経反応へ伝える重要な中継点であると考えられる．その後の研究で，中心
核は条件づけられた恐怖に対して，凍結反応，自律神経反応，痛みの抑制，ス
トレスホルモンの放出などすべての種類の反応を中継していることがわかった
（LeDoux, 1996）．ただしこれらの反応の違いは中心核からの異なる仲介を経て
いた．たとえば，中心核が投射する中心灰白質を損傷すると，凍結反応の条件
づけが阻害されたが，血圧反応の条件づけは阻害されなかった．逆に，別の投
射先（視床下部外側部）を損傷すると血圧反応の条件づけは阻害されたが凍結反
応の条件づけは阻害されなかった．

　では中心核が恐怖の条件づけの成立の鍵を握るのだろうか．ルドゥーらは，
一連の研究で，扁桃体中心核に神経トレーサーを注入しても聴覚視床にはトレ
ーサーが運ばれないこと，ただし扁桃体外側核に注入すればそこに運ばれるこ
とをつきとめた（LeDoux *et al.*, 1990）．そこで外側核を損傷したところ恐怖条
件づけは成立しなかった．これらのことから，恐怖の信号である条件刺激は，

扁桃体の外側核で受け取られ，反応調整の窓口を中心核が担うと考えられる．ただし，外側核から中心核へは直接投射しているが，扁桃体の基底核と副基底核にも投射があり，恐怖の情報が直接中心核へ伝わるか，これらの亜核を介して中心核へ伝わるかは明らかではない．

5　脅威に対する防御反応と恐怖の違い

　ところで，ルドゥー自身は扁桃体を「恐怖」の中枢とは考えていない．電気ショックなどを用いる恐怖条件づけは，無脊椎動物のザリガニ (Kawai *et al.*, 2004a) やアメフラシ，様々な昆虫でも成立する．ルドゥーはこれらの動物が「恐怖を感じる」とは思えないと言うのだ．扁桃体やそれに関連する神経回路は，恐怖を感じるためのものではなく，脅威に対して防御行動をとらせる機構だと，ルドゥーは主張している．動物が脅威の対象を見つければ防御反応を示す．しかし，そのことと人が経験する「恐怖の感覚」(feeling of fear) は異なる．恐怖の条件づけは，刺激提示時間が 30 ミリ秒以下の，意識に上らない状況でも形成される．そのことは，意識的に恐怖を感じなくてもそれ（防御反応としての恐怖条件づけ）が成立することを意味する．実際，（後述する）皮質を介しない低次経路でも恐怖学習は獲得される．彼は，一般向けの著書でも，扁桃体は恐怖の無意識的側面に貢献していると主張してきた．それでも多くの人が扁桃体を恐怖の中枢だと感じるのは，①人間は脅威を感じた時に恐怖を感じることが多く，②扁桃体は脅威に対処することを担っているからだ．これらのことから，扁桃体が「恐怖の感覚」を担っていると考えられてしまうのだとルドゥーは述べている．

　恐怖とは，情報が扁桃体へと至る並行する二つの経路のうち，新皮質を経由する高次経路の認知システムによって生成されるものであり，そこで生じる「恐怖の感覚」は意識的な経験である．したがって，動物が電撃の到来に備える様々な防御反応とは別ものである (LeDoux, 2014)．「恐怖条件づけ」や「恐怖システム」という用語は，意識的な恐怖の感じ (conscious feelings of fear) を与える過程と，脅威によって誘発される防御反応を制御する無意識的な過程の区別を曖昧にすると彼は警鐘を鳴らす．

　このような微妙な区別は些末なことかもしれないが，科学的な研究をする上ではこのような区別は重要である．これは，筆者も含め多くの研究者がとってきた立場でもある．イワン・パヴロフは行動を心理学的に説明することを嫌い，「動物がわれわれ人間と似ていると推測して，動物の置かれた状況を主観的にとらえようと空想的な憶測することなく」実験動物の唾液分泌の予測を生理学的に説明するように努めた．ニコラス・ティンバーゲンも同様である．「怒りや恐怖などと同様に，空腹というものは内省によってのみ知り得る現象なのである．それを他種に当てはめようとすることは，動物がどういう主観的な状態であるかを単に推測しようとするに過ぎない」と述べている（Tinbergen, 1951）．「恐怖の経験」を皮質下で無意識的に処理される過程と区別する立場は，ヒトを含めた生存に重要な脅威検出機構の理解に重要である．

6　生得的な脅威対象と経験による脅威対象

行動主義と等可能性の前提

　20 世紀の初期に行動主義の興隆を担ったジョン・B・ワトソンは，人種や遺伝的な背景は関係なく，学習を調整することによって，子どもをあらゆる職業に就けさせることができると述べた（Watson, 1930）．彼の大言のもとになった研究では，赤ちゃんが最初は興味を示していたラットを，条件づけによって恐れるようにした．しかし，恐怖はどれも同じように学習されるわけではない．たとえば，何かを食べてお腹を下すと，それ以降はその食品を食べられなくなる．これを味覚嫌悪学習という．ネズミでは，味と体調不良はすぐに学習されるが，ピカピカした点滅光と体調不良の関係は何度同時に生起しても学習されない（Garcia & Koelling, 1966）．これらの実験事実を受けて，どのような刺激であっても最終的には同じように学習されるという等可能性の前提は崩れ，準備性（preparedness）という概念が提唱された（Seligman, 1971）．その説明によると，恐怖症の対象となりやすい刺激（ヘビ，クモ）は，滅多に恐怖症を発症しない刺激（花，キノコ）に比べ，脅威の事態と結びつきやすいように進化的に準備されている．そして，そのような進化的に準備された刺激と脅威事態の結びつきは，他の学習と生理的な基礎が異なるために，①条件反応の生起が早

く，②生起した条件反応の消去抵抗が高く，③教示や情報といった認知的な影響を受けにくく，④特定の刺激と意味のある事象の間の学習が顕著に認められるといった特徴があると仮定した．そのような準備性は，様々な恐怖症の生起と無関係ではない．

進化的な脅威に関する刺激は恐怖学習が消去されにくい

　実際，恐怖学習が成立しやすい特定の刺激があることが 1980 年頃から示されるようになった．ある研究で，脅威に関連した刺激としてヘビの写真を，関連しない刺激として花やキノコの写真を用いて，電気ショックと対提示するヒトへの恐怖条件づけが行われた．条件づけの指標である皮膚電気反応（skin conductance response: SCR）が完全に消去されるまでの試行数を比べたところ，脅威関連刺激は，非関連刺激に比べて消去しにくいことが明らかになった（Öhman et al., 1985）．

　しかし，脅威に関連した刺激が，どれも同じように消去されにくいわけではない．たとえば，漏電を暗示する壊れた電気製品（Hugdahl & Kärker, 1981）や，銃（Cook et al., 1986）は，同じようにその刺激そのものが脅威の対象であるが，消去抵抗が高いという結果は得られなかった．すなわち，経験に基づかない脅威対象の刺激だけが，高い消去抵抗を示した（より強固に恐怖が形成されていた）．

進化的に脅威に関連する対象は過剰に怖がる

　また進化的に脅威に関連した刺激が恐怖の信号になると，実際よりも脅威刺激の到来を多く見積もるという，ある種の錯覚が生じる．花，キノコ，ヘビの写真のいずれかを条件刺激とし，その提示の 3 分の 1 で電気ショックが与えられた．実験参加者がどの程度正確に推測できるかを調べたところ，花やキノコでは，これらの刺激提示の 3 回に 1 回は電気ショックを伴うことがほぼ正確に推測された．しかし，ヘビの写真が条件刺激であった時には，ショックがより高率で提示されるとの判断のバイアスが観察された（Tomarken et al., 1989）．このようなバイアスは，壊れた電気製品に対しては効力が弱かった．すなわち，ここでも進化の過程で脅威の対象であった刺激（ヘビ）に対して，脅威に対する何らかの「準備性」があることが示唆される（Kennedy et al., 1997）．

ヘビ——霊長類出現時からの唯一の捕食者

　ヒトの祖先である初期霊長類は樹上で進化した．地球規模の気温の上昇により樹冠が形成され，地上から高さ 30 m 以上の，ほとんど捕食者が侵入しないニッチが拓けた．樹上で暮らしていた霊長類を捕食できるのは，ヘビ，猛禽類，大型のネコ科の動物だけである．化石に残る最古の霊長類は 6500 万年前のものだが，1 億年前にはすでにヘビが存在しており，霊長類を補食できる大きさまで進化していた．その後，少なくとも約 6000 万年前までに，ヘビは初期の爬虫類が進化させた基本的な毒システムを，より強力な毒システムへと進化させた．初期の哺乳類に対して最も長期に及ぶ捕食者は，1 億年前には今と同じような姿で存在した大蛇と考えられている．現在の霊長類の捕食者の一つである猛禽類の出現は，哺乳類を補食する最初のヘビより，早くとも 2000 万年は後のことである．分子データによれば，ワシタカ科（鷲や鷹）とハヤブサ科（隼）の猛禽類は，約 6800～8000 年前に南米で分岐した．しかし，化石の資料によれば，猛禽類は約 5500 万年前にようやく出現した（Feduccia, 1995）．少なくとも猛禽類が出現したのは，ヘビや有胎盤類が出現した後である．地上性の肉食動物（熊，大型ネコ科動物，狼）は，さらにその後に登場した．食肉類の出現は約 5500 万年前と考えられている．

ヘビ検出理論

　ヘビが原生霊長類を含む初期哺乳類を補食してきた長い歴史があるので，哺乳類はヘビの補食から逃れるように進化する必要があった．今でも人間を一番殺す動物は（ヒト以外では）ヘビであり，毎年多くの人が犠牲になっている．ある動物は，ヘビから素早く逃げるようになり，別の動物はヘビの匂いを嗅ぎ分けた．ヘビの毒に対する耐性を獲得した動物もいる．約 1 億年もヘビの脅威にさらされていた現在のアフリカのサルや類人猿の祖先は，視覚を発達させることで，ヘビによる捕食の脅威に対抗した，とヘビ検出理論は主張する（Isbell, 2006, 2009）．

　ヘビ検出理論によれば，ヘビの脅威の度合いと霊長類の視覚能力は関連する．旧世界（ユーラシア大陸）で出現した毒ヘビがアジアから北米を経由して南米に現れたのは，約 1000～2300 万年前である（Zamudio & Greene, 1997）．しかし新

世界ザルは，当時は地続きであったアフリカから3500万年前には南米に到達
し，約2600万年前までには適応放散が始まっていた．つまり，新世界ザルは
毒ヘビがいない土地で適応放散をしたことを意味する．アフリカ大陸，アジア，
南・中央アメリカと異なり，マダガスカルには毒ヘビがいない．マダガスカル
にも毒性を有するヘビはいるが，真の毒ヘビはいない．つまり，マダガスカル
の原猿は致死的な毒を持つ蛇にさらされたことがない．そのために，マダガス
カルの原猿は，他の霊長類に比べて視覚能力が劣る（Isbell, 2009）．これらのこ
とを考えると，新世界ザルやマダガスカルの原猿は，旧世界ザルのグループほ
どヘビを怖れないと考えられる．

7　扁桃体へ至る低次経路と高次経路

　では，脅威はどのように扁桃体に伝えられるのだろうか．扁桃体には，視覚，
聴覚，嗅覚，内臓などの感覚入力を，より高次な大脳皮質の処理を省略して視
床から直接情報を受け取る神経連絡がある．皮質を経由する連絡を「高次経
路」，皮質を経由しない連絡を「低次経路」という．恐怖を誘発させる扁桃体
を活性化させるには，必ずしも情報が皮質で処理される必要はない．視床を経
由する低次経路は刺激の細かい差異を区別できないが，感覚器から扁桃体まで
に媒介されるシナプスの数が少ないために情報がすばやく伝えられる．
　ラットの場合，音が視床路を通って扁桃体へ達するのにわずか12ミリ秒し
か要しないが，皮質路を通ると約2倍要する．ただしその分，高次経路は詳細
で精緻な情報を伝える．
　低次経路が情報をすばやく伝えることの利点は多々ある．よく例に出される
ように，林を歩いていて「ヘビだ」とヘビを見つけて飛び退いてから，よく見
ればそれはロープだったというのは，低次経路によってすばやく危険を回避し，
意識に上る前に防御反応をとった事例だ（Amaral *et al.*, 1992）．ロープをヘビ
と見間違うのはただの間違いだが，先にヘビに見つけられて命を失うよりは間
違えて飛び退くことのコストは低い．すばやく脅威を検出することは，生存に
とって極めて重要である．
　つまり，感覚系視床と感覚系皮質から扁桃体へと並列する2種類の情報系が

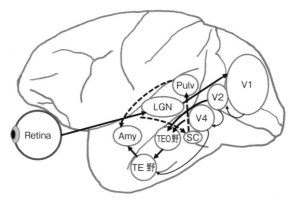

図 2-1　視覚情報の高次経路と低次経路（Kawai, 2019）
高次経路は実線，低次経路は破線で描かれている．Retina：網膜，Amy：扁桃体，LGN：外側膝状体，Pulv：視床枕，SC：上丘．V1，V2，V4，TEO 野（posterior inferior temporal cortex: 下側頭葉後部），TE 野は，それぞれ皮質の領域を示す．

あるのは，皮質下の経路が先に外界のおおよその情報を伝え，さらに扁桃体を活性化しておくことにより，後から届けられる詳細で正確な描写を伴う皮質からの情報を受容しやすくするためである．これらのどちらの経路も扁桃体の外側核で終端しており，そこから扁桃体内の経路を通じて中心核へ情報が送られ，その結果，様々な種類の恐怖の表出としての防御反応が出力される（図 2-1）．

8　視覚の低次経路　網膜─上丘─視床枕─扁桃体

　動物の脳は生存のために危険から回避する必要がある．捕食者を避ける一つの方法は捕食者を早く見つけることだ．これらの脅威検出回路は，どのように脅威（特にヘビ）の検出に寄与するのだろうか．脅威の視覚情報は，通常の高次経路（網膜→外側膝状体→一次視覚野（primary visual cortex: V1））だけでなく，上丘を介した低次経路（網膜→上丘→視床枕→扁桃体）によって扁桃体に伝えられる．ルドゥーは，この皮質を経由しない低次経路によって脅威に対して迅速かつ無意識的に防御反応が誘発されると考えた．しかし脅威を伝える機構は当初考えられていたほど単純で直接的なものではなく，皮質の様々な領域と多様な連絡をしながら情報を伝えていることが示唆されている（Pessoa & Adolphs,

2010).

　脅威の対象の認識にかかわるのは扁桃体だけでなく，網膜から皮質を経ずに扁桃体へ伝える視覚系の低次経路（正確には K 経路：koniocellular（K）pathway，霊長類以外では W 経路として知られる）の，上丘，視床枕に加えて，青斑核や皮質の一部も重要な役割を果たすと考えられる．視床枕は，小型の哺乳類では非常に小さいが，霊長類では明確に存在し，特に真猿類（類人猿を含む旧世界ザルのグループと新世界ザルのグループ）でよく発達しているので，視覚の進化に深くかかわっていると考えられる．

　低次経路が脅威検出を担うということは，動物が脅威を検出し適切に反応するのに，新皮質は必要ないことを意味している．そもそも哺乳類以外の脊椎動物は新皮質を有していないので，これは理に適っている．その系に含まれる上丘，視床枕，外側膝状体，V1，V2 はすべての哺乳類に存在する．本節では，脅威の検出に大きな役割を果たすと考えられる上丘，視床枕と青斑核の構造，神経連絡および機能について見ていく．

上丘の構造と機能

　上丘は脳の中脳蓋（tectum）にある左右に対を為す構造で，視床の下に位置し，脊椎動物の中脳では松果体の周辺に位置する．上丘は，間脳の吻側，中脳中心灰白質の背側，下丘の直上に位置する．上丘は，哺乳類ではほぼ相同であり，7 層構造をしている．これらは浅層と深層に分けられる（Kaas & Huerta, 1988）．上丘は，網膜からの入力を浅層が受け，外側膝状体の K 層と外側核—視床枕に投射している（Stepniewska et al., 2000）．浅層は新皮質の多くの領域（V1，V2，MT 野（middle temporal area），前頭前野）からも入力を受けるので（Kaas & Huerta, 1988），皮質から上丘へのフィードバックも可能となる．上丘から視床枕への投射経路は，霊長類では検出しにくいくらい相対的に小さいが，霊長類以外の脊椎動物ではむしろ一次的な視覚系である（Henry & Vidyasagar, 1991）．上丘は V2 などの外線条皮質や動きに反応する皮質領域の MT 野と連絡がある．

　哺乳類における上丘の主要な機能は捕食者の検出と回避することだと言われる（Sewards & Sewards, 2002）．特に上丘の深層は捕食者の処理にかかわってい

る．ラットの上丘の深層を電気的に刺激すると，即座に凍結反応や突進などの防御運動反応を開始する．この領域に損傷を与えるとそのような行動は観察されなくなる（Sewards & Sewards, 2002）．上丘の深層からは中脳水道周囲灰白質や楔状核へと線維連絡がある．

　霊長類の上丘の機能は他の哺乳類とは異なるとの指摘もあるが，霊長類は進化の過程で恐怖の検出をさらに視覚入力に頼るようになったので，危険を検出する上丘の機能は霊長類でも保存されていると考えるべきだろう．上丘のうち視覚情報を受け取るのは浅層のみで，ここの神経細胞は動く物体や光の変化に応答する（Kadoya *et al.* 1971）．これらの他に上丘のよく知られた機能として，頭部や眼球を視対象・聴対象のほうへ向ける役割がある（Klier *et al.*, 2003）．上丘の深層は，環境内の明瞭な刺激へ視線を動かすより先に注意が移動する非顕在的な注意のシフトに関連する（Ignashchenkova *et al.*, 2004）．

視床枕（視床後外側核―視床枕複合体）

　視床の外側核は，内側および外側髄板の間にある核群で，体性感覚の中間中枢をなすとともに錐体外路系に属する．外側核群は背側外側核と腹側核に分けられる（図 2-2）．

　視床外側核―視床枕複合体は，背側外側核，後外側核（lateral posterior nucleus），視床枕から構成される（四つの異なる区画に分類されることもある）．後外側核は V1，V2 を含む視覚関連皮質と相互的線維連絡している．後外側核は視床の他の核からの線維連絡を受け，頭頂連合野（上頭頂小葉）に接続する．これにより，感覚情報は頭頂連合野で解析・統合される．

　視床枕核は，視床の後部に位置し，V1，V2，上丘，視蓋前域などから入力を受け，視覚皮質，側頭葉，頭頂葉などへ投射する．げっ歯類や他の小型の哺乳類の視床枕は極めて小さく，同定できない種もいるが，霊長類では明確に存在しており，特に真猿類で発達している（Chalupa, 1991）．

　後外側核および視床枕は網膜，青斑核と上丘の浅層と連絡がある．視床枕の下外側部は霊長類の種間でほとんど変化がなく進化の影響が少なかったと考えられるが，背側部では特に真猿類において拡大が見られる．この領域は上丘の深層からの連結があり，V1 へは投射していないが，V2，V4，IT 野（inferior

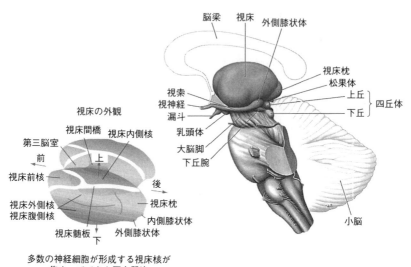

図 2-2　視床（左）と視床の相対的な位置（右）

視床は間脳の一部で，嗅覚以外の感覚入力（視覚，聴覚，体性感覚）を大脳新皮質へ中継する．視床は左右一対の核
群で，およそ 20 の亜核から構成されるが，大きく分類すると，内側，外側，視床前核，視床外側核—視床枕複合体
の四つに分けられる．

temporal cortex），後帯状皮質，前頭前野，前頭前野外背側皮質など多くの皮
質領域へ投射している（Selemon & Goldman-Rakic, 1988）．

　視神経は主として外側膝状体と中脳の上丘に視覚情報を伝えるが，ごく少数
の視神経線維が後外側核—視床枕に直接入力する．

青斑核

　青斑核は，脊椎動物の中枢神経にある橋の背側に位置する小さな神経核であ
る．青斑核は広範囲に投射しており，上丘，外側核—視床枕，扁桃体，初期視
覚系（外側膝状体，V2）と連絡している．青斑核は，中枢神経系の中では最も
多数のノルアドレナリン含有ニューロンが集合している．ノルアドレナリンは
神経伝達物質で，特に嫌悪的事象の記憶の促進や学習にかかわっている．青斑
核は，脅威刺激や警戒刺激に対して活性化させる（Berridge & Waterhouse,
2003）．ラットで青斑核を損傷させると脅威に対する凍結反応が減少する（Neo-

phytou *et al.*, 2001）．つまり青斑核は脅威状況で警戒する機能を担う．

脅威の検出を担う皮質下の神経機構

　これらのことから脅威の検出において，青斑核は全体的な警戒を担い，上丘と視床枕が具体的な脅威を検出すると考えられる．上丘，視床枕，青斑核の他に脅威の検出に含まれるのは扁桃体である．扁桃体は，情動反応の処理と記憶に主要な役割を担う．特に，恐怖や怒りなどの負の情動の処理に強くかかわる．扁桃体の基底外側核は，脅威の刺激に対する学習，恐怖反応の学習，貯蔵した記憶の変更などに関与している．これらのことから，扁桃体は何が脅威であるか，どのように反応すればよいかの学習において評価と指針を与える重要な役割を担っていると考えられる．扁桃体は，他者が与える手がかりにも敏感で，健康な人なら他者が向けた視線の方向に自動的に注意が移動するが（Okamoto-Barth & Kawai, 2006; Kawai, 2008, 2011），扁桃体に損傷を受けた人は，笑顔を検出できるが恐怖顔を検出できない（Amaral, 2003）．それは，目に対する自動的な焦点化が欠けているからだと考えられる（Adolphs *et al.*, 2005）．恐れている人の顔を見て状況を判断できなければ，生存する可能性は低くなるだろう．

　防御反応にかかわる上丘の深層から視床枕の内側部へ線維連絡があり，この内側部は恐怖反応を表出させる扁桃体とも線維連絡がある．もし内側視床枕が損傷を受ければ，それが投射する扁桃体の外側核は，恐れを表出した顔を見ても活性化せず，その患者は恐怖の表出を認識することができない．（社会的な）恐怖の認識には扁桃体の外側核が主要な働きを担うが，そこに情報を伝える視床枕内側部や，さらにそこに情報を伝える上丘も重要な役割を担う．このような上丘—視床枕系に含まれる個々の領域が，脅威を視覚的に検出した結果を扁桃体へ送り，防御反応を発動させると考えられる．

9　脅威対象の迅速な検出

怒り顔やヘビは早く検出される

　ヒトは様々なものに恐怖を感じる．しかし，まんじゅうを含め，何でもかんでも恐れるわけではない．精神障害の診断・統計マニュアル第 5 版（DSM-5）

によれば，恐怖症は，高所や広場といった場所，人間や特定の動物などの生物，あるいは傷やケガなどの三つが主たる対象である．生物の中では，他者（人間）や，ヒトの祖先が置かれていた環境において脅威であったと考えられるヘビやクモが恐怖症の対象になることが多い（Rakison, 2009）.

これまでの心理学実験において，脅威の対象は早く検出されることが示されてきた（Kawai, 2019）．ほんの短い時間でもすばやく脅威を検出できれば，危険から逃れられる可能性が高まる．すばやく捕食者や敵を見つけられた個体が生存したため，脅威の対象をすばやく見つける傾向が選択されていったのかもしれない（Öhman & Mineka, 2001）．たとえば，一つだけカテゴリの異なる絵や写真を検出する視覚探索実験において，成人は孤立項目であるターゲットが中立顔（Hansen & Hansen, 1988）や笑顔（Öhman et al., 2001a, 2001b）であるよりも，怒り顔を早く検出する（写真の顔では笑顔の検出が優れる）．また，サルでも同じように，同種他個体の怒り顔を早く検出する（Kawai et al., 2016）.

ヒトの祖先が置かれていた環境において脅威であったと考えられるヘビも，すばやく検出される（Öhman & Mineka, 2001）．他人の怒り顔もヘビも，ヒトにとっては脅威である．しかし，怒り顔はヒトが大きな集団で暮らすようになってから脅威の対象となったので，基本的には社会関係に根ざすものであり，生物として脅威の対象であったヘビへの恐怖とは性質が異なると考えられている（Öhman, 2009）.

クモは恐怖の対象か

恐怖を喚起する動物として，心理学の研究では慣例的にヘビ・クモの写真が用いられてきた．その背景には，ヘビ・クモは人類進化の歴史において脅威をもたらす存在であるとの仮定があった（Öhman et al., 1976）．たしかにヘビへの恐怖は，ヒト以外の霊長類を対象にした研究でも数多く報告されている．霊長類 11 属を対象に行われたフィールド調査では，どの種のサルもヘビに遭遇すると，警戒音を発するなどの恐怖反応を示したとされている（Öhman & Mineka, 2003）.

しかし，ヒト以外の霊長類を対象にしたクモ恐怖に関する研究は存在せず，その起源は明らかでない．約 3 万 8000 種いるクモのうち，ヒトにとって危険

な毒グモはわずか 0.1〜0.3% でしかなく（Steen *et al.*, 2004），この小さな生物がわれわれの進化史において脅威であったとは考えにくい（Cartwright, 2001）.

　そこで，柴崎・川合（2011）の実験 1 では，クモがヘビと同じようにすばやく検出されるかを調べた．ヘビ・クモを恐怖関連刺激，花とキノコを中立刺激とし，コンピュータ・スクリーン上に，4 枚か 9 枚の写真を並べて提示し，写真の中の 1 枚だけカテゴリの異なる写真（恐怖関連刺激：ヘビかクモ／中立刺激：花かキノコ）が存在するか，すべての写真が同じカテゴリか（後掲図 2-3 参照）を判断させた．その結果，孤立項目が恐怖関連刺激であるほうが，その逆の条件よりも早く検出された．また，恐怖刺激が 1 枚しかない条件では，中立刺激が残り 3 枚でも 8 枚でも検出までの時間は変わらなかった．すなわち，ポップアウトした．これらは，従来の結果と一致していた.

　しかし，視覚探索実験においては，植物やキノコの写真と恐怖に関連しない動物（ウマ・ネコ・イヌ・イルカ）の写真では，動物の写真のほうが早く検出される（Lipp *et al.*, 2004; Tipples *et al.*, 2002）．動物の写真は植物（またはキノコ）の写真よりも早く検出されるだけなのかもしれない．しかし，ヘビ，クモ，トリ，サカナの写真を使った視覚探索実験で，恐怖に関連しないトリ・サカナよりも，ヘビ・クモのほうが有意に早く検出された（Lipp, 2006）．すなわち，動物の写真の中でもヘビ・クモの写真は優先的に視覚的処理が行われることが示された.

　そこで柴崎・川合（2011）の実験 2 では，恐怖関連刺激（ヘビ・クモ）を恐怖非関連刺激（トリ・コアラ）と比較し，ヘビとクモで注意を引きつける力が異なるかを調べた．ターゲットが存在する時には，恐怖関連刺激のほうが恐怖非関連刺激よりも早く検出された．ヘビとクモでは，ヘビのほうが早く検出された．ターゲットがない場合の判断は，マトリックスが恐怖関連刺激で構成されていたほうが，恐怖非関連刺激で構成されていた時よりも遅かった．恐怖関連刺激だけで構成されるマトリックスの判断が遅くなるという結果は，恐怖関連刺激は恐怖非関連刺激よりも（一つひとつの刺激が）注意を強く拘束（hold）する（Lipp & Waters, 2007）ために，結果的に視覚探索が妨害されたためであると説明される．そこで，すべての写真がヘビであるマトリックスとクモであるマトリックスの判断時間を調べたところ，ヘビの写真だけのマトリックスで孤

立項目がないと判断する時間のほうが，クモの写真のマトリックスの判断時間よりも遅かった．このことは，ヘビはクモよりも注意をより強く拘束することを示している．

視覚探索実験ではないが，ヘビの検出は他の動物より優れるものの，クモの検出はハチを含めた危険な昆虫やカナブンなどの害のない昆虫と差がないことが示されている（Kawai & He, 2016）．クモでも早く検出されることを示したLipp & Waters（2007）の研究ではヘビとクモの違いを分析していないが，彼らの研究は毒グモの棲息するオーストラリアで行われたものであり，実験参加者はクモが危険なものであると学習していた可能性が考えられる．

実際，クモ恐怖は生物学的に準備された性質ではなく，文化的に伝達されたものであるとの主張もある．たとえば，10世紀以降のヨーロッパでは，クモが感染症の蔓延に深くかかわっていると考えられるようになり（Davey, 1994; Davey *et al.*, 1998），それが今日まで文化的に伝達された結果，クモ恐怖が獲得されやすくなったのではないかと言われている（Gerdes *et al.*, 2009）．ヘビ恐怖とクモ恐怖では恐怖の質が異なっているとする見解（Kawai, 2019）や実験結果（He *et al.*, 2014; Soares *et al.*, 2009）も多数存在する．ヘビ恐怖はかまれることに対する恐怖（fear）によるが，クモ恐怖は感染症の忌避（disgust）が根底にあるとされる（Matchett & Davey, 1991）．アカゲザルに対して，ヘビとクモのおもちゃを透明なケースに入れて，その上に置かれた餌に手を伸ばすまでの潜時を調べたところ，ヘビが置かれたケースでは試行を重ねても潜時が長いままであったが，クモのあるケースでは次第に潜時が短くなり，クモに対する馴化が確認された（Chudasama *et al.*, 2008）．また，多くの種のサルがクモを食べる（Kawai, 2019）．これらのことから，クモは生得的な脅威の対象ではないと考えられる．

ヘビのすばやい検出は生得的か

毒グモが棲息するオーストラリアの実験参加者は学習によってクモを早く検出したとすれば，同じようにわれわれもヘビを恐怖の対象であることを学習した結果，すばやく処理されるようになったのかもしれない．実際，銃の写真など学習によって恐怖の対象となった刺激も同じようにすばやく検出される．ま

た，アメリカの就学前の子どもは，注射器の写真をペンより早く見つけるが，ナイフの写真はスプーンより早く見つけられない．これは，すべての子どもは就学前までに注射を受けており，それが痛み（恐怖）を引き起こすものであることを学習しているが，まだナイフは使わせてもらえないのでそれが危険なものであることを経験として学習していないからだと考えられる（LoBue, 2010）．

　ヘビの恐怖も学習したものであるかを確かめるために，筆者のグループやアメリカの研究者らは，3〜6歳の幼児を対象にタッチパネルを使った視覚探索実験を行っている（LoBue & DeLoach, 2008; Masataka *et al.*, 2010; Hayakawa *et al.*, 2011）．その結果，すでに3歳でヘビを見つけ出すほうが花を見つけ出すよりも早かった．また，ヘビとカエルや，ヘビとイモムシでもヘビのほうが早く検出された．白黒写真でもヘビは花より早く検出された．これらのことは，ヘビに対する脅威は生得的なものであることを示唆する．それでも3歳では，アニメや童話を通じて，ヘビが恐ろしいものであることを学習した可能性が十分に考えられる．

　そこで，研究所の中で生まれ育ち，これまでに一度もヘビを見たことのないニホンザル3頭を使って実験を行った（Shibasaki & Kawai, 2009）．実は飼育下で生まれ育ったサルは，あまりヘビを怖がらない．恐怖反応を示してもすぐに馴化する．しかし，行動として観察される「恐怖」と，脳の視覚システムとして脅威（ヘビ）を検出する機構は同じではない．3頭のニホンザルを対象に視覚探索実験を行ったところ，成人や子どもと同じように，花の写真の中に1枚だけヘビの写真がまぎれているほうが，その逆よりも早くなった．白黒写真でも同じ結果になったので，色を手がかりにしていたわけではない．

　また，単に動物であるというだけで早く検出される可能性があるので，ヘビと花ではなく，ヘビと危険でない動物（コアラ）の写真を用いて，研究所で生まれた別の3頭のサルで実験を行った．その結果，やはりヘビの検出のほうが早かった（Kawai & Koda, 2016）．ここで用いられた写真は，平均輝度やコントラストが調整されていたので，ヘビの早い検出は低次な視覚情報の違いによるものではない．これまでに一度も動いているヘビを見たことのないサルでも，ヘビをすばやく見つけられるということは，ヘビを見つける視覚システムを生得的に備えていることを示している．そして，ヘビや怒り顔に対する扁桃体の

活動や，それらの写真に対するすばやい検出などが類似していることや，系統関係の近さを考えれば，おそらくヒトも生得的にヘビや怒り顔に対して反応するような視覚システムを有していると考えられる．

10　ヘビ認識の神経機構

　脅威の対象は，行動としては迅速に検出されるが，実際に脳内でも脅威対象に早く反応しているのだろうか．本節では，ヘビの写真を見た時のサルの神経細胞の活動を調べた研究と，ヒトの脳波を用いた研究を概観し，ヘビに対する神経活動の開始が早い，あるいは初期の処理で大きな反応が観察されることを示す．

ヘビに反応する神経細胞

　第8節で，脅威の対象は低次経路にかかわる神経領域で処理されることを述べた．特に，視床枕は眼球を外界の対象に向けさせることに寄与する．霊長類で特異的に大きいこの領域は，潜在的な脅威をすばやく検出するのを補助する機能があると考えられている（Isbell, 2009; Kawai, 2019）．サルの視床枕の神経活動を調べた研究では，4種類の写真をニホンザルに見せた時の視床枕の内側と背外側（いずれも霊長類で特異的に大きい）の神経活動が調べられた（Le *et al.*, 2013）．4種類の刺激とは，ヘビ（トグロを巻いている／いない），同種他個体の顔（怒っている顔／中立顔），同種他個体の手，幾何学図形（円・四角・十字など）であった．活動が記録された91の神経細胞のうち40.6% が，他の写真よりヘビの写真に最も活発に反応した「snake-best」の神経細胞だった．その他は，28.6% が「face-best」の神経細胞で，18.7% が「hand-best」，12.1% は「figure-best」の神経細胞だった．多くの神経細胞がサルの顔に反応したのは驚くことではない．なぜなら顔は，集団で暮らす霊長類にとって，集団のメンバーが怒っていることを知らせる重要な情報源だからである．それにもかかわらず，「snake-best」神経細胞が最大かつ最速の反応を誘発した．ヘビに最も強く反応した神経細胞は，幾何学図形に反応した神経細胞より25ミリ秒，怒り顔に反応したものより15ミリ秒早く反応（神経細胞の発火）を開始した．ヒトや霊

長類が見ている対象を意識的に認識するのには時間を要するので，視床枕は詳細な情報がやってくるより先に応答し，扁桃体の情報処理を促進させると考えられる．

皮質の初期視覚的注意

ヒトでも同じように神経活動のレベルで脅威の対象は早く処理されているのだろうか．fMRI では処理の早さはわからない．そこで筆者らは脳波の事象関連電位を指標にして，脅威の対象（ヘビ）がどのような視覚情報処理を受けるかを調べた（He *et al.*, 2014）．事象関連電位は，その発生源や波形の特徴，ピークに到達する時間など固有の情報を持っており，それぞれがどのような認知処理を反映するかがわかっている．初期後頭陰性電位（early posterior negativity: EPN）は，一次視覚野およびその周辺の頭皮上で測定される，刺激提示後かなり早い段階（200〜300 ミリ秒）に頂点を持つ陰性電位である．これは，感情価を持つ画像への注意配分量と関連し（Junghöfer *et al.*, 2001），初期の視覚的注意を反映すると考えられている．

EPN を調べる実験では，様々な写真が 0.3 秒間隔でランダムな順番で提示され，その刺激に対する EPN の振幅の大きさが調べられる．ヘビの写真はトリの写真よりも大きな振幅の EPN を誘発することを，筆者らが初めて示して以降，様々な研究室で，ヘビはワニのような危険な動物や同じ爬虫類のカメよりも大きな EPN 振幅を誘発すること（Van Strien *et al.*, 2014）など，初期の視覚情報処理でヘビの視覚情報に顕著な注意が向けられていることが示されてきた（Kawai, 2019）．

ヘビ検出を担う視覚特徴

円の中側に 2 本の線分が V 字型に向き合っている（怒った眉のかたちをしている）刺激は，2 本の線分が平行である円より早く検出される．怒り顔の早い検出は，このような眉の形状に依存すると考えられている（Coelho *et al.*, 2010）．では，霊長類やヒトは，ヘビのどのような視覚特徴に基づいてすばやく検出するのだろうか．

簡単に思いつくのは脚のない長い身体形状である．しかし，幼児でさえイモ

A   B

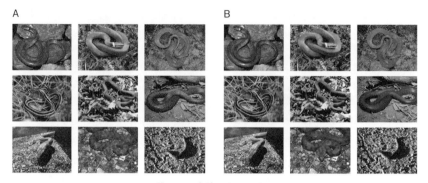

図2-3　実験で用いた写真
オリジナルの写真（A）と画像処理でウロコを消した写真（B）.

ムシよりもヘビを早く発見する（LoBue & DeLoache, 2008）. ナメクジもヘビの
ように初期視覚注意を反映する大きな事象関連電位（EPN）を誘発しない. し
たがって，脚のない長い身体形状は重要な特徴ではない.

　白黒の写真を用いてもヘビは早く検出される（Shibasaki & Kawai, 2009;
Kawai & Koda, 2016）ので，体色も重要ではない. トライポフォビアなど，空
間周波数の中～低域のパワーが強い刺激は恐怖を感じさせやすいとの主観的な
報告を指標とした研究もあるが（Cole & Wilkins, 2013），ヒトやサルを対象とし
た反応時間や正答率（Kawai & He, 2016; Kawai & Qiu, 2020）を指標とした実験
では，用いた刺激の空間周波数もヘビとそれ以外の動物では違いがないように
調整されており，そのような低次の視覚特徴がすばやい検出に寄与していると
の証拠はない（Kawai, 2019）.

　詳細は別の書籍（Kawai, 2019）に譲るとして，今のところ有力なのは，ヘビ
のウロコである. 筆者らは，画像処理によってヘビのウロコを消し去り，表面
をスムーズにしたヘビの写真と，ウロコを消す前のオリジナルの写真（平均輝
度とコントラストは調整済み）を，成人およびサルの視覚探索実験および EPN
を指標とした脳波実験で比較した（図2-3）. その結果，成人とサルはともに，
これまで通りウロコのあるヘビの写真をコアラの写真より早く見つけたが，ウ
ロコのないヘビではコアラの写真と差がなかった（サルではむしろ遅かった）.
また EPN も，ウロコのあるヘビの写真は，トリの写真より大きな振幅を誘発
したが，ウロコのないヘビの写真は，ウロコのあるヘビとトリの中間でどちら

とも差がなかった．

　さらに，ヘビ検出理論を提唱したリン・イズベルらは，動物園のアカゲザルに，4種類のヘビのおもちゃを見せて，警戒反応（二足で立ち上がる，高いところへ上る）を調べたところ，口を開けた攻撃姿勢をとるヘビへの反応が，トグロを巻くヘビや，身体を伸ばしたヘビよりも顕著な反応を誘発した（Etting & Isbell, 2014）．しかし，その身体を伸ばしたヘビをタオルで覆い，ヘビの一部だけを見せると，攻撃姿勢のヘビと同程度の警戒反応を示した．さらに彼女らが，ヘビのウロコ，トカゲのウロコ，トリの羽毛の接写写真を提示して，EPNの振幅を調べたところ，ごく一部しか映っていないにもかかわらず，ヘビに対する振幅が他の2種の動物よりも大きかった（Van Strien & Isbell, 2017）．

　これらのことはヘビのウロコが迅速な検出を担っていることを示唆している．

迅速な脅威の検出に皮質は関与する

　では，ヘビのウロコは脅威を検出する神経機構でどのように処理されているのだろうか．魚類はサメやタイ，ウナギなど，種によって全くウロコの形状が異なるが，ヘビはどの種であっても（頭部と腹部以外は）同じ形状でほぼ同じ大きさのウロコで身体が覆われている．このため，ヘビのウロコは，自然界ではめずらしい周期的なパターンをしている（Coss, 2003）．そしてこのようなウロコは格子縞模様を作り出すが，ヒトやネコの視床枕の神経細胞は格子縞模様に強く反応する．中でも，格子縞模様に最も強く反応するのは扁桃体へ連絡のある内側視床枕である（Kastner *et al.* 2004）．外側核―視床枕の機能は，立体認知や感覚情報の統合，関連する刺激へ視覚的な注意を定位すること，眼球運動などである．視床枕の下腹外側の機能は，選択的な視覚処理や，関連する対象に注意を移動させることであり（Robinson & Petersen, 1992），上丘と同じ働きをする．ネコの上丘の神経細胞は，短い線分の同期した動きに強く反応するが，その線分が長くなるほど反応は強くなる（Zhao *et al.*, 2005）．このような反応は，ヘビのウロコの動きやヘビの身体そのものの認識に役立つだろう．ヘビの写真に強く反応する神経細胞が視床枕に多く存在したことと併せて考えると，扁桃体に直接連絡のある視床枕とその手前にある上丘の神経細胞がヘビ検出を担っていると考えられる．

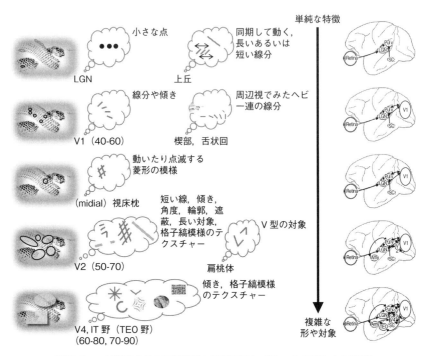

図 2-4　ヘビ検出を担う神経機構と情報の流れ（Kawai, 2019 より改変）

Retina：網膜，Amy：扁桃体，LGN：外側膝状体，Pulv：視床枕，SC：上丘．V1, V2, V4, TEO 野 は，それぞれ皮質の領域を示す．矢印は時間の流れを示す．（　）内の数字は，視覚提示からその領域の神経細胞が活動するまでの時間（ミリ秒）．

　しかし，これらの低次経路の他に，脅威検出には新皮質の V2 と V4（IT 野，MT 野）も関連していると考えられる（Isbell, 2009; Kawai, 2019）．というのも，V2 の細胞は，短い線分，角，輪郭，遮蔽物（この四つは奥行き知覚に重要），長い物体の動きに敏感に反応する（Peterhans, 1997）．これらはいずれもヘビのウロコの縁や角，ヘビの長い身体が動いた時や，植物や岩に隠れたヘビを発見するのに役立つ．V4 の細胞は周辺視野に提示された格子縞模様に強く反応する（Kastner et al., 2000）．IT 野の細胞は，ランダムドット，三角形，円よりも強く菱形に反応する．ヘビのウロコはほとんどが菱形である．

　そして真猿類では，視床枕は V2 の神経活動を促進する．視床枕の背側外側核は辺縁系とともに，記憶や情動形成にかかわる．もし，皮質下だけでヘビの検出が担われているなら，皮質の活動を測定している脳波（EPN）は，ヘビの

ウロコに反応しないはずである．従来は，皮質の情報処理は皮質下の処理に比べて遅いと考えられていたが，今では皮質の情報処理も想定されたよりもずっと早いことが示されている（Pessoa & Adolphs, 2010）．

上丘，視床枕，V2 の細胞は，空間的・形態的視覚手がかりを統合できる（Benevento & Port, 1995）ので，このように複数の脳領域が協調的にヘビの視覚特徴の要素を検出し，扁桃体に防御反応を発動させるように情報を伝えていると考えられる（図 2-4）．

11　おわりに──ティンバーゲンの四つの問いとマーの三つのレベルの説明

霊長類やヒトの脅威検出機構を「ティンバーゲンの四つの問い」に照らして考えると，次のようになる（Tinbergen, 1963）．かつて唯一の捕食者であったヘビから逃れるために（機能），霊長類の祖先は視覚機構を進化させた（系統発生）．それは視覚の低次経路が，V2 や V4 と協調することにより扁桃体を活性化させることで，脅威の対象を早く見つけさせる（機構）．本章では記述しなかったが，ヒトでは 1 歳になる前からヘビの写真に強く反応することから，生得的にヘビを認識する機構を有していると考えられる（発達）．これまでに述べた脅威検出の神経機構は，生物学の代表的な問いに，ほぼ答えを出している．

視覚の研究者であったデイヴィッド・マーは，視覚系を理解するには，計算理論，情報表現とアルゴリズム，ハードウェア（実装）の三つのレベルでの理解が必要であると主張した（Marr, 1982）．脅威を検出する視覚機構は，三つのレベルに即して考えるとどうなるだろうか．視覚機構のそもそもの目的（why）は，生存を有利にすることである（計算理論）．そのため，霊長類やヒトがすべきこと（what）は，脅威の対象であるヘビを早く見つけることである（how）．その処理が必要となった理由は，「高い樹上で暮らした祖先の霊長類時代に，唯一の捕食者であるヘビをすばやく検出しなければ捕食されてしまう」からだと考えられる．この働きを担う「ハードウェア」は，視覚の低次経路（網膜→上丘→視床枕→扁桃体）と V2，V4，IT 野である（実装）．

認知科学の問題として最も重要なのが，どのような入力がどのような処理を経て，別の信号として出力されるのかというアルゴリズムレベルの問題である．

網膜に入った情報のほとんどは一次視覚野へ送られるが，一部が上丘から視床枕を経て，V2 や V4 と協調しながら扁桃体へ送られる．この経路の情報は粗く，詳細な情報は伝えられないが，ヘビの特徴であるウロコ様パターンにこれらの脳領域が反応し，あらかじめ扁桃体を活性化させる．活性化した扁桃体は，一次視覚野から送られてくる通常の視覚情報処理を加速させる．これが脅威（ヘビ）を効率よく見つけられるアルゴリズムだと考えられる．しかし，これらの領域の神経細胞は，具体的にどのようなエッジ検出やフィルターを組み合わせているかなど，具体的なパラメータと計算手順は不明であり，今後の研究でそれらを明らかにする必要がある．

引用文献

Adolphs, R., *et al.* (2005). A mechanism for impaired fear recognition after amygdala damage. *Nature, 433*, 68–72.

Amaral, D. G. (2003). The amygdala, social behavior, and danger detection. *Annals of the New York Academy of Sciences, 1000*, 337–347.

Amaral, D. G., Price, J. L., Pitkanen, A., & Carmichael, S. T. (1992). Anatomical organization of the primate amygdaloid complex. In J. P. Aggleton (Ed.), *The amygdala: Neurobiological aspects of emotion, memory, and mental dysfunction* (pp.1–66). Wiley-Liss.

Benevento, L. A., & Port, D. (1995). Single neurons with both form/color differential responses and saccade-related response in the non-retinotopic pulvinar of the behaving macaque monkey. *Visual Neuroscience, 12(3)*, 523–544.

Berridge, C. W., & Waterhouse, B. D. (2003). The locus coeruleus-noradrenergic system: Modulation of behavioral state and state-dependent cognitive processes. *Brain Research Reviews, 42*, 33–84.

Cartwright, J. H. (2001). *Evolutionary explanations of human behaviour*. Psychology Press.

Chalupa, L. M. (1991). Visual function of the pulvinar. In A. G. Leventhal (Ed.), *The neural basis of visual function* (pp.140–159). CRC Press.

Chudasama, Y., Wright, K. S., & Murray, E. A. (2008). Hippocampal lesions in rhesus monkeys disrupt emotional responses but not reinforcer devaluation effects. *Biological Psychiatry, 63(11)*, 1084–1091.

Coelho, C. M., Cloete, S., & Wallis, G. (2010). The face-in-the-crowd effect: When angry faces are just cross (es). *Journal of Vision, 10(1)*, 1–14.

Cole, G. G., & Wilkins, A. J. (2013). Fear of holes. *Psychological Science, 24(10)*, 1980–1985.

Cook, E. W., 3rd, Hodes, R. L., & Lang, P. J. (1986). Preparedness and phobia: Effects of stimulus content on human visceral conditioning. *Journal of Abnormal Psychology, 95(3)*, 195–207.

Coss, R. G. (2003). The role of evolved perceptual biases in art and design. In E. Voland & K. Grammer (Eds.), *Evolutionary aesthetics* (pp.69–130). Springer Verlag.

Davey, G. C. L. (1994). The "disgusting" spider: The role of disease and illness in the perpetuation of fear of spiders. *Society & Animals: Journal of Human-Animal Studies, 2(1)*, 17–25.

Davey, G. C. L., et al. (1998). A cross-cultural study of animal fears. *Behaviour Research and Therapy, 36(7–8)*, 735–750.

Etting, S. F., & Isbell, L. A. (2014). Rhesus macaques (Macaca mulatta) use posture to assess level of threat from snakes. *Ethology, 120*, 1177–1184.

Feduccia, A. (1995). "Big bang" for tertiary birds? *Trends in Ecology and Evolution, 18 (4)*, 172–176.

Feinstein, J., S, Adolphs, R., Damasio, A., & Tranel, D. (2011). The human amygdala and the induction and experience of fear. *Current Biology, 21(1)*, 34–38.

Garcia, J., & Koelling, R. A. (1966). Relation of cue to consequence in aversion learning. *Psychonomic Science, 4*, 123–124.

Gerdes, A. B. M., Uhl, G., & Alpers, G. W. (2009). Spiders are special: fear and disgust evoked by pictures of arthropods. *Evolution and Human Behavior, 30(1)*, 66–73.

Hansen, C. H., & Hansen, R. D. (1988). Finding the face in the crowd: An anger superiority effect. *Journal of Personality and Social Psychology, 54(6)*, 917–924.

Hayakawa, S., Kawai, N., & Masataka, N. (2011). The influence of color on snake detection in visual search in human children. *Scientific Reports, 1*, 80. doi: 10.1038/srep00080

Henry, G. H., & Vidyasagar, T. R. (1991). Evolution of mammalian visual pathways. In J. R. Cronly-Dillon & R. L. Gregory (Eds.), *Evolution of the eye and visual system. Vision and Visual Dysfunction, vol. 2* (pp. 442–465). CRC Press.

He, H., Kubo, K., & Kawai, N. (2014). Spiders do not evoke greater early posterior negativity in the event-related potential as snakes. *NeuroReport, 25(13)*, 1049–1053.

Hugdahl, K., & Kärker, A. C. (1981) Biological vs experiential factors in phobic conditioning. *Behavior Research and Therapy, 19(2)*, 109–115.

Ignashchenkova, A., Dicke, P. W., Haarmeier, T., & Their, P. (2004). Neuron-specific contribution of the superior colliculus to overt and covert shifts of attention. *Nature Neuroscience, 7(1)*, 56–64.

Isbell, L. A. (2006). Snakes as agents of evolutionary change in primate brains. *Journal of Human Evolution, 51(1)*, 1–35.

Isbell, L. A. (2009). *The fruit, the tree, and the serpent: Why we see so well.* Harvard University Press.

Junghöfer, M., Bradley, M. M., Elbert, T. R., & Lang, P. J. (2001). Fleeting images: A new look at early emotion discrimination. *Psychophysiology, 38(2)*, 175–178.

Kaas, J. H., & Huerta, M. F. (1988). The subcortical visual system of primates. In H.

D. Steklis, & J. Erwin (Eds.), *Comparative primate biology, vol. 4* (pp. 327–391). Alan R. Liss.

Kadoya, S., Wolin, L. R., & Massopust Jr., L. C. (1971). Photically evoked unit activity in the tectum opticum of the squirrel monkey. *Journal of Comparative Neurology, 142*, 495–508.

Kapp, B. S., Pascoe, J. P., & Bixler, M. A. (1984). The amygdala: A neuroanatomical systems approach to its contribution to aversive conditioning. In N. Butters & L. S. Squire (Eds.), *The neuropsychology of memory* (pp.472–488). Guilford Press.

Kastner, S., De Weerd, P., & Ungerleider, L. G. (2000). Texture segregation in the human visual cortex: A functional MRI study. *Journal of Neurophysiology, 83(4)*, 2453–2457.

Kastner, S., *et al.* (2004). Functional imaging of the human lateral geniculate nucleus and pulvinar. *Journal of Neurophysiology, 91(1)*, 438–448.

Kawai, N. (2008). Crossmodal spatial attention shift produced by centrally presented gaze cues. *Japanese Psychological Research, 50(2)*, 100–103.

Kawai, N. (2011). Attentional shift by eye gaze requires joint attention: Eye gaze cues are unique to shift attention. *Japanese Psychological Research, 53(3)*, 292–301.

川合伸幸 (2016). 認知科学のススメ 2 コワイの認知科学 新曜社

Kawai, N. (2019). *The fear of snakes: Evolutionary and psychobiological perspectives on our innate fear*. Springer Nature Singapore.

Kawai, N. & He, H. (2016). Breaking snake camouflage: Humans detect snakes more accurately than other animals under less discernible visual conditions. *PLoS ONE, 11* (10): e0164342.

Kawai, N., & Koda, H. (2016). Japanese monkeys (*Macaca fuscata*) quickly detect snakes but not spiders: Evolutionary origins of fear-relevant animals. *Journal of Comparative Psychology, 130(3)*, 299–303.

Kawai, N., Kono, R., & Sugimoto, S. (2004a). Avoidance learning in the crayfish (*Procambarus clarkii*) depends on the predatory imminence of the unconditioned stimulus: A behavior systems approach to learning in invertebrates. *Behavioural Brain Research, 150(1–2)*, 229–237.

Kawai, N., Kubo, K., Masataka, N., & Hayakawa, S. (2016). Conserved evolutionary history for quick detection of threatening faces. *Animal Cognition, 19(3)*, 655–660.

Kawai, N., Morokuma, S., Tomonaga, M., Horimoto, N., & Tanaka, M. (2004b). Associative learning and memory in a chimpanzee fetus: Learning and long-lasting memory before birth. *Developmental Psychobiology, 44(2)*, 116–122.

Kawai, N., & Qiu, H. (2020). Humans detect snakes more accurately and quickly than other animals under natural visual scenes: A flicker paradigm study. *Cognition and Emotion. 34(3)*, 614–620.

Kennedy, S. J., Rapee, R. M., & Mazuruski, E. J. (1997). Covariation bias for phylogenetic versus ontogenetic fear-relevant stimuli. *Behavior Research and Therapy, 35(5)*, 415–422.

Klier, E. M., Wang, H., & Crawford, J. D. (2003). Three-dimensional eye-head coordination is implemented downstream from the superior colliculus. *Journal of Neurophysiology, 89*, 2839–2853.

Klüver, H., & Bucy, P. C. (1937). "Psychic blindness" and other symptoms following bilateral temporal lobectomy in Rhesus monkeys. *American Journal of Physiology, 119*, 352–353.

LeDoux, J. E. (1996). *The emotional brain: The mysterious underpinnings of emotional life.* Simon & Schuster.

LeDoux, J. E. (2014). Coming to terms with fear. *Proceedings of the National Academy of Sciences of the United States of America, 111(8)*, 2871–2878.

LeDoux, J. E., Sakaguchi, A., & Reis, D. J. (1983). Strain differences in fear between spontaneously hypertensive and normotensive rats. *Brain Research, 277(1)*, 137–143.

LeDoux, J. E., Farb, C., & Ruggiero, D. A. (1990). Topographic organization of neurons in the acoustic thalamus that project to the amygdala. *The Journal of Neuroscience, 10(4)*, 1043–1054.

Le, Q. V., *et al.* (2013). Pulvinar neurons reveal neurobiological evidence of past selection for rapid detection of snakes. *Proceedings of the National Academy of Sciences of the United States of America, 110(47)*, 19000–19005.

Lipp, O. V. (2006). Of snakes and flowers: Does preferential detection of pictures of fear-relevant animals in visual search reflect on fear-relevance? *Emotion, 6*, 296–308.

Lipp, O. V., Derakshan, N., Waters, A. M., & Logies, S. (2004). Snakes and cats in the flower bed: Fast detection is not specific to pictures of fear-relevant animals. *Emotion, 4(3)*, 233–250.

Lipp, O. V., & Waters, A. M. (2007). When danger lurks in the background: Attentional capture by animal fear-relevant distractors is specific and selectively enhanced by animal fear. *Emotion, 7(1)*, 192–200.

LoBue, V. (2010). What's so scary about needles and knives? Examining the role of experience in threat detection. *Cognition and Emotion, 24(1)*, 180–187.

LoBue, V., & DeLoache, J. S. (2008). Detecting the snake in the grass: Attention to fear-relevant stimuli by adults and young children. *Psychological Science, 19(3)*, 284–289.

Marr, D. (1982). *Vision.* MIT Press.

Masataka, N., Hayakawa, S., & Kawai, N. (2010). Human young children as well as adults demonstrate 'superior' rapid snake detection when typical striking posture is displayed by the snake. *PLoS ONE, 5(11)*, e15122.

Matchett, G., & Davey, G. C. (1991). A test of the disease-avoidance model of animal phobias. *Behaviour Research and Therapy, 29(1)*, 91–94.

Neophytou, S. I., Aspley, S., Butler, S., Beckett, S., & Marsden, C. A. (2001). Effects of lesioning noradrenergic neurones in the locus coeruleus on conditioned and unconditioned aversive behaviour in the rat. *Progress in Neuro-psychopharmacology & Biological Psychiatry, 25*, 1307–1321.

Öhman, A. (2009). Of snakes and faces: An evolutionary perspective on the psychology of fear. *Scandinavian Journal of Psychology*, *50(6)*, 543–552.

Öhman, A., Fredrikson, M., Hugdahl, K. & Rimmö, P. A. (1976). The premise of equipotentiality in human classical conditioning: Conditioned electrodermal responses to potentially phobic stimuli. *Journal of Experimental Psychology General*, *105(4)*, 313–337.

Öhman, A., Dimberg, U., & Ost, L.-G. (1985). Animal and social phobias: Biological constraints on learned fear responses. In S. Reiss & R. R. Bootzin (Eds.), *Theoretical issues in behavior therapy* (pp. 123–178). Academic Press.

Öhman, A., Flykt, A., & Esteves, F. (2001a). Emotion drives attention: Detecting the snake in the grass. *Journal of Experimental Psychology: General*, *130(3)*, 466–478.

Öhman, A., Lundqvist, D., & Esteves. F. (2001b). The face in the crowd revisited: A threat advantage with schematic stimuli. *Journal of Personality and Social Psychology*, *80(3)*, 381–396.

Öhman, A., & Mineka, S. (2001). Fears, phobias, and preparedness: Toward an evolved module of fear and fear learning. *Psychological Review*, *108(3)*, 483–522.

Öhman, A., & Mineka, S. (2003). The malicious serpent: Snakes as a prototypical stimulus for an evolved module of fear. *Current Directions in Psychological Science*, *12(1)*, 5–9.

Okamoto-Barth, S, & Kawai, N. (2006). The role of attention in the facilitation effect and another "inhibition of return". *Cognition*, *101(3)*, B42–50.

Ono, T., & Nishijo, H. (1992). Neurophysiological basis of the Klüver-Bucy syndrome: Responses of monkey amygdaloid neurons to biologically significant objects. In J. P. Aggleton (Ed.), *The amygdala: Neurobiological aspects of emotion, memory, and mental dysfunction* (pp.167–190). Wiley-Liss.

Pessoa, L., & Adolphs, R. (2010). Emotion processing and the amygdala: From a 'low road' to 'many roads' of evaluating biological significance. *Nature Reviews Neuroscience. 11(11)*, 773–783.

Peterhans, E. (1997). Functional organization of area V2 in the awake monkey. In K. S. Rockland, J. H. Kaas, & A. Peters (Eds), *Extrastriate cortex in primates* (pp. 335–357). Springer.

Rakison, D. H. (2009). Does women's greater fear of snakes and spiders originate in infancy? *Evolution and Human Behavior*, *30(6)*, 439–444.

Robinson, D. L., & Petersen, S. E. (1992). The pulvinar and visual salience. *Trends in Neurosciences*, *15(4)*, 127–132.

Sah, P., Faber, E. S., Lopez, De Armentia. M., & Power, J. (2003). The amygdaloid complex: Anatomy and physiology. *Physiological Reviews*, *83(3)*, 803–834.

Selemon, L. D., & Goldman-Rakic, P. S. (1988). Common cortical and subcortical targets of the dorsolateral prefrontal and posterior parietal cortices in the rhesus monkey: Evidence for a distributed neural network subserving spatially guided behavior. *Journal of Neuroscience*, *8(11)*, 4049–4068.

Seligman, M. E. (1971). Phobias and preparedness. *Behavior Therapy, 2(3)*, 307–320.

Sewards, T. V., & Sewards, M. A. (2002). Innate visual object recognition in vertebrates: Some proposed pathways and mechanisms. *Comparative Biochemistry and Physiology. Part A Molecular & integrative physiology, 132(4)*, 861–891.

Shibasaki, M., & Kawai, N. (2009). Rapid detection of snakes by Japanese monkeys (*Macaca fuscata*): An evolutionarily predisposed visual system. *Journal of Comparative Psychology, 123(2)*, 131–135.

柴崎全弘・川合伸幸 (2011). 恐怖関連刺激の視覚探索――ヘビはクモより注意を引く　認知科学, *18(1)*, 158–172.

Soares, S. C., Esteves, F., Lundqvist, D., & Öhman, A. (2009). Some animal specific fears are more specific than others: Evidence from attention and emotion measures. *Behaviour Research and Therapy, 47(12)*, 1032–1042.

Steen, C. J., Carbonaro, P. A., & Schwartz, R. A. (2004). Arthropods in dermatology. *Journal of the American Academy of Dermatology, 50(6)*, 819–842.

Stepniewska, I., Qi, H.-X., & Kaas, J. H. (2000). Projections of the superior colliculus to subdivisions of the inferior pulvinar in new world and old world monkeys. *Visual Neuroscience, 17(4)*, 529–549.

Tinbergen, N. (1951). *The study of instinct*. Oxford Univesity Press.

Tinbergen, N. (1963). On aims and methods in ethology. *Zeitschrift für Tierpsychologie, 20*, 410–433.

Tipples, J., Young, A. W., Quinlan, P., Broks, P., & Ellis, A. W. (2002). Searching for threat. *Quarterly Journal of Experimental Psychology, 55A(3)*, 1007–1026.

Tomarken, A. J., Mineka, S., & Cook, M. (1989). Fear-relevant selective associations and covariation bias. *Journal of Abnormal Psychology, 98(4)*, 381–394.

Van Strien, J. W., Franken, I. H. A., & Huijding, J. (2014). Testing the snake-detection hypothesis: Larger early posterior negativity in humans to pictures of snakes than to pictures of other reptiles, spiders and slugs. *Frontiers in Human Neuroscience, 8*, Article 691.

Van Strien, J. W., & Isbell, L. A. (2017). Snake scales, partial exposure, and the snake detection theory: A human event-related potentials study. *Scientific Reports, 7*, 46331.

Watson, J. B. (1930). *Behaviorism*. Chicago: University of Chicago Press.

Zamudio, K. R., & Greene, H. W. (1997). Phylogeography of the bushmaster (*Lachesis muta: Viperidae*): Implications for neotropical biogeography, systematics, and conservation. *Biological Journal of the Linnean Society, 62(3)*, 421–442.

Zhao, B., Chen, H., & Li, B. (2005). Pattern motion and component motion sensitivity in cat superior colliculus. *NeuroReport, 16(17)*, 721–726.

第3章　深層学習による脳機能の解明

◆

林　隆介

1　はじめに

　「ヒトならではの能力」と考えられていた様々な認知機能が，深層学習に基づく計算機処理によって実現しつつある．深層学習で用いられる学習原理や演算アーキテクチャは，脳における神経情報処理を単純化した数理モデルに由来することから，近年は，計算機上で実装された深層学習モデルを介してヒトの認知機能を構成論的に解明しようとする研究が盛んである．その先駆けとなったのが，画像認識にかかわる脳の視覚処理を，深層畳み込みニューラルネットワーク（deep convolutional neural network：DCN）を介して理解しようとする試みであろう．本章では，コンピュータビジョン研究における DCN の発展を概説しつつ，DCN を用いた視覚神経科学研究を紹介する．さらに，最新の深層学習研究を紹介し，その動向を踏まえた認知神経科学研究の今後の展望について述べる．

2　脳の視覚物体認識処理

　網膜から外側膝状体（lateral geniculate nucleus：LGN）を経由して一次視覚野（primary visual cortex: V1）に投射された視覚信号は，背側経路と腹側経路の二つに分かれて階層的に処理される（Ungerleider & Mishkin, 1982）．サルの腹側経路は，V2，V4，TEO 野を経て TE 野に至る，側頭葉に沿った視覚処理経路であり，物体の属性認識処理と関係している（図 3-1A）．視覚野の神経細胞は，特定の視野範囲（受容野）内に投影された光刺激に応答するが，次段の

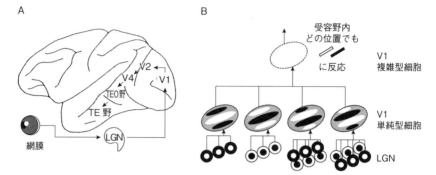

図 3-1 サルの腹側視覚経路 (A) と視覚野・神経細胞の受容野特性 (B)

A: 網膜から LGN を経由して V1 に投射される視覚信号のうち, 物体認識にかかわる処理は, V2, V4, TEO 野, TE 野と, より複雑な視覚特徴を符号化しながら階層的に処理される. B: 前段の神経細胞群の応答を集約することで, 次段の神経応答が決定する.

神経細胞の応答は, 前段の複数の神経細胞の信号出力を統合することで決定されると考えられている (図 3-1B). たとえば, LGN の神経細胞は, 同心円状の明暗分布に強く応答する受容野構造を持つのに対し, V1 の単純型細胞では, 共線的に配置された LGN の信号出力が統合され, それぞれが特定の空間周波数と方位, 位相で規定されるガボール・フィルタのように, 縞模様状の輝度分布に強く応答する (Hubel & Wiesel, 1962). さらに, V1 の複雑型細胞では, 単純型細胞群の出力が集約され, 特定の縞模様状の光刺激であれば, 受容野内のどこに投影されても応答する. このように, 局所の視覚信号を段階的に統合することで, テクスチャ (V2) (Freeman *et al.*, 2013), 色や形状 (V4) (Desimone *et al.*, 1985), さらには「顔」など特定の物体カテゴリ (TE 野) (Desimone *et al.*, 1984) といった複雑な視覚特徴の符号化が行われる. 似た視覚特徴に選択性を持つ神経細胞どうしは凝集して分布しており, 脳表面上で機能マップを形成していることも報告されている (Fujita *et al.*, 1992; Tsunoda *et al.*, 2001; Kanwisher *et al.*, 1997).

畳み込み型ニューラルネットワークによる一般物体認識の実現

脳の視覚処理では,「前段の (一定範囲内に分布する) 神経細胞群から入力を受け, その信号強度の総和に依存して, 次段の神経細胞の応答が決定される」という処理が, 視野全体に対し並列的に繰り返し行われる. このような脳の演

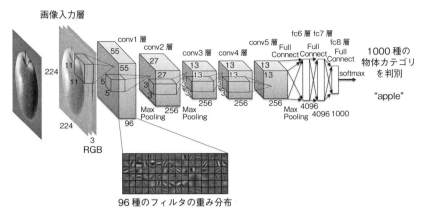

図3-2 一般物体認識課題を教師あり学習した AlexNet の基本構造（Krizhevsky *et al.*, 2012 より作成）
5層の畳み込み演算層と3層の全結合層からなる．1000種類の物体カテゴリを120万枚の画像データを使って学習した．学習後に，第1層ニューロンの畳み込み重み分布は，V1の神経細胞と同様，ガボール・フィルタのような重み分布となる．

算処理から着想を得て提案されたのが，畳み込み型ニューラルネットワークである（Fukushima, 1980; LeCun *et al.*, 1990）．やがて，インターネットから画像データを大量に収集し，クラウドソーシングを利用してラベル情報を付与した大規模なデータベースが構築されるようになり，ImageNet（Deng *et al.*, 2009）（WordNet／語彙関連辞書に登録された名詞ラベルに従って120万枚以上の画像を分類したデータベース）などがコンピュータビジョン研究用のベンチマークとして提供された．そして計算機による並列演算処理能力の向上を背景に，ニューラルネットワークの畳み込み演算を多層化（＝深層化）し，物体ラベル情報を教師信号とした誤差逆伝搬法（backpropagation）（Rumelhart *et al.*, 1986）による学習により，高い精度で一般物体認識できることが実証された（図3-2）（Krizhevsky *et al.*, 2012）（実装モデルは，筆頭著者の名をとって，通称 AlexNet と呼ばれる）．

　当時最先端のコンピュータビジョン手法の多くは，一般物体認識に有効な画像特徴量を開発者が設計し，識別学習を行っていた．これに対し，AlexNet のような深層畳み込み型ニューラルネットワーク／DCN は，一般物体認識機能をゼロから学習するにもかかわらず，脳に似た情報表現様式を獲得すること

が報告された．すなわち，DCN 第 1 層のニューロン群の畳み込み重みは，V1 の単純型細胞群のように，様々な方位と空間周波数からなるガボール・フィルタのような重み分布を示し，高次層のニューロンは TE 野の神経細胞が示す物体カテゴリ選択性を示した．さらに，DCN 中間層のニューロンが強く応答する視覚特徴を可視化する研究が進み（Zeiler & Fergus, 2014），定性的なレベルで脳と DCN の相同性が明らかになった．

3　脳モデルとしての深層ニューラルネットワーク

　脳の演算アーキテクチャを模倣することで，ヒトのように一般物体認識能力を学習した DCN が，脳と相同性のある情報表現様式をも獲得できることが明らかになった．そこで，腹側経路から記録した神経活動データと，DCN 各層のニューロン応答を定量比較することで，DCN の脳モデルとしての妥当性を検証する研究が行われるようになった．

　筆者らは，サルに様々な画像を提示し，TE 野の神経活動データを多点同時記録した．そして，神経活動データが，同じ画像を入力した AlexNet 中間層の応答をどの程度，線形回帰モデルで予測できるか検証した（Hayashi & Nishimoto, 2013a, 2013b）．その結果，一般物体認識課題を学習した DCN の高次層になるほど，TE 野の神経活動データによる応答予測精度が高くなることを明らかにした．そして，実際にサルが見ていた画像を神経情報だけから可視化することに成功し，DCN が脳情報の復号化を行う際のデコーディングモデルとして有効であることを示した．その後，他の研究グループは，DCN の応答が，サルの視覚野（V4＋TEO／TE 野）から記録した神経活動データ（Yamins et al., 2014）や，ヒト fMRI データ（Güçlü & van Gerven, 2015）を予測できることを報告し，エンコーディングモデルとしての妥当性を示し，以後 DCN を用いた視覚神経科学研究が盛んに行われることとなった．

　脳と DCN といった異なるシステム間の相同性を比較する手法として，表現類似性解析（representational similarity analysis）も注目された（Kriegeskorte et al., 2008a）（図 3-3）．視覚研究であれば，様々な画像に対する神経細胞群ないし人工ニューロン群の活動パターンの（非）類似度を，画像ペアごとに計算し，

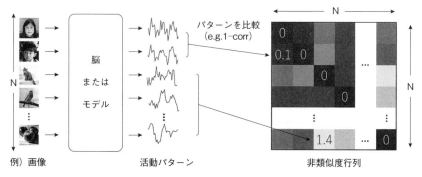

図 3-3　表現類似性解析

N 種の刺激に対する脳／モデルの活動パターンを計測する．各刺激ペア間で，活動パターンの（非）類似度（たとえば相関距離など）を計算し，（非）類似度行列をもとに表現構造を解析する．

得られた（非）類似度行列の構造を比較する解析手法である．画像群に対する表現構造がシステム間で類似していれば，両者の相同性が高いと解釈できる．筆者は，TE 野の前部，中央部，後部から，様々な顔画像に対する神経活動データを記録し，脳部位ならびに画像提示からの経過時間ごとに，表現類似性解析を行った．その結果，脳部位ごとに階層的な表現構造があることと，そうした表現構造の時間変化を明らかにした（Hayashi, 2012）．表現類似性解析に基づく DCN と神経活動／脳機能データの比較研究も数多く行われている．

　コンピュータビジョン研究としては，DCN をさらに多層化することによって，一般物体認識性能の向上を目指した研究が進められた．AlexNet（8 層）以降，VGGNet（16〜19 層）（Simonyan & Zisserman, 2015），GoogleNet（22 層）（Szegedy *et al.*, 2015），ResNet（34〜152 層以上）（He *et al.*, 2016）など，極端な多層化によって，認識性能としてはヒトの能力に近づき，やがてヒトの能力を超えた．このため，DCN 間で脳モデルとして妥当性を評価する際には，特定の視覚タスクに対する性能の優劣ではなく，神経活動データに対する予測性能＝Brain Score による指標化（Schrimpf *et al.*, 2018）が提案されている．さらに，脳との階層的相同性を考慮した指標化なども提案されている（Nonaka *et al.*, 2020）．

　最新の神経科学研究では，サルの fMRI データおよび神経活動データと，AlexNet の高次層ニューロン群による視覚特徴表現との比較が行われた（Bao et al., 2020). その結果，サルの下側頭葉では，大まかに4つの視覚カテゴリが，別々の神経経路で階層的に処理されることが明らかになった．DCN が既知の脳の視覚処理を説明できるだけでなく，未知の視覚処理機能を解明するのにも有用であることが示された点で注目された．

4　脳と DCN の違い──教師あり学習モデルの限界

　脳との相同性が注目された DCN だが，一方でヒトの持つ認識能力との違いも指摘されている．ラベル情報を使って教師あり学習した DCN では，タスクに依存して識別基準の学習が行われる．また，ラベル情報のついた訓練データはサイズが十分ではなく，偏りがある．このため，新規データセットや新しいタスクに対しては識別誤りが生じるなど，汎化能力が限られている（fine tuning あるいは，転移学習（transfer learning）といった追加的な学習によって対処されることが多い）．この他，画像のボケやノイズ，色や形状歪みなど，ヒトが画像識別に際して容易に対処できる画像の変化であっても，DCN は対処できないことも報告されている（Geirhos et al., 2018a）．

　DCN の脆弱性を検証する研究として，敵対的攻撃（adversarial attacks）に関する研究も行われた．攻撃対象となる画像識別用 DCN とは別に，ニューラルネットワークを用意し，DCN が誤識別を引き起こす外乱操作や画像の生成方法が研究された．たとえば，ヒトが気づかないようなわずかな外乱であっても，DCN が誤識別を引き起こすことや（Szegedy et al., 2014），ただのノイズパターンや幾何学図形が，特定の物体カテゴリとして誤識別されることが指摘された（Nguyen et al., 2015）．ただし，DCN の誤り方は，ヒトの認知傾向と無関係ではないことも指摘されている（Elsayed et al., 2018; Zhou & Firestone, 2019）．

　教師あり学習した DCN の用いる物体識別の手がかりは，ヒトと異なることも指摘されている．たとえば，画像に含まれる形状情報とテクスチャ情報のどちらが物体識別の手がかりとして重要か調べた研究がある（Geirhos et al., 2018b）．image style transfer（Gatys et al., 2016）という手法を使い，画像の形状情報を保持したままテクスチャだけ変換すると，多くの DCN モデルは，変換後のテクスチャに基づき物体識別する傾向が強かった．これに対し，ヒト

は形状に基づく物体識別が可能であると指摘されている.

　教師あり学習した DCN の汎化能力が低く, 外乱に脆弱で, ヒトとは異なる手がかりに基づいて課題処理を行う主な要因として, 適切な視覚特徴の表現形式を学習しきれていないことが挙げられる（表現学習（representation learning）にかかわる問題とも言い換えられる）. より大規模な画像データベースを用いて, タスクに依存せずに自然画像の統計的性質を反映した情報表現形式を DCN が獲得できれば, ヒトのように汎化能力が高いロバストな視覚処理が実現できると考えられる.

　発達的観点からも, 言語が未発達なヒトの幼児が, ラベル情報を与えられることによって一般物体認識能力を獲得しているとは考えにくい. また, 多くの動物種では, ヒトのような言語能力を持たないにもかかわらず, 物体を認識する能力が認められる. サルの視覚野から様々な画像に対する神経活動データを記録し, 階層クラスタリング解析すると, ヒトが用いる物体カテゴリに相同する分類構造が認められる（Kiani *et al.*, 2007）. また, サル視覚野の神経活動とヒト視覚野の fMRI 活動の間で表現類似性解析を行うと, やはり相同性が認められる（Kriegeskorte *et al.*, 2008b）. したがって, 発達過程での経験に匹敵する膨大な画像データを使い, ラベル情報を使わず「教師なし学習」したモデルのほうが, よりよい脳の視覚処理モデルになると期待される.

5　教師なし学習モデルの発展

　教師あり学習に必要なラベル情報の収集は, ヒトが手動でラベリングを行う必要があるため, コストがかかり, データベースの規模拡大の制約となっている（1 万 8000 クラス, 3 億枚の大規模画像データセット（JFT-300M）（Sun *et al.*, 2017）などもあるが公開されていない）. また, ヒトが介在するゆえに, 誤りやバイアスも起こり得る. 加えて, 一つの画像が複数のラベルに対応する場合など, ラベルづけにはそもそも曖昧さがある. そこで, コンピュータビジョン研究としても, 教師なし学習による画像認識性能の向上を目指した研究が進められた.

　学習のフレームワークは, 最適化すべき目的関数の設計方法の違いによって, 予測型（predictive）／生成型（generative）な学習手法と, 対照型（contrastive）

A 予測型／生成型の学習手法　　　B 対照型の学習手法

図 3-4　学習手法の分類

な学習手法の大きく二つに分類できる．予測型／生成型の学習手法（図 3-4A）は，入力データ x_0 に対するモデル出力 z_0 がどういった値をとるべきかを目的関数として設計する．一方，対照型の学習手法（図 3-4B）は，入力データ x_0 と入力データ x_1 に対するモデル出力 z_0 とモデル出力 z_1 がどのような関係になるべきか「対比」して，目的関数として設計する．

　より汎用性の高い画像処理を実現するために，ニューラルネットワークの内部表現（潜在変数空間：latent space, 埋め込み空間：embedding space, 特徴空間：feature space などとも呼ばれる）が，「意味のある」「解釈可能な」要素に分離した表現になるよう学習できるかが課題となっている（disentanglement ないし「解きほぐし」と呼ばれる）．このような表現学習における解きほぐし問題は，定性的に議論される場合も多いが，以下で述べるように，infomax＝相互情報量最大化の原理に基づいて解く手法が広く知られる．

　教師なし学習により，入力データが意味のある要素に分離できる前提として，「多次元入力データ x は，その次元数より少ない変動要因によって生じている」という仮定がある．この仮定のもとに行われる「infomax による解きほぐし」とは，「データ x との相互情報量を最大化する潜在変数 z（ないし要素変数 c）を学習すること」であり，式（1）で記述される．この時，潜在変数 z は，データ x に対するコンパクトな表現となっており，その変動を最大限表現することになる．外界の大きな変動を説明する要因を，われわれは「意味のある」要素と解釈していることが含意される．

$$I(x;z) = \sum_{x,z} p(x,z) \log \frac{p(x|z)}{p(x)} \qquad\qquad 式（1）$$

以下，教師なし学習手法，ならびにその表現学習について概説する．

6　自己教師あり学習手法

　DCN を使った広い意味での教師なし学習手法として，予測型の学習手法に基づく，「自己教師あり学習」の研究が当初は盛んであった．画像に対し，何らかの操作を施したのち，操作量の推定や操作前の画像への復元など，名目上のタスクを解決するよう DCN を訓練する手法である．画像操作を自動化すれば，手動によるラベル情報収集を行わずに学習が実行できる．名目上のタスクとしては，画像をいくつかのパッチに自動分割したのち二つのパッチの相対位置を回答させる relative position task（Doersch *et al.*, 2015），分割パッチの位置関係をシャッフルした状態から元の配置に戻す jigsaw puzzle task（Noroozi & Favaro, 2016），画像の中央部を虫食いにしたのち虫食い部分を復元する filling-in task（Pathak *et al.*, 2016），モノクロ変換した画像から元のカラー画像を復元する colorization task（Zhang *et al.*, 2016），画像を回転操作したのち回転量を推定させる rotation task（Gidaris *et al.*, 2018）などが提案されてきた．

　筆者は，片岡らとともに，DCN による動画処理のための事前学習に関する研究を行った．コンピュータグラフィックスのリアリティを増すために使われるテクスチャ作成技法として，Perlin ノイズが知られている．自然なテクスチャに似た Perlin ノイズパターンの時間—空間周波数を識別する事前学習を DCN が行うと，その後の自然動画の認識性能が向上することを示した（Kataoka *et al.*, 2021）．

　自己教師あり学習手法は，名目タスクの設定に恣意性があるため，脳モデルとして想定する場合には，生態学的に妥当な名目タスクの設定が課題となる．この他の予測型の教師なし学習手法として，instance learning と呼ばれる，訓練画像の 1 枚 1 枚を独立したクラスとして識別する学習手法も注目された（Wu *et al.*, 2018）．この手法は，後述する対照型の学習手法（以下，対照学習）の一種と見なすこともでき，自然画像のロバストな内部表現の学習を実現していることが示唆されている．

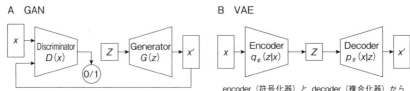

A　GAN

encoder（符号化器）と decoder（複合化器）から
構成され，復元画像群と元画像群の分布の違いが最
小となるよう，ELBO の最適化により学習を行う.

B　VAE

discriminator（識別器）と generator（生成器）から
構成され，min-max loss の最適化により学習を行う.

図3-5　生成モデルを用いた代表的な教師なし学習手法

7　生成モデルを用いた教師なし学習手法

生成型の教師なし学習手法では，モデル出力 x' の分布がデータ x の分布の近似となるように学習を行う. 画像処理であれば，入力画像と似た画像を生成するよう学習することに相当する. 実装方法としては，敵対的生成ネットワークと変分オートエンコーダが広く利用されている.

敵対的生成ネットワーク

敵対的生成ネットワーク（generative adversarial neural network：GAN）(Goodfellow *et al.*, 2014; Radford *et al.*, 2016) は，ランダムな潜在変数 z から画像を生成する generator（生成器）と，画像識別を行う discriminator（識別器）を基本構成要素とする（図3-5A）. discriminator は訓練画像 x と生成画像 x' を正しく識別できるよう学習するのに対し，generator は discriminator が訓練画像 x と識別できないような生成画像 x' を出力するよう，競合的に学習する. 式（2）の min-max loss を最適化する学習を行う.

$$\min_G \max_D E_{x \sim p_{data}(x)} \log D(x) + E_{z \sim p_z(z)} \log \{1 - D[G(x)]\} \qquad 式（2）$$

$p_{data}(x)$ は訓練画像データ x の分布，$p_z(z)$ は潜在変数 z の分布で，通常は正規分布として実装される. generator による生成画像 x' の分布を $p_G(x')$ と置くと，式（2）の最適化により $p_G(x') = p_{data}(x)$ となる均衡点への収束を目指した学習が行われる. 適切な均衡点に収束できれば，訓練画像に極めて似た画像が generator によって生成される.

A　Info-GAN の基本構造　　　　　　　　B　BiGAN の基本構造

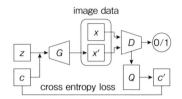 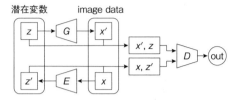

潜在変数 z だけでなく，各次元が独立な要素　　　encoder による画像から潜在変数への符号化も考慮し，潜在変数
変数 c を加味し，c との相互情報量が最大と　　　z, z' と画像データ x, x' の両方を discriminator への入力とし，表
なる画像の生成を学習する.　　　　　　　　　現学習を行う.

図 3-6　GAN を用いた表現学習のフレームワーク例

　GAN を用いた表現学習手法としては，Info-GAN が知られる（図 3-6A）
(Chen *et al.*, 2016). 潜在変数 z に加えて要素変数 c を導入して，画像 x' を生
成するとともに要素変数の復元（c'）を行う. 生成画像 x' のもとでの要素変
数 c の条件つき確率分布を求める代わりに，c' の補助分布を学習することに
より，生成画像 x' と要素変数 c の間の相互情報量が最大化される. この他，
BiGAN (Donahue *et al.*, 2017)，ALI (Dumoulin *et al.*, 2017)，BigBiGAN
(Donahue & Simonyan, 2019) など，図 3-6B のように，generator, discrimi-
nator の他，画像から潜在変数表現への符号化を行う encoder（符号化器）を加
えることで表現学習を行うフレームワークが提案されている.

　筆者は，Info-GAN に encoder を組み込み，かつ各層ごとに内部表現の相互
情報量を最大化するモデルを提案している. 提案モデルでは，腹側視覚経路と
同様に，各層において，色選択性や背景選択性，形状選択性，カテゴリ選択性
などが階層的に学習できることを示している. 学習後のネットワークの内部表
現に基づく自己組織化マップを作成すると，これまでの視覚神経科学研究で報
告されてきた皮質の機能マップと相同なマップが再現できることを明らかにし
ている（Hayashi, in preparation）. encoder と generator を有する GAN のフ
レームワークは，神経情報を復号化し，画像として直接可視化する手法として
も有効である. 筆者らは，サル TE 野から記録した神経活動データに基づき，
サルが見ていた画像を非常に精度高く再構成することに成功している（Ha-
yashi & Kawata, 2018）（図 3-7）.

　GAN を利用した表現学習研究の欠点としては，理論的裏づけが弱く，解き

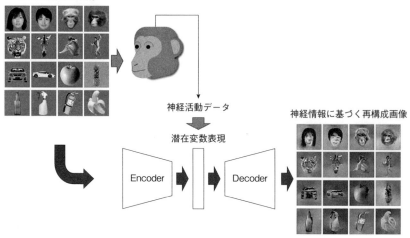

図3-7　サルの神経活動データに基づく画像再構成手法の研究（Hayashi & Kawata, 2018 を改変）

神経活動データは，画像認識用DCN高次層の応答パターンを高い精度で予測できることから，GANのgeneratorを decoderとして使うことで，サルが見ていた画像を精度高く再構成できる．

ほぐし問題に関し，画像生成の観察結果に基づく定性的な議論で終わることが多い（Gonzalez-Garcia *et al.*, 2018）．また，脳の計算論的モデルからは乖離した discriminator が必要な点にも難がある．一般に discriminator は encoder と アーキテクチャが類似しているが，獲得される内部表現の違いも大きいことが 指摘されている（Mao *et al.*, 2020）．

変分オートエンコーダ

変分オートエンコーダ（variational auto encoder：VAE）（Kingma & Welling, 2013）は，画像から潜在変数 z への符号化を行う encoder 符号化器と，潜在変数 z から元の画像データへの復号化を担う decoder 復号化器を基本構成要素とする（図3-5B）．VAE では，潜在変数 z の分布を正規分布に制約した条件下で，生成画像分布（$p_\theta(x)$）が画像データ分布（$p_{data}(x)$）の近似となるよう encoder と decoder の学習を行う．二つの分布のカルバック・ライブラー（KL）距離を最小化する問題として定式化すると，式（3）のように，モデルの対数尤度関数の期待値を最大化するパラメータを求める問題に帰着される（第1項は，

データサンプルで決まる定数項).

$$D_{KL}(p_{data}(x) \| p_{\theta}(x)) = E_{p_{data}(x)}\left[\log \frac{p_{data}(x)}{p_{\theta}(x)}\right]$$

$$= E_{p_{data}(x)}[\log p_{data}(x)] - E_{p_{data}(x)}[\log p_{\theta}(x)] \quad 式 (3)$$

そこで，VAE は，対数尤度関数の変分下限（evidence lower bound：ELBO）の最大化を目的関数とする．目的関数は，negative reconstruction error とも呼ばれる再構成にかかわる誤差項と正則化項である KL 距離項で表される（式(4)）．

$$L_{\beta} = \max_{\varphi, \theta} \frac{1}{N} \sum_{n=1}^{N} (E_{q_{\varphi}(z|x_n)}[\log p_{\theta}(x_n|z)] - \beta D_{KL}(q_{\varphi}(z|x_n) \| p_z(z))) \quad 式 (4)$$

ただし，$q_{\varphi}(z|x_n)$ は，画像データ x_n が与えられた時の潜在変数 z に関する符号化モデル分布であり，$p_z(z)$ は正規分布に設定される．

VAE を用いた内部表現の解きほぐしに関する研究は，理論的裏づけを持つ研究が多い．特に広く利用されるのが β-VAE (Higgins *et al.*, 2017) で，VAE の目的関数（式(4)）のうち KL 距離項のペナルティを $\beta > 1$ で調整することで，符号化モデルによる潜在変数 z の分布が正規分布になるよう制約を強め（潜在変数次元間の独立性を高め），表現の分離度を向上させる手法である（通常の VAE では，$\beta = 1$）．また，β-VAE によって解きほぐしが促進されたニューラルネットの内部表現とサル視覚野の神経情報表現を比較した研究も行われている (Higgins *et al.*, 2020)．

式(4) の KL 距離項をさらに式展開すると，式(5) のように相互情報量と関係する．大きな β に対しては，画像の再構成に関連した誤差項である第 1 項の寄与が低下するとともに，相互情報量は下がり，潜在変数 z が表現できるデータ x の変動／容量が制限されてしまい，再構成の精度は低下する．

$$D_{KL}(q_{\varphi}(z|x) \| p_z(z)) = I(x; z) + D_{KL}(q(z) \| p_z(z)) \qquad 式 (5)$$

ただし，$q(z)$ は，周辺事後分布である (Kim & Mnih, 2018)．

encoder と decoder のみで構成され，理論的裏づけがある点で，VAE のほうが GAN よりも脳モデルとして優れている一方，欠点もある．VAE の目的関数は対数尤度に基づいているため，自然画像のように確率空間内で多くがゼ

ロ値となる分布に対して，適切な学習フレームワークとなっていない（通常の VAE ではボケた画像しか生成できない）．これに対し，近年の GAN の実装では，データ分布と生成モデル分布の Wasserstein 距離の計算を discriminator に相当するニューラルネットワークが実行し，generator は Wasserstein 距離を最小化する画像生成を学習している．Wasserstein 距離に基づいた学習は，ゼロ値が多い自然画像の確率分布の学習に適していると言われる．また，VAE では潜在変数 z を正規分布と仮定するが，等方性があることから，画像回転のような重要な要素の表現学習ができないことも指摘されている（Mathieu *et al.*, 2019）．

8　対照学習に基づく教師なし学習

2019 年以降，対照学習（contrastive learning：図 3-4B）に基づいて教師なし学習したモデルが，教師あり学習したモデルに匹敵する高精度な一般物体認識を実現している（He *et al.*, 2020）．対照学習では，画像どうしが潜在変数空間においてどのような位置関係に投射されるかを設計することで，学習を行う．一般物体認識課題の場合，ある物体が，観察条件の変化によらず同一物体として判定できるとともに，異なる物体画像とは区別できることが要請される．そこで，最高性能モデルの一つである SimCLR（Chen *et al.*, 2020b）では，①同一画像に何らかの画像操作を行い，positive sample を作る，②別画像の画像操作により negative sample を作る，③ positive sample どうしの出力値は近くに，negative sample の出力値とは離れて配置されるよう，ニューラルネットワークを学習する．

画像操作としては，DCN の教師あり学習でも用いられる data augmentation（crop, flip, rotation, scale, gaussian noise, color distortion など）が行われる．符号化モデル／encoder として，適当な DCN を用意し，その出力を潜在変数 z として，式（6）で示した information noise contrastive loss を使って学習を行う．式（6）の損失関数を最小化することで，類似画像同士は近傍に，非類似画像は遠方へとマッピングする学習が促進される（Hadsell *et al.*, 2006）．

$$L_N = E_{x \in X} \left[-\log \frac{\exp\left(sim(z_i, z_j)/\tau\right)}{\sum_{k=1}^{2N} 1_{[i! = k]} \exp\left(sim(z_i, z_k)/\tau\right)} \right] \qquad \text{式 (6)}$$

ただし，z は，各画像サンプルの潜在変数表現，sim 関数は潜在変数表現の類似度＝コサイン距離とする．N は，訓練サンプル数ないし学習時のバッチサイズ，τ は温度定数である．関数 $1_{[i! = k]}$ は，$i = k$ の時 0，それ以外で 1 となる関数である．

このような対照型の教師なし学習した DCN は，教師あり学習した DCN と同程度に，腹側視覚経路の神経活動データを予測できることが，Zhuang *et al.*（2021）によって報告されている．

SimCLR における実装方法は，物体認識性能を効率よく学習できる利点がある一方，data augmentation を事前に設定するという点で，脳モデルとして難がある．これに対し，van den Oord *et al.*（2018）は，contrastive predictive coding と呼ばれる，脳の情報処理を意識したフレームワークを提案している．同手法では，外界の情報は時間的・空間的に連続に変化しており，そうした連続的な変化を近傍の潜在変数表現から予測するタスクを学習する．同手法により，画像認識に有用な内部表現が学習可能であることが示されている．また，損失関数として用いられる information noise contrastive loss/L_N は，潜在変数 z とデータ x の相互情報量と式（7）の関係にあり，その最適化学習は，同相互情報量を最大化する学習であることが示されている．ただし，式（7）が示すように，よりよい表現学習には対比に用いる画像サンプルのサイズ N を大きくとることが求められる点で，脳の計算論的モデルとして課題があるように思われる．

$$I(x; z) \geq \log(N) - L_N \qquad \text{式 (7)}$$

Transformer による大規模データ学習

自然言語処理の分野では，BERT（Devlin *et al.*, 2019）や GPT-2（Radford *et al.*, 2020），GPT-3（Brown *et al.*, 2020）など Transformer を基本アーキテクチャとした，教師なし学習手法を用いた研究が盛んである．Transformer は，テキストデータを潜在変数表現に符号化する encoder と，潜在変数表現から

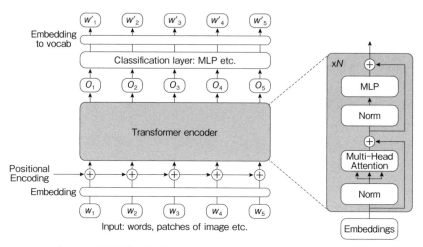

図 3-8　自然言語処理で用いられる Transformer を用いたフレームワーク

元のテキストデータに復号化する decoder から構成される．特徴として，テキストデータを学習する際，単語の系列データを逐次的に処理するのではなく，一次元的に展開した状態で並列的な処理を行う（図 3-8 参照）．normalization 層—attention 層（ヒトの「注意」機能のように，入力に依存して重みを変える仕組み）—MLP（multi-layer perceptron）からなる基本処理を何層も繰り返すことで，一部の単語がマスクされた文章の穴埋め課題などを教師なし学習する．同手法を用いると，学習に使うデータ量とネットワークのスケールアップが容易であり，各種タスクの実行性能が大きく向上した．また，直接学習していないタスクに対しても，わずかなサンプルによる学習だけで高い性能が発揮できる（few shot learning）など，極めて高い汎化性を示すモデルが登場している．データを一次元的に配置変換すれば，言語処理だけでなく，画像処理など他のモダリティ処理にも適用可能なアーキテクチャとなっている．Vision Transformer（ViT）と呼ばれる研究が盛んに行われており，非常に大きなラベルつき画像データベースで学習した Transformer は，従来の教師あり学習した DCN の物体識別性能を超えたと報告されている（Dosovitskiy *et al.*, 2021）．また，画像を pixel レベルで一次元配列化し，missing pixel の予測を教師なし学習させると，画像認識に適した内部表現が獲得できることなども報告されて

いる（Chen *et al.*, 2020a）．さらに，テキストから画像への変換を学習することで，学習後は，任意の文章を入力すると，その内容に即したもっともらしい画像が生成できることも話題となった（DALL-E）（Ramesh *et al.*, 2021）．大規模な認知科学データがあれば，Transformer を利用して，様々な認知機能が予測できる可能性がある．実際，Transformer を利用して，脳波データの解読に利用する研究がいくつか発表されている（Song *et al.*, 2021）．一方，attention よりもさらにシンプルな処理（gMLP）により，Transformer に匹敵するタスク性能を実現できることも近年報告されている（Liu *et al.*, 2021）．一方で，脳のモデルとしては，実装方法に改善の余地があると思われる．

深層学習によるマルチモーダル処理

　外界で生じる事物や事象間の関係は，画像やテキストといったモダリティの違いによらず，同じようにデータ内に反映されると仮定できる．こうしたモダリティ間で共通する，概念レベルでの構造を利用した深層学習によるマルチモーダル研究が行われている．代表例として，画像とその内容を説明した文章をペアにした大規模データ（Lin *et al.*, 2014）を用いて，画像表現と言語表現間の転移を学習する手法が研究されている．

　初期の深層学習研究では，一般物体認識を学習した DCN と自然言語処理用の再帰型ニューラルネットワーク（主に LSTM を用いた手法：Hochreiter & Schmidhuber, 1997）を結合し，教師あり学習により，画像から説明文を自動生成する研究が注目された（Karpathy & Fei-Fei, 2015; Vinyals *et al.*, 2015）．一連の研究では，視覚と言語の共通ベクトル表現を学習することで，両者の意味表象が算術的に操作できること（Kiros *et al.*, 2014）や，各単語に関連する画像領域を可視化する技術なども報告された（Xu *et al.*, 2015）．

　最近の研究事例としては，前項で紹介した，テキスト入力により画像を生成する DALL-E の研究が挙げられる．この他，CLIP と呼ばれる手法もその汎用性から注目を集めている（Radford *et al.*, 2021）．CLIP では，画像処理用 encoder とテキスト処理用 encoder を用意し，ペアとなる画像とテキストの潜在変数表現の類似度を最大化する一方，非ペアどうしの潜在変数表現の類似度を最小化する対照型の学習を行う．4 億組の膨大なデータペアを使って事前学習

した encoder は，様々な新規タスクに対して高い実行性能を示すと報告されている．汎用性の高い CLIP を利用して，テキスト入力による画像編集手法も提案されている．たとえば，画像生成能力の高い StyleGAN（Karras *et al.*, 2019）を使い，編集したいテキスト内容に一致して画像が生成されるよう，CLIP が判定して学習を行う StyleCLIP が提案されている（Patashnik *et al.*, 2021）．こうした画像生成技術や画像編集技術は，様々な認知科学実験に利用できる可能性がある点でも注目されよう．

　興味深いマルチモーダル研究事例として，混合エキスパートモデルを使った研究がある（Shi *et al.*, 2019）. encoder と decoder をそれぞれのモダリティごとに用意し，潜在変数として，両モダリティに共通な成分と，各モダリティ固有な成分に分けた上で，モダリティ間の相互変換を深層学習する．画像とテキストのマルチモーダル処理であれば，画像―画像，テキスト―テキスト，画像―テキスト，テキスト―画像の相互変換を学習する．この手法を生化学のマルチオミックスデータ（多数の個人ないし細胞から，生体を構成する様々な分子情報を網羅的に収集したデータ）に適用すれば，細胞レベルでの機能分類や，欠損する生化学データの予測に利用できることが報告されている（Minoura *et al.*, 2021）．認知科学研究でも，同一の参加者から，様々な心理実験課題のデータやその脳機能データを大規模に収集し，解析することで，個人差を含めた詳細な認知機能解析が実現できる可能性がある．筆者らは，Internet of Brains と呼ぶプロジェクトの一環として，脳と脳の間の情報通信を目指した研究を行っている．サルやヒトから，様々な計測手法を使いマルチモーダルに脳機能をデータ収集し，その潜在変数の共通構造を読み解くことが，プロジェクト実現の鍵になると考えている．

9　おわりに

　DCN の教師あり学習による一般物体認識の実現に始まり，DCN と視覚神経表現の比較研究，教師なし学習に基づく表現学習の解きほぐし問題，さらには大規模マルチモーダルデータ処理までのトピックを概説した．計算論的神経科学研究としての深層学習研究は，①既知の神経情報処理や脳が持つ学習機能

をいかに数理モデルとして表現するか，②モデルがヒトや動物の認知機能を再現できるか，③モデルが脳と相同な情報表現を再現するか，④モデルによって，新たな脳の認知処理にかかわる予測や説明が可能か，が検討されている．①は古典的なニューラルネットワーク研究の成果が中心であるが，②，③は，近年の深層学習研究により大きく進展したと言える．特に，脳の情報表現と非常によく似た情報表現を DCN が実現したことは，脳情報の解読を可能にし，ブレイン・マシン・インタフェース技術のような応用研究を促進した．今後は④ならびに，より脳らしい学習フレームワークによる実装（①〜③の向上）が求められる．従来の fMRI による機能マッピングでは未解明だった視覚処理が，DCN によって説明されるなど（Bao *et al.*, 2020），深層学習モデルによって，新たな脳の情報処理にかかわる知見が，徐々にではあるが得られつつある．

　より脳らしいモデルとは，どのようなモデルだろうか．多くの認知神経科学者が注目しているのが，カール・フリストンらが提唱する「自由エネルギー原理（free energy principle）」に基づく，脳の理解である（本シリーズ第 4 巻，第 4 章参照）．生物の能動的な要素を考慮しないのであれば，脳は予測符号化（predictive coding）を行う情報処理システムととらえることができる．実装としては，外界からの入力信号を潜在変数表現に符号化する encoder と，潜在変数表現から外界信号を生成／復号化する decoder からなり，時間的・空間的な近傍情報の予測を教師なし学習するシステムとするのが妥当であろう．少なくとも Transformer により，様々な認知機能が実現していることから，潜在変数の空間的・時間的な共起パターンから，外界情報が予測できると考えてよいように思われる．一方，Transformer 自体のアーキテクチャは，脳の情報処理を再現しているとは言い難い．視覚処理について言えば，神経科学的エビデンスに基づく DCN のようなアーキテクチャが良いように思われる．その上で，attention/ gMLP のような入力に依存して重みが変化する演算要素の埋め込み方法などに関して，さらなる研究展開が求められる．この他，脳の解剖学的構造，特に視覚処理の分岐も今後考慮すべきであろう．

　本章では割愛したが，脳内におけるフィードバック信号の役割やダイナミクスを考慮することの重要性が指摘されている（Schwiedrzik & Freiwald, 2017）．そこで，再帰型ニューラルネットワークと神経活動データを比較した研究も行

われており，非常に深層に拡張した DCN と同程度に，神経活動データが予測できるとされる（Kar *et al.*, 2019）．また，再帰型ニューラルネットワークによって，予測符号化を行うモデル（Lotter *et al.*, 2017）も提案されており，時間経過とともに知覚表象が変化する運動関連の錯視を説明するのに有用であるとも言われる（Watanabe *et al.*, 2018; Lotter *et al.*, 2020）．

深層学習研究は，画像処理のように単一のモダリティ処理だけでなく，マルチモーダルな処理にも広がっており，概念レベルの「意味」表現が可能になりつつある．感覚情報処理だけでなく，感性的価値判断や高次な認知処理を対象とした研究にも，深層学習技術が利用されるであろう．

謝　辞　本章で紹介した筆者の研究成果は，JSPS 科研費（20H04597, 19H04200, 18H05019），JST Moonshot R&D JPMJMS2012 の支援を受けた．

引用文献

Bao, P., She, L., McGill, M., & Tsao, D. Y.（2020）. A map of object space in primate inferotemporal cortex. *Nature, 583,* 103–108.

Brown, T. B., *et al.*（2020）. Language models are few-shot learners. *Advances in Neural Information Processing Systems, 2020-Decem,* pp.1877–1901.

Chen, M., *et al.*（2020a）. Generative pretraining from pixels. *Proceedings of the 37th International Conference on Machine Learning, 119,* pp.1691–1703.

Chen, T., Kornblith, S., Norouzi, M., & Hinton, G.（2020b）. A simple framework for contrastive learning of visual representations ting. *ICML'2020,* pp. 1–20.

Chen, X., *et al.*（2016）. InfoGAN: Interpretable representation learning by information maximizing generative adversarial nets. *NIPS 2016,* pp.1–14.

Deng, J., *et al.*（2009）. ImageNet: A large-scale hierarchical image database. *2009 IEEE Conference on Computer Vision and Pattern Recognition,* pp.248–255.

Desimone, R., Albright, T. D., Gross, C. G., & Bruce, C.（1984）. Stimulus-selective properties of inferior temporal neurons in the macaque. *The Journal of Neuroscience, 4*(8), 2051–2062.

Desimone, R., Schein, S. J., Moran, J., & Ungerleider, L. G.（1985）. Contour, color and shape analysis beyond the striate cortex. *Vision Research, 25*(3), 441–452.

Devlin, J., Chang, M. W., Lee, K., & Toutanova, K.（2019）. BERT: Pre-training of deep bidirectional transformers for language understanding. *Proceedings of the 2019 Conference of the North American Chapter of the Association for Computational Linguistics: Human Language Technologies, 1,* pp.4171–4186.

Doersch, C., Gupta, A., & Efros, A. A.（2015）. Unsupervised visual representation learning by context prediction. *Proceedings of the IEEE International Conference on*

Computer Vision, pp.1422–1430.

Donahue, J., Krähenbühl, P., & Darrell, T. (2017). Adversarial feature learning. *ICLR 2017*, pp.1–18.

Donahue, J., & Simonyan, K. (2019). Large scale adversarial representation learning. *NIPS 2019*, pp.1–32.

Dosovitskiy, *et al.* (2021). An image ss worth 16X16 words: Transformers for image recognition at scale. *ICLR 2021*, pp.1–21.

Dumoulin, V., *et al.* (2017). Adversarially learned inference. *ICLR2017*, pp.1–18.

Elsayed, G. F., *et al.* (2018). Adversarial examples that fool both computer vision and time-limited humans. *NIPS 2018*, pp.3914–3924.

Freeman, J., Ziemba, C. M., Heeger, D. J., Simoncelli, E. P., & Movshon, J. A. (2013). A functional and perceptual signature of the second visual area in primates. *Nature Neuroscience, 16*(7), 974–981.

Fujita, I., Tanaka, K., Ito, M., & Cheng, K. (1992). Columns for visual features of objects in monkey inferotemporal cortex. *Nature, 360*, 343–346.

Fukushima, K. (1980). Neocognitron: A self-organizing neural network model for a mechanism of pattern recognition unaffected by shift in position. *Biological Cybernetics, 36*(4), 193–202.

Gatys, L. A., Ecker, A. S., & Bethge, M. (2016). Image style transfer using convolutional neural networks. *Proceedings of the IEEE Conference on Computer Vision and Pattern Recognition*, pp.2414–2423.

Geirhos, R., *et al.* (2018a). Generalisation in humans and deep neural networks. *NIPS 2018*, pp.7538–7550.

Geirhos, R., *et al.* (2018b). Imagenet-Trained cnns are biased towards texture; Increasing shape bias improves accuracy and robustness. *arXiv: 1811. 12231.*

Gidaris, S., Singh, P., & Komodakis, N. (2018). Unsupervised representation learning by predicting image rotations. *ICLR 2018*, pp.1–16.

Gonzalez-Garcia, A., Van De Weijer, J., & Bengio, Y. (2018). Image-to-image translation for cross-domain disentanglement. *NIPS 2018*, pp.1–12.

Goodfellow, I., *et al.* (2014). Generative adversarial networks. *Communications of the ACM, 63*(11), 139–144.

Güçlü, U., & van Gerven, M. A. J. (2015). Deep neural networks reveal a gradient in the complexity of neural representations across the ventral Stream. *Journal of Neuroscience, 35*(27), 10005–10014.

Hadsell, R., Chopra, S., & LeCun, Y. (2006). Dimensionality reduction by learning an invariant mapping. *2006 IEEE Computer Society Conference on Computer Vision and Pattern Recognition, 2*, pp.1735–1742.

Hayashi, R. (2012). Face representation across the surface of a macaque inferior temporal cortex: A case study using chronically implanted multi-electrode arrays. *Proceedings of the 35th Annual Meeting of the Japan Neuroscience Society*, O4–F–60–63.

Hayashi, R., & Kawata, H. (2018). Image reconstruction from neural activity recorded from monkey inferior temporal cortex using generative adversarial networks. *2018 IEEE International Conference on Systems, Man, and Cybernetics*, pp.105–109.

Hayashi, R., & Nishimoto, S. (2013a). Image reconstruction from neural activity via higher-order visual features derived from deep convolutional neural networks. *Neuroscience, 2013*.

Hayashi, R., & Nishimoto, S. (2013b). Decoding visual information in monkey IT cortex using deep neural network. *Proceedings of Life Engineering Symposium 2013*, pp. 511–514.

He, K., Fan, H., Wu, Y., Xie, S., & Girshick, R. (2020). Momentum contrast for unsupervised visual representation learning. *Proceedings of the IEEE/CVF Conference on Computer Vision and Pattern Recognition*, pp.9729–9738.

He, K., Zhang, X., Ren, S., & Sun, J. (2016). Deep residual learning for image recognition. *Proceedings of the IEEE Conference on Computer Vision and Pattern Recognition*, pp.770–778.

Higgins, I., *et al.* (2020). Unsupervised deep learning identifies semantic disentanglement in single inferotemporal neurons. *Nature Communications, 12(1)*, 6456. doi: 10.1038/s41467-621-26751-5

Higgins, I., (2017). β-VAE: Learning basic visual concepts with a constrained variational framework. *ICLR 2017*, pp.1–22.

Hochreiter, S., & Schmidhuber, J. (1997). Long short-term memory. *Neural Computation, 9(8)*, 1735–1780.

Hubel, D. H., & Wiesel, T. N. (1962). Receptive fields, binocular interaction and functional architecture in the cat's visual cortex. *Journal of Physiology, 160(1)*, 106–154.

Kanwisher, N., McDermott, J., & Chun, M. M. (1997). The fusiform face area: A module in human extrastriate cortex specialized for face perception. *The Journal of Neuroscience, 17(11)*, 4302–4311.

Kar, K., Kubilius, J., Schmidt, K., Issa, E. B., & DiCarlo, J. J. (2019). Evidence that recurrent circuits are critical to the ventral stream's execution of core object recognition behavior. *Nature Neuroscience, 22(6)*, 974–983.

Karpathy, A., & Fei-Fei, L. (2015). Deep visual-semantic slignments for generating image descriptions. *Proceedings of the IEEE Conference on Computer Vision and Pattern Recognition*, pp.3128–3137.

Karras, T., Laine, S., & Aila, T. (2019). A style-based generator architecture for generative adversarial networks. *Proceedings of the IEEE/CVF Conference on Computer Vision and Pattern Recognition*, pp.4401–4410.

Kataoka, H., Hara, K., Hayashi, R., Yamagata, E., & Inoue, N. (2021). Spatiotemporal initialization for 3D CNNs with Generated Motion Patterns. *2022 IEEE/CVF Winter Conference on Applications of Computer Vision*, pp.737–746.

Kiani, R., Esteky, H., Mirpour, K., & Tanaka, K. (2007). Object category structure in response patterns of neuronal population in monkey inferior temporal cortex. *Journal of Neurophysiology, 97(6)*, 4296–4309.

Kim, H., & Mnih, A. (2018). Disentangling by factorising. *ICML 2018, 6*, pp. 4153–4171.

Kingma, D. P., & Welling, M. (2013). Auto-encoding variational bayes. *arXiv: 1312. 6114*

Kiros, R., Salakhutdinov, R., & Zemel, R. S. (2014). Unifying visual-semantic embeddings with multimodal neural language models. *arXiv: 1411. 2539*

Kriegeskorte, N., Mur, M., & Bandettini, P. (2008a). Representational similarity analysis – connecting the branches of systems neuroscience. *Frontiers in Systems Neuroscience, 2(4)*, 1–28.

Kriegeskorte, N., Mur, M., Ruff, *et al.* (2008b). Matching categorical object representations in inferior temporal cortex of man and monkey. *Neuron, 60(6)*, 1126–1141.

Krizhevsky, A., Sutskever, I., & Hinton, G. E. (2012). ImageNet classification with deep convolutional neural networks. *Advances In Neural Information Processing Systems, 25*, 1097–1105.

LeCun, Y., *et al.* (1990). Hand- written digit recognition with a back-propagation network. *NIPS1989*, pp.396–404.

Lin, T. Y., *et al.* (2014). Microsoft COCO: Common objects in context. *ECCV 2014. Lecture Notes in Computer Science, 8693*, 740–755.

Liu, H., Dai, Z., So, D. R., & Le, Q. V. (2021). Pay attention to MLPs. *arXiv: 2105.08050*

Lotter, W., Kreiman, G., & Cox, D. (2017). Deep predictive coding networks for video prediction and unsupervised learning. *ICLR 2017: Conference Track Proceedings*, pp.1–18.

Lotter, W., Kreiman, G., & Cox, D. (2020). A neural network trained for prediction mimics diverse features of biological neurons and perception. *Nature Machine Intelligence, 2*, 210–219.

Mao, X., Su, Z., Tan, P. S., & Chow, J. K. (2020). Is discriminator a good feature extractor? *arXiv: 1912. 00789*

Mathieu, E., Rainforth, T., Siddharth, N., & Teh, Y. W. (2019). Disentangling Disentanglement in Variational Autoencoders. *ICML 2019*, pp.4402–4412.

Minoura, K., Abe, K., Nam, H., Nishikawa, H., & Shimamura, T. (2021). A mixture-of-experts deep generative model for integrated analysis of single-cell multiomics data. *Cell Reports Methods, 1(5)*, 100071. doi.: 10.1016/j.crmeth.2021.100071

Nguyen, A., Yosinski, J., & Clune, J. (2015). Deep neural networks are easily fooled: High confidence predictions for unrecognizable images. *Proceedings of the IEEE Computer Society Conference on Computer Vision and Pattern Recognition*, pp.427–436.

Nonaka, S., Majima, K., Aoki, S. C., & Kamitani, Y. (2020). Brain hierarchy score: Which deep neural networks are hierarchically brain-like? *BioRxiv*. doi.: 10.1101/2020.07.22.216713

Noroozi, M., & Favaro, P. (2016). Unsupervised learning of visual representations by solving jigsaw puzzles. *European Conference on Computer Vision, 2016*, pp.69–84

van den Oord, A., Li, Y., & Vinyals, O. (2018). Representation learning with contrastive predictive coding. *arXiv: 1807. 03748.*

Patashnik, O., Wu, Z., Shechtman, E., Cohen-Or, D., & Lischinski, D. (2021). Style-CLIP: Text-Driven manipulation of StyleGAN imagery. *Proceedings of the IEEE/CVF International Conference on Computer Vision*, pp.2085–2094.

Pathak, D., Krahenbuhl, P., Donahue, J., Darrell, T., & Efros, A. A. (2016). Context encoders: Feature learning by inpainting. *arXiv: 1604. 07379.*

Radford, A., Metz, L., & Chintala, S. (2016). Unsupervised representation learning with deep convolutional generative adversarial networks. *ICLR 2016*, pp.1–16.

Radford, A., *et al.* (2020). Language models are unsupervised multitask learners. https://d4mucfpksywv.cloudfront.net/better-language-models/language_models_are_unsupervised_multitask_learners.pdf

Radford, A., *et al.* (2021). Learning transferable visual models from natural language supervision. *arXiv: 2103*, 00020

Ramesh, A., *et al.* (2021). Zero-Shot Text-to-Image generation. *arXiv: 2102*, 12092

Rumelhart, D. E., Hinton, G. E., & Williams, R. J. (1986). Learning representations by back-propagating errors. *Nature, 323*, 533–536.

Schrimpf, M., *et al.* (2018). Brain-Score: Which artificial neural network for object recognition is most Brain-Like? *BioRxiv.* doi: 10.1101/407007

Schwiedrzik, C. M., & Freiwald, W. A. (2017). High-level prediction signals in a low-level area of the macaque face-processing hierarchy. *Neuron, 96*(1), 89–97.

Shi, Y., Siddharth, N., Paige, B., & Torr, P. H. S. (2019). Variational mixture-of-experts autoencoders for multi-modal deep generative models. *Advances in Neural Information Processing Systems, 32*, 1–12.

Simonyan, K., & Zisserman, A. (2015). Very deep convolutional networks for large-scale image recognition. arXiv: 1409.1556

Song, Y., Jia, X., Yang, L., & Xie, L. (2021). Transformer-based spatial-temporal feature learning for EEG decoding. arxiv: 2106.11170

Sun, C., Shrivastava, A., Singh, S., & Gupta, A. (2017). Revisiting unreasonable effectiveness of data in deep learning era. *Proceedings of the IEEE International Conference on Computer Vision*, pp.843–852.

Szegedy, C., *et al.* (2014). Intriguing properties of neural networks. *ICLR 2014 - Conference Track Proceedings*, pp.1–10.

Szegedy, C., *et al.* (2015). Going deeper with convolutions. *Proceedings of the IEEE Conference on Computer Vision and Pattern Recognition*, pp.1–9.

Tsunoda, K., Yamane, Y., Nishizaki, M., & Tanifuji, M. (2001). Complex objects are represented in macaque inferotemporal cortex by the combination of feature columns. *Nature Neuroscience, 4*(8), 832–838.

Ungerleider, L. G., & Mishkin, M. (1982). Two cortical visual systems. In D. J. Ingle, M. A. Goodale, & R. J.W. Mansfield (Eds.), *Analysis of visual behavior* (pp.549–586). MIT press.

Vinyals, O., Toshev, A., Bengio, S., & Erhan, D. (2015). Show and tell: A neural image caption generator. *Proceedings of the IEEE Computer Society Conference on Computer Vision and Pattern Recognition*, 3156–3164. https://doi.org/10.1109/CVPR.2015.7298935

Watanabe, E., Kitaoka, A., Sakamoto, K., Yasugi, M., & Tanaka, K. (2018). Illusory motion reproduced by deep neural networks trained for prediction. *Frontiers in Psychology*, *9*, 1–12.

Wu, Z., Xiong, Y., Yu, S. X., & Lin, D. (2018). Unsupervised feature learning via non-parametric instance discrimination. *Proceedings of the IEEE Conference on Computer Vision and Pattern Recognition*, pp.3733–3742.

Xu, K., *et al.* (2015). Show, attend and tell: Neural image caption generation with visual attention. *ICML 2015*, pp.2048–2057.

Yamins, D. L. K., *et al.* (2014). Performance-optimized hierarchical models predict neural responses in higher visual cortex. *Proceedings of the National Academy of Sciences of the United States of America*, *111*(23), 8619–8624.

Zeiler, M. D., & Fergus, R. (2014). Visualizing and understanding convolutional networks. *European Conference on Computer Vision, Part I* (LNCS 8689), pp.818–833.

Zhang, R., Isola, P., & Efros, A. A. (2016). Colorful image colorization. *European Conference on Computer Vision*, pp.649–666.

Zhou, Z., & Firestone, C. (2019). Humans can decipher adversarial images. *Nature Communications*, *10*, 1–9.

Zhuang, C., *et al.* (2021). Unsupervised neural network models of the ventral visual stream. *Proceedings of the National Academy of Sciences of the United States of America*, *118*(3), e2014196118. doi: 10.1073/pnas.2014196118

第**4**章　脳と社会的認知

平井真洋

　霊長類の脳は集団生活に適応したとする，社会脳仮説（Dunbar, 1998）が示されて久しい．本章では，社会的な情報処理の視点からヒトの脳の働きをとらえる．その上で，ヒトの社会性を連続体としてとらえた時に，その分布の異なる位置に存在する集団を比較するアプローチにより，ヒトの社会性の輪郭をとらえる可能性について考察する．

1　社会脳仮説と脳の設計原理

　霊長類の脳は社会的な集団生活に適応するように進化し，脳の中にはそのような社会的な情報処理にかかわる領域があるとされる（Brothers, 1990）．たとえば，霊長類の集団サイズの大きさと皮質の割合の関係を調べると，集団サイズが大きくなればなるほど皮質の占める体積の割合が他の部位の占める体積よりも高い関係があることが示されている（Dunbar & Shultz, 2007）．つまり，ヒトの脳の計算目標は，様々な他者が存在する社会の中で適応的にふるまうことであるとも言える．このような脳機能の理解には，デイヴィッド・マーによる枠組みが一助となるかもしれない（Marr, 1982）．この枠組みでは，脳の計算は三つの階層（計算論レベル，アルゴリズムレベル，ハードウェアレベル）から構成されている．計算論レベルでは，脳がどのような計算を行うことを目的とするか，アルゴリズムレベルではその目的とする計算を実現するための計算方法（アルゴリズム）を，さらにハードウェアレベルではそのアルゴリズムを実現するためにはどのように物理的に実装されているかを，明らかにする．近年，この枠組みを社会脳のメカニズムの解明のために適用することが提案されている（Lockwood *et al.*, 2020）．もし脳の計算の目標が社会的集団生活で適応的にふる

まうことであるとすれば，このような行動を実現するためのアルゴリズムとしては，たとえば他者の表層に顕在化するセンシング可能な情報に関する処理，他者の心的状況の情報処理，あるいは（社会的）報酬に応じて選択行動を変容させるメカニズムなどが必要であろう．このような計算を脳が実際に行うためには，こういった情報処理を実現するための神経回路が脳に実装されている必要がある．では，脳は他者に関する社会的情報処理を，ハードウェアレベルとしてどのように実装しているのだろうか．

2　社会的知覚処理に特化した経路

これまでの脳機能イメージングの研究により，脳の特定の部位にある特定の認知機能が担われている，という機能局在が知られている．視覚情報処理に限れば，ヒトの視覚系には大きく分けて二つの処理経路があるとされている（Ungerleider & Mishkin, 1982）．色やかたちの処理を司る腹側経路と，動きや空間的な情報処理を担う背側経路である．近年これら二つの視覚処理経路とは独立に，新たに社会的知覚に特化した「第三の視覚処理経路」が提案されている（Pitcher & Ungerleider, 2021）．この第三の社会的知覚に特化した視覚処理経路では，中側頭（middle temporal area: MT 野）―上側頭溝（superior temporal sulcus: STS）の経路が，他者の動きに関する特異な経路として存在するとしている．実際，これまでにも他者に関する情報に選択的に活動する部位が報告され（Allison *et al.*, 2000），それらが相互に結合した社会脳ネットワークを形成している．まずは，ヒトの脳には他者手がかり刺激を高速に処理するメカニズムが備わっていることについて概観する．

3　他者の表層に顕在化するセンシング可能な情報の処理

顔

言うまでもなく，「顔」は他者に関する豊富な情報を含むオブジェクトである．顔画像を観察した場合，オブジェクト画像を観察した場合よりも選択的に有意に活動する紡錘状回顔領域（fusiform face area: FFA）と呼ばれる領域が報

告されている（Kanwisher *et al.*, 1997）．このような顔処理は高速で脳内で処理されており，顔画像を観察したおよそ 170〜200 ミリ秒後に両側側頭後部において見られる，N170 と呼ばれる陰性方向の成分が報告されている（Bentin *et al.*, 1996）．特に顔画像を倒立（180 度回転して提示）した場合には，FFA に加えて他の脳部位の活動が見られたことで，N170 の振幅が増大し，かつ潜時が遅れることが報告されている（Rossion & Gauthier, 2002）．さらに，FFA 領域を直接電気刺激することにより，顔が他の誰かと入れ替わると知覚されるように顔認知特性が変容することも報告されており，FFA は顔認知において必須の領域である（Rangarajan *et al.*, 2014）．顔認知には二つの経路が主として関与すると考えられ，後頭顔領域（occipital face area: OFA）から FFA にかけての経路は顔から個人の認識に関する処理を，MT 野から後部上側頭溝顔領域（posterior superior temporal sulcus face area: pSTS-FA）に至る経路は表情，視線の動き，口の動きなどの顔の動的情報処理に関与するとされている（Bernstein & Yovel, 2015）．

身体・身体動作の知覚処理

「顔」だけでなく，「身体」や「身体の動作」といった手がかりからも他者に関する様々な情報を解読可能である．静止した身体画像を提示した場合には，オブジェクトなどの静止画を提示した場合よりも選択的に活動する部位である外線条身体領域（extrastriate body area: EBA）が報告されている（Downing *et al.*, 2001）．さらに，EBA に加えて紡錘状回にも身体画像に選択的に反応する紡錘状回身体領域（fusiform body area: FBA）が報告されている（Peelen & Downing, 2005）．これら EBA と FBA はともに人物の身体の形状や姿勢の細部を符号化する可能性が指摘されている（Downing & Peelen, 2011）．

静止した身体画像の知覚処理過程の時間的側面として，顔知覚処理で見られるような陰性成分が報告されている．顔提示時よりも約 20 ミリ秒遅れて計測される成分は N190 成分と呼ばれ，静止した身体画像に選択的に反応する（Stekelenburg & de Gelder, 2004; Thierry *et al.*, 2006）．さらに，脳に留置した電極からも N190 成分と見られる成分が EBA 付近で観察されることが報告されている（Pourtois *et al.*, 2007）．一方，身体知覚においても，顔知覚と同様に倒立効

果が見られ（Reed *et al.*, 2003），顔と身体情報処理の類似性が考えられる．

身体動作（バイオロジカルモーション）の知覚処理

　われわれの日常生活では，静止した顔や身体を目にする機会は少なく，むしろ動きのある顔や身体を目にすることが多いだろう．身体の動作それ自体にも様々な社会的な情報が含まれており，われわれはそのような情報を解読することが可能である．われわれが他者の動き情報に敏感な一つの例として，バイオロジカルモーションと呼ばれる知覚現象がグナー・ヨハンソンによって報告された（Johansson, 1973）．これは，わずか十数個の光点運動のみからでも，他者に関する豊かな情報を検出することが可能である知覚現象である．たとえば，十数個の光点運動のみから感情（Dittrich *et al.*, 1996），行為のカテゴリ（Dittrich, 1993），性別（Mather & Murdoch, 1994; Troje, 2002），演技しているかどうか（Runeson & Frykholm, 1983）などを判別できる．このように，バイオロジカルモーションは，ヒトの外見に関する情報を取り除き，ヒトの動きに関する情報についても極限まで削ぎ落とした動きにもかかわらず，われわれの視覚系はヒトに関する極めて豊かな情報を「再構築」することができることを端的に示す一例である．

　たとえば，歩行運動のバイオロジカルモーション知覚に限定した場合，この知覚現象を二つの「倒立効果」を通じて理解できる．一つ目の倒立効果は，顔知覚で見られる倒立効果（顔を倒立で提示することにより，顔を知覚しづらくなる効果）と同様に，バイオロジカルモーションを倒立して提示すると，そこにはもはや歩行しているヒトは見当たらず（Sumi, 1984），たとえば単なる竜巻のような点の動きの集合にしか見えないと報告されている（図4-1A）．二つ目の倒立効果は，ヒトのかたちとは独立の，足の動きに基づく倒立効果である（Troje & Westhoff, 2006）．これはバイオロジカルモーションの各光点を空間的にランダムに配置し，足の運動軌跡を倒立することにより，進行方向の判断が困難となる現象である．足の運動軌跡が正立であれば，バイオロジカルモーションの各光点の空間的位置をランダマイズした場合であっても，（そこにはもはやヒトのかたちは見えないが），左右どちらに歩いているかを正確に判断可能である（図4-1B）．これは，足の動きそれ自体に進行方向に関する情報が埋め込まれて

いることを示唆する．足の動きは筋骨格系の制約だけでなく，重力によっても影響を受けている．ヒトが歩く際には，この二つの制約によって生成される特徴的な動きがあり，われわれの視覚系はそのような特徴的な情報を足の動きから解読している可能性がある．このように，バイオロジカルモーションは，点の動きから知覚される形態情報に関する処理と，足の動きのような局所的な動きの情報処理が関与する現象である（Hirai *et al.*, 2011）．

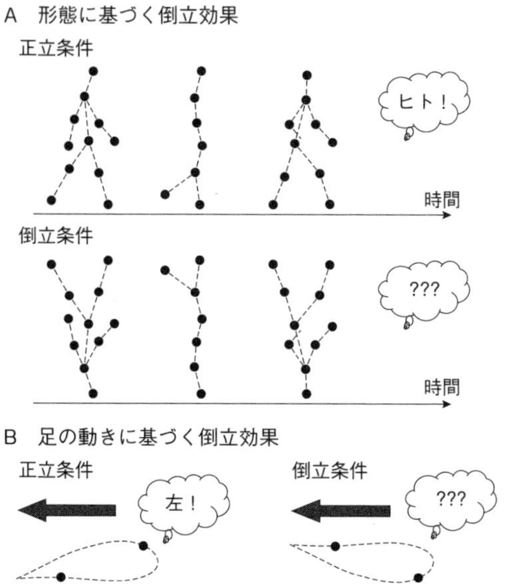

A　形態に基づく倒立効果

図 4-1　バイオロジカルモーションの形態に基づく倒立効果（A）と足の動きに基づく倒立効果（B）
A：正立条件では光点運動のみからヒトの歩行を知覚可能であるが，倒立することによりヒトの歩行を知覚することができない．B：正立条件では足の光点運動のみから進行方向を弁別可能であるが，倒立することにより進行方向の弁別が困難となる．

バイオロジカルモーション知覚処理の神経基盤

特に歩行のバイオロジカルモーションを知覚した際には，前述の社会的知覚処理に関連した STS，中側頭皮質（middle temporal cortex: MTC），下側頭回（inferior frontal gyrus: IFG），島，紡錘状回（fusiform gyrus: FG），一次視覚野が活動することが報告されている（Jastorff & Orban, 2009; Sokolov *et al.*, 2018）．様々な行為のバイオロジカルモーションを提示した場合も同様に，STS や FG（Grossman & Blake, 2002），扁桃体（Bonda *et al.*, 1996），さらには運動前野といった運動の企画・実行に関連する部位も関与することも報告されている（Saygin *et al.*, 2004）．バイオロジカルモーションの知覚処理は脳内において，顔情報処理と同様に比較的早く処理されているようである．一連の研究では，バイオロジカルモーションを観察した後の 300〜500 ミリ秒内に二つの事象関連電位成分が報告されている（Hirai *et al.*, 2003; Hirai *et al.*, 2005; Jokisch *et al.*, 2005;

Krakowski *et al.*, 2011）．さらに近年の MEG（magnetoencephalography: 脳磁図）
／fMRI（functional magnetic resonance imaging: 機能的磁気共鳴画像）を用いた
研究は，光点の動きから形成される形態情報は提示後 300 ミリ秒以降に，光点
の局所的な情報は提示後 100 ミリ秒程度で処理される可能性があることを示唆
している（Chang *et al.*, 2021）．

顔とバイオロジカルモーション知覚発達の神経基盤

　これらの顔，視線，他者の身体動作といった他者の表層に顕在化する社会的
シグナルへの定位は，視覚経験がほぼないと考えられる生後間もない乳児でも
見られる（胎児期における顔への選好の可能性については Reid *et al.*, 2017）．たとえ
ば，新生児でも顔のパーツの配置をランダムにした画像よりも，顔の画像をよ
く注視・追従する（Fantz, 1961; Goren *et al.*, 1975; Johnson *et al.*, 1991）．顔画像
に対する乳児の事象関連電位研究では，顔画像提示後約 300 ミリ秒後に見られ
る陰性成分（N290）とそれに続く陽性成分（P400）が報告されている（de Haan
et al., 2002）．その後，学童期にかけて，顔に選択的な成分（N170 成分）の潜時
が発達に伴い早くなり，かつ波形の形状が変化し成人のそれに近づくようにな
る（Itier & Taylor, 2004; Taylor *et al.*, 2004）．また，顔に選択的に反応する FFA
も同様にゆるやかな発達過程をたどる可能性がある（Scherf *et al.*, 2007）．視線
についても，新生児ではアイコンタクトへの選好が見られ，視線方向によって
顔画像提示時に見られる N290，P400 成分の変調が新生児ですでに報告されて
いる（Farroni *et al.*, 2002）．特に，目の領域における強膜と瞳孔のコントラス
トが新生児の選好を促す（Farroni *et al.*, 2005）．

　バイオロジカルモーションについても顔や視線と同様に，生後十数時間の新
生児においても，ランダムに動く光点や倒立のニワトリのバイオロジカルモー
ションよりも正立のニワトリのバイオロジカルモーションを選好することが報
告されている（Simion *et al.*, 2008）．さらに，生後 6〜8 カ月で，ヒトの歩行運
動のバイオロジカルモーションと光点の空間配置を統制した映像との間に脳活
動の違いが確認されている（Hirai & Hiraki, 2005; Reid *et al.*, 2006; Hirai & Haku-
no, in press; Lisboa *et al.*, 2020）．また，学童期においてもバイオロジカルモー
ションに関連した二つの成分は変化し，顔知覚処理と同様に 11 歳頃まで変化

し続けることが示されている（Hirai *et al.*, 2009）．一方，静止した身体画像に関する新生児の選好を調べた研究は報告がないものの，生後 3 カ月にはすでに，静止した顔画像と同様に身体静止画像で二つの脳波成分が計測されると報告されている（Gliga & Dehaene-Lambertz, 2005）．身体画像の知覚発達は顔や身体動作の知覚発達と比較して，遅い可能性がある（Slaughter *et al.*, 2002）．

顔とバイオロジカルモーション知覚の発達モデル

このような顔認知発達過程を説明する理論として，ジョン・モートンとマーク・ジョンソンらの 2 過程理論がある（Johnson *et al.*, 2015; Morton & Johnson, 1991）．この理論ではコンスペック（CONSPEC）と呼ばれる皮質下の学習によらない顔への定位を促すシステムと，コンラーン（CONLEARN）と呼ばれる顔の学習に関する二つのシステムが存在し，生後初期に顔らしい刺激への定位反応を促し，皮質上の顔学習を誘導するとしている．他者の動き，特にバイオロジカルモーションの知覚発達過程に関しても，Hirai & Senju（2020）はこのような顔知覚処理の発達モデルを拡張し，ヒト歩行のバイオロジカルモーションの知覚発達処理モデルを構築した．先に述べたバイオロジカルモーション知覚処理に見られる二つの倒立効果で示されたように，ヒトの足の動きがバイオロジカルモーション知覚処理において重要な役割を果たしていると考えられる．つまり，Simion *et al.*（2008）が報告したように，足の動きがヒト新生児の定位反応を促し，これによりヒトの動きに関する情報入力が増加し，大脳皮質上にバイオロジカルモーション（他者の動き）に選択的な領域が形成されるのではないかと想定している．具体的には，歩行検出器（step detector: SD）と呼ばれる，種によらない，正立の足の動きの検出に特化した，学習の影響を受けない皮質下に存在するシステムが，足の動きに基づいてエージェントを検出する．それにより身体行為評価器（bodily action evaluator: BAE）と呼ばれる，同種であるヒトに固有の，より高次の行為を処理し，学習の影響を受ける皮質上に存在するシステムが，対象の詳細な行為を処理することを想定している．一方，最新の乳幼児を対象とした fMRI の研究では，これまで皮質上に特定のカテゴリに選択的に反応する部位がまだ十分に形成されていないと思われていた 2～9 カ月児の FFA，海馬傍回場所領域（parahippocampal place area: PPA），

EBA 領域の活動が報告されており（Kosakowski *et al.*, 2021），発達初期における皮質処理の可能性を組み込んだ発達モデルについて再考が必要となるかもしれない．

社会的手がかりによる学習とその神経基盤

他者から発せられるセンシング可能な社会的手がかりを利用して，乳児は他者から知識を習得している．自然教育学（natural pedagogy）とは，ヒトのコミュニケーションは，個体間において知識の伝達ができるように適応化したことを示す理論である（Csibra & Gergely, 2009）．たとえば知識を教示する養育者は自らが情報の伝達役であることを示す信号（顕示的手がかり）を無意識的に発し，情報の受け手である乳児もそのような信号に感受性があるとされている．さらに，乳児は養育者（他者）の顕示的手がかりが伴う行為を乳児自身に情報を伝える意図を持った行為と解釈し，養育者（他者）からの情報を学習するとされている．実際，アイコンタクトや乳児向けの発話といった顕示的信号は，乳児の視線追従を促進させる（Senju & Csibra, 2008）だけでなく，物体の学習を促進することが報告されている（Okumura *et al.*, 2013）．

顔や視線はもちろん，われわれが実世界の中に身体を持った存在として他者とコミュニケーションする以上，身体動作も社会的コミュニケーション場面（Krishnan-Barman *et al.*, 2017）や学習場面においては重要であるように思われる．たとえば，モーショニーズと呼ばれる，養育者が乳児に対して示す繰り返しの誇張された動きも，乳児の選好を促す（Brand *et al.*, 2002; Brand & Shallcross, 2008; Koterba & Iverson, 2009）．母子間相互作用などのコミュニケーション場面におけるジェスチャーの重要性は言うまでもないが，身体動作のどのような側面が乳児の選好と学習を促すかについては，十分に明らかにされていない．Hirai & Kanakogi（2019）は，乳児への働きかけの動きに着目した．研究では，乳児に働きかける横方向に手を振る動作と，コントロール条件として縦方向に手を振る動作を4カ月児に提示した結果，4カ月児は横方向に手を振る動作を有意に選好した．さらに，9〜10カ月児を対象とした研究では，横振りの手の動きを見せて玩具を指差した場合，コントロール条件の縦振りの手の動きを見せて玩具を指差した場合よりも，物体学習が促進される可能性を示した．

これは手の動きの方向が顕示的な信号となる可能性を示している.

さらに，Hirai *et al.*（2022a）は手の動き動作の効率性に着目した実験を行った．この研究では，乳児に向けて玩具を差し出し，その手の動きが効率／非効率的な動きかどうか，また乳児に向けられた動作かどうかの二つの要因を操作した．結果，4 カ月児を対象とした実験の結果，乳児に玩具を差し出す時，「自分に向けられた」「非効率な（無駄な動きを伴う）動作」が乳児の注意を引きつけることが示され，10 カ月児ではその玩具の記憶を促進する効果があることを示した．この研究結果は，他者の動きが非効率な場合，かつその動作が乳児に向けられた場合，乳児の選好と手に保持した物体学習を促進することを示している．これらより，乳児は他者との相互作用において利用できる他者からの様々な手がかりを巧みに利用しながら学習する可能性がある.

近年，物理的な知識の学習には，コア知識と呼ばれる物体，行為，数，空間といった認知の基盤となる知識（Spelke & Kinzler, 2007）のうち，物理的知識に合致しない事象を観察した場合，注視行動や探索行動を促すことが報告されている．たとえば，Stahl & Feigenson（2015）は，物理的に不可能な事象（硬い壁を玩具の車がすり抜ける）を乳児が観察した際に，事象への注視行動が増加し，かつ探索行動が増加することを示している．さらに，このような探索行動には 11 カ月児における予期せぬ事象への注視時間が後の好奇心と関連する（Perez & Feigenson, 2021）．Koster *et al.*（2021）の研究では，予測と反する物理的事象の動画を 9 カ月児が観察した場合には，新規かつ予期しない情報の処理を反映する，4〜5Hz 帯域のシータ波が増強することを報告している．また，他者からの学習に関する研究においても同様にシータ波の関与が報告されている（Begus *et al.*, 2016）．乳児の学習メカニズムには他にも統計学習（Saffran *et al.*, 1996）など，複数の学習メカニズムがこれまで報告されている．もちろん複数の学習方略を状況に応じて柔軟に使い分けている可能性が考えられるが，乳児がどのような方略で乳児を取り囲む世界について学習するのか，また，物理的な知識の学習は他者からの学習とどのようにメカニズムが異なるのかについては，今後のさらなる検討が必要である.

4 他者の心的な情報の処理

他者の視点の理解の神経基盤

　社会的認知に関する脳の情報処理はもちろん，他者の表面に顕在化したセンシング可能な情報，たとえば前節までに取り上げた顔や他者身体，身体の動きに限定されたものではなく，相手がどのように世界を見ているのかといった，直接的にはセンシングできない相手の内的状態を推定する際にも関与する．たとえば，相手の立場に立ってものごと（相手の視点）を理解する能力である．他者視点取得と呼ばれる能力（Piaget & Inhelder, 1956）には二つの水準があるとされ，水準１の他者視点取得では相手が景色を見えるかどうか，水準２の他者視点取得では相手が対象をどのように見るか，と定義されている（Flavell, 1977）．他者視点取得に関連した脳部位として，水準１の他者視点取得課題では主として左楔前部が，水準２の他者視点取得課題では，主として左側頭頭頂接合部（temporoparietal junction: TPJ）領域が活動する（Schurz *et al.*, 2013）．さらに，他者視点取得課題と誤信念課題（次節で説明）遂行時には共通して両側楔前部，左 TPJ，さらには左 EBA の活動が指摘されている．この TPJ は電気的に刺激すると，自分自身が自己の身体から離れたような感覚に陥る，いわゆる体外離脱感覚を引き起こすことが報告されている（Blanke & Arzy, 2005）．これは，他者の視点を理解しようとする際には，自分自身の身体を「操作」して，相手の位置に自分自身を心的に空間移動することで，相手の視点を理解しようとしていると解釈できるかもしれない（Kessler & Thomson, 2010）．

他者視点取得の発達変化

　他者視点取得能力の発達は，水準により異なる過程をたどる．相手が見えているか見えていないかを理解する水準１の他者視点取得は，１歳前後までにある程度可能となるようである（Brooks & Meltzoff, 2002; Ikeda *et al.*, 2022; Sodian *et al.*, 2007）．たとえば，他者が目隠しすることによってモデルの視界の状態を操作した場合に乳児がその視線を追うかどうかを調べた研究では，14 カ月児は他者の「見え」に関する理解が可能であることが示されている（Brooks &

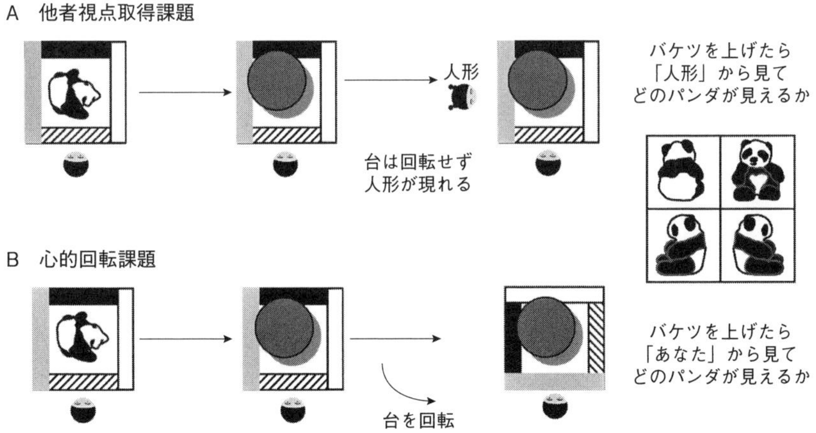

A 他者視点取得課題

人形

バケツを上げたら
「人形」から見て
どのパンダが見えるか

台は回転せず
人形が現れる

B 心的回転課題

台を回転

バケツを上げたら
「あなた」から見て
どのパンダが見えるか

図 4-2　他者視点取得課題（A）と心的回転課題（B）

Meltzoff, 2002）．また，エージェントがある玩具に手を伸ばす映像を何回か見せた後で，異なる玩具に手を伸ばす映像を見せた場合，14 カ月児の注視時間は長くなるものの，先に手を伸ばした玩具が衝立の前に置かれ，エージェントからは見えない状況では，新規の玩具に手を伸ばしても注視時間が変わらないことが報告されている．つまり，先ほどまで手を伸ばしていた玩具はエージェントからは見えないということを理解し，エージェントからは見えないからこそ新しい玩具へ手を伸ばしたことを乳児が理解していることの傍証である（Sodian *et al.*, 2007）．さらに，12 カ月児では玩具の後ろにある衝立がエージェントの視界を遮る状況で，エージェントがその衝立に隠された玩具を見る場合にはエージェントの視線を追従しにくいのに対し，7 カ月児では衝立に隠された玩具のほうをむしろ視線追従する（Ikeda *et al.*, 2022）．一方，脳波計測による実験では，8 カ月児において物体の表象の維持に関連するガンマ帯域の活動が他者の「見え」によって変調することを報告（Kampis *et al.*, 2015）しており，評価する指標や実験デザインによる違いが見られるものの，1 歳前後において水準 1 の視点取得の計算が可能となりそうである．

　一方，水準 2 の他者視点取得課題（図 4-2A）成績は心的回転課題（図 4-2B）成績と比較して低く，10 歳頃にようやく心的回転課題成績と同程度となることが報告されている（Hirai *et al.*, 2020）．また，他者視点取得課題では，心的

105

回転課題とは異なり，自己視点の回答が多かったが，それは発達に伴い減少した．さらに，児童に他者の視点を回答させる代わりに，明示的に自己身体を空間内で移動想起させた場合の見えを回答するように指示した場合には，他者視点取得課題よりも正答率が高かった．すなわち，明示的に自己身体を利用して視点計算をさせた場合には課題成績が向上した．さらに定型発達児を対象に，水準2の他者視点取得課題（図4-2A）を遂行中の脳活動を計測したところ（Hirai *et al.*, 2022b），11歳以下のグループにおいて，他者視点取得課題は心的回転課題と比較してTPJの活動が増加することを見出している．TPJは学童期に徐々に心の理論に選択的に活動することが報告されており（Gweon *et al.*, 2012），水準2の他者視点取得に関しても同じような発達過程をたどるかもしれない．

5 社会性のスペクトラムからヒトの社会性をとらえ直す

　顔，視線，身体，身体動作といった他者の表層に顕在化したセンシング可能な情報だけでなく，他者の表層には顕在化しない他者の信念や視点など，他者の心的状態を解読する機構が脳の特定の領域に存在することをこれまで示してきた．もちろん，このような社会的情報処理には当然のことながら個人差があり，また，特定の集団によってもその処理特性は異なる．特に，ヒトの社会性をスペクトラムとしてとらえた場合，社会的特性が異なる位置にあるとされる自閉スペクトラム症（autism spectrum disorder: ASD）とウィリアムズ症候群（Williams syndrome: WS）では，どのようにこれらの社会的認知特性が異なるのであろうか．

自閉スペクトラム症（ASD）における社会的知覚特性

　ASDとは，社会的コミュニケーションに困難を抱え，限定的な行動・興味反復的行動が見られる発達障害である（American Psychiatric Association, 2013; Lord *et al.*, 2018）．2021年のアメリカ疾病対策予防センター（Centers for Disease Control and Prevention: CDC）集計によれば，2018年にはおよそ44人に1人とされている（https://www.cdc.gov/ncbddd/autism/data.html）．ASDは特定

の一部の遺伝子に起因するよりは（Happe *et al.*, 2006），多数の遺伝子の相互作用により生じ，脳機能の特性に由来すると考えられている．ASD は社会的コミュニケーションの困難さが一つの診断基準として示されている通り，ASD 児者における他者の情報への定位反応の弱さ，他者に関する情報処理特性が定型発達児者と異なることがこれまで報告されている．たとえば，ASD 児では定型発達児と比較してターゲットとは無関係な顔へ注意が引きつけられにくいこと（Riby *et al.*, 2011a），また，定型発達児では他者の顔に対する注意がモノへの注意よりもより強く維持されるのに対し，ASD 児では両者に同程度の注意の維持効果を示し，定型発達児で見られるような顔への注意の選択性が見られない（Kikuchi *et al.*, 2011）ことが報告されている．顔認知に関して，顔倒立効果は ASD 児者においても見られるものの，顔弁別よりも顔の記憶において困難を伴うこと（Weigelt *et al.*, 2012; Weigelt *et al.*, 2013）が報告されている．実際，ASD 児者を対象に顔弁別課題時に注視行動と FFA と扁桃体の活動を調べた研究では，目の領域への注視行動と FFA の活動には正の関連があることから（Dalton *et al.*, 2005），ASD 児者における FFA の活動低下は注視パターンの違いによる可能性がある．このような認知の困難さは，顔だけでなく身体の弁別や記憶についても報告されている（Weigelt *et al.*, 2013）ことから，顔特異的というよりは社会的刺激における非定型処理の可能性がある．顔と同様に，バイオロジカルモーションへの選好が見られないこと（Klin *et al.*, 2009），もしくは選好の弱さが報告されている（Mason *et al.*, 2021）．バイオロジカルモーションによる行為の同定の困難さ（Blake *et al.*, 2003）やバイオロジカルモーション検出に関連した脳活動の非定型さ（Hirai *et al.*, 2014）も報告されている．

ASD における社会的認知特性

　ASD 児者における社会的認知特性の一つとして，他者の心的状態の推定に困難を抱えることが挙げられる．端緒となったのはサイモン・バロン＝コーエンらによる，誤信念課題成績が，ダウン症候群児・定型発達児と比較し ASD 児者で正答率が低いと報告した研究（Baron-Cohen *et al.*, 1985）である．誤信念課題とは，人形 A が現れて，箱に玩具を入れた後，場面から消え，その後，別の人形 B が現れて玩具をカゴに移動させ，場面から消え，先に去った人形

Aが戻ってきた際にどちらに玩具を探しにいくかを問う課題である．つまり，もし人形Aが誤った信念（玩具が別の人形Bによって移動されたことを知らず，人形Aが玩具を入れた箱に玩具があるという，現実の状況とは異なる信念）を持つことを理解していれば，現在の玩具のありかであるカゴではなく，その人形Aが玩具を入れた箱と回答するはずである．カゴと箱が逆の場合も同様である．このような誤信念課題は，定型発達児では5歳までに9割程度通過するが，ASD児では約9割通過するのは12歳半頃である（Happe, 1995）．ただし，視線を指標として開発された誤信念課題では，他者の行為の予測は可能であっても，他者の誤信念を利用した他者の行動予測については不得手であることが報告されている（Senju et al., 2009）．

　水準2の他者視点取得についても，ASD児は定型発達児より不得手である可能性がある（Hamilton et al., 2009）．たとえば，前述の水準2の他者視点取得課題（図4-2A）と心的回転課題（図4-2B）では，ASD児は，心的回転課題の成績は定型発達児と同等であるものの，他者視点取得課題は定型発達児と比較して不得手であった．さらに，他者視点取得課題成績と心の理論課題の成績が相関することが示された．これはこれまでの知見（誤信念課題の不得手さ）と整合しているように思われるが，このようなASD児者における他者視点取得の不得手さは，彼ら・彼女らの感覚特性に起因する可能性があるのかもしれない．

　たとえば，ASD児者では運動学習において，外部座標系よりも自己身体座標系での学習を汎化しやすいことが報告されている（Haswell et al., 2009）．つまり，このような自己受容感覚への重みづけの高さが，ASD児者で報告されている水準2の他者視点取得の困難さへと関連する（自己身体を空間内に移動し，他者の位置に自分自身を移動することを想像することの困難さに起因）可能性はないだろうか（Pearson et al., 2013）．実際，定型発達児を対象とした研究でも，他者視点取得における自己身体の移動想起は課題成績を向上させる（Hirai et al., 2020）．この可能性を検討するため，Hirai et al.（2021）は第三者の視点をフィードバックした上でリーチング課題を実施した際，定型発達児は第三者視点映像（視覚情報）に影響を受けたが，ASD児においては第三者視点の映像には影響を受けず，自身の自己受容感覚情報に基づき正確にターゲットへリーチングすることができた．また，ラバーハンド錯覚と呼ばれる，偽物の手と自分の手

に同時に触覚刺激が与えられることにより，偽者の手があたかも自分の手のように錯覚される現象（Botvinick & Cohen, 1998）が，ASD 児者では生じにくい（Schauder *et al.*, 2015）ことからも，ASD 児者では視覚情報よりも自己受容感覚情報への重みづけが高い可能性が考えられる．特に，ASD では特異な感覚特性（感覚過敏・感覚鈍麻）が報告されており，このような感覚特性の非定型さがどのように非定型な社会的認知特性と関連するかについては，今後の詳細な検討が必要であるように思われる．

ウィリアムズ症候群（WS）における社会的知覚特性

　ウィリアムズ症候群（WS）とは，7 番染色体のうち 25〜27 遺伝子の欠失により生じる遺伝疾患である．発症頻度は 7500 人に 1 人とされ，特徴的な認知特性を有するとされている（Kozel *et al.*, 2021）．特に，対人特性に関して，見知らぬ他人にも臆することなく話しかけたり接近したりすることが報告され，「過度な社会性（hypersociability）」を有すると指摘されている（Jones *et al.*, 2000）．

　過度な社会性を特徴づける特性の一つとして，WS における顔への定位反応，認識能力の非定型さが報告されている．Hirai らはアイトラッカー装置を用いて，WS 児者を対象とし，ターゲット画像とは無関係な顔画像にどれだけ視覚的注意を引きつけられるかを検討した（Hirai *et al.*, 2016a; Hirai *et al.*, 2016b）．課題遂行中の注視行動を調べた結果，WS 児者ではターゲットに無関係な顔画像への注視が定型発達児者よりも長くなることが明らかとなった．しかしながら，課題の開始直後には，定型発達児者と比べて顔画像へ注視が有意に多く向くわけではないことから，ターゲットを探索している途中に顔画像を検出した際に，そこから注意を解放することが WS では難しく，結果として顔への注視時間が長くなったと考えられる．実際，WS における顔から注意を解放することの困難さが報告されている（Riby *et al.*, 2011b）．さらに，顔認識は，定型発達児よりも遅れは見られるものの，定型の範囲となることが報告されている（Karmiloff-Smith *et al.*, 2004）．このような顔への強い興味関心は，FFA の活動や容積をも変容させる可能性が示されている．たとえば，Golarai *et al.*（2010）の研究では，WS 者の FFA の活動領域は定型発達者のおよそ 2 倍程度である

ことが示されている.

　WS者が見知らぬ他者へも接近する原因の一つとして, 他者への恐れが極端に低い可能性が考えられる. たとえばWS者における扁桃体の活動が, 社会的な恐怖の刺激と非社会的な恐怖の刺激を観察した場合で異なることが報告されている. Meyer-Lindenberg *et al.*（2005）は, WS者に脅威の顔と脅威の風景写真を提示した場合, 統制群では, 扁桃体の活動が脅威の風景写真を観察した場合よりも脅威の顔を観察した場合に増加するのに対し, WS者群では扁桃体の活動が脅威の顔よりも脅威の風景写真を観察した場合に増加したことを見出した. さらに, 扁桃体と前頭部の活動の関係を解析した結果, 統制群では眼窩前頭皮質の活動は扁桃体の活動を抑制することが見出されたが, WS者群では眼窩前頭皮質の活動と扁桃体の活動にはそのような関係が見られなかった. さらに扁桃体の容積もWS者群では定型発達者群よりも大きく, かつそれが接近性とも関係することが報告されている（Martens *et al.*, 2009）. 特に, 扁桃体はパーソナルスペースの制御にも関係することが扁桃体損傷患者の知見からも示唆されている（Kennedy *et al.*, 2009）. 近年の研究では, パーソナルスペースの制御には眼窩前頭皮質の関与が指摘されており（Perry *et al.*, 2016）, WS者の眼窩前頭皮質の神経活動パターンが定型発達者と異なることが報告されている（Mimura *et al.*, 2010）.

　一方, このような過度な社会性は, 抑制機能の非定型さによるものではないかとの指摘もある. 実際, 抑制機能の非定型さについては抑制課題における下前頭回の活動によっても示唆される（Mobbs *et al.*, 2007）. 頻度の高いボタンを押す手がかり刺激と頻度の低いボタンを押さない手がかり刺激が提示された場合, ボタンを押さない手がかり刺激が出た時にどれだけボタン押しを我慢できるかについて調べる課題である. 結果, WS児者群ではボタン押し速度は統制群と違いはなかったものの, 正答率は低かった. さらに, WS児者群では統制群と比べ, 線条体, 背外側前頭前野, 背側前帯状皮質の活動が有意に低下していることが示された. これは行動抑制に関連する皮質・皮質下領域がWS児者では十分機能していないことが示唆される. このように, 社会行動を司る, 特に扁桃体を含む皮質下―皮質上のネットワークならびに抑制機能の非定型さが, 過度な社会性を生み出している可能性がある.

WS における社会的認知特性

前項で述べた WS に見られる他者への強い関心とは裏腹に，他者の心的状態や視点の推測には困難が伴うことが報告されている．たとえば，WS 児者を対象とした前述の水準 2 の他者視点取得課題よりも，心的回転課題成績のほうが課題成績が高い（Hirai *et al*., 2013）．さらに，WS 児者における心的回転課題成績は言語年齢と正の相関を示すのに対し，他者視点取得課題では言語年齢との有意な相関は見られなかった．このように，他者視点取得の困難さは自己身体の位置を空間的に移動するシミュレーションの困難さと関連することが示唆された．

誤信念課題については，当初の研究では WS 児者は課題に通過するとの報告がなされていたものの（Karmiloff-Smith *et al*., 1995），その後の研究では，誤信念課題に通過する WS 児者が有意に少ない（Tager-Flusberg & Sullivan, 2000）こと，言語によらない誤信念課題を用いた場合（Porter *et al*., 2008）でも一部の WS 児者で課題を通過しない不均質性が報告されている．このような不均質性は他者視点取得課題でも見られ（Hirai *et al*., 2013），特に，誤信念課題を通過した WS 児者は，他者視点取得課題成績が誤信念課題を通過しなかったWS 児者と比較して高い．このような不均質性は，WS 児者における他者への接近行動にも見られる．たとえば，他者への接近欲求が抑制機能に原因があるグループとそうでないグループに分かれることが報告されており（Little *et al*., 2013），WS 児者内での認知特性に関する不均質性に着目した検討が今後必要である．

これまで，WS は過度な社会性を有すると特徴づけられていたが，社会性を構成する要素の中での凸凹，たとえば顔への強い興味，見知らぬ他者への不安の低さや情動的共感の高さが見られる一方（Jones *et al*., 2000），他者視点取得，誤信念課題などのいわゆる認知的共感の困難さといった，社会性を構成する認知要素の中においても凸凹を有することが示唆され，必ずしも社会性を構成するすべての側面において「過度な社会性」を有しているわけではないと考えられる．今後の研究では，個人内の不均質性に着目した詳細な検討と，個人差を担う脳機能の解明が必要であると考えられる．

6 特定の集団の比較から見えてくるヒト社会性の輪郭

これまでの多くの研究は ASD と WS を個別に対象とし，その社会的認知特性を明らかにしてきた．一方，アネット・カルミロフ-スミスらによる先駆的な cross-syndrome 研究は，複数の症候群を対象に同一課題を実施し，症候群に固有の認知特性，症候群間の関連性を解明する手法である（例：Brown *et al.*, 2003）．この手法によりこれまで顔認知（Annaz *et al.*, 2009），注意（Scerif *et al.*, 2004）など様々な認知領域で，症候群間の差異が明らかにされるものの，社会的認知領域においては今なお十分な知見が蓄積されていない．特に，社会的認知特性が異なる ASD と WS を直接比較し，その発達軌跡を丹念に追跡することにより，ヒトの有する社会的認知発達の特性を明らかにすることが期待される．

両者が社会的認知特性のどのような側面で類似し，異なるのかを明らかにするため，筆者らは ASD 児者と WS 児者の養育者を対象に，対人応答特性尺度（Social Responsiveness Scale Second Edition: SRS-2）を実施することにより，両者の類似点と相違点を検討した（Hirai *et al.*, in press）．SRS-2 は 65 項目からなる質問紙であり，社会的動機づけなどの下位尺度から構成される．4〜55 歳の WS・ASD 児者の養育者を対象とした研究では，社会的動機づけと社会的コミュニケーション項目で ASD は WS と比較して重症度が高い一方，常同行動，社会的気づき，社会的認知に関しては ASD と WS の間で有意差が認められなかった．また，発達変化を追跡すると，総合スコアは年齢とともに重症度が減少傾向にあるものの，WS と ASD で異なる重症度の減少傾向が見られた．すなわち，過度な社会性を有すると考えられてきた WS では，たしかに社会的動機づけの項目は定型であると分類される割合が ASD よりも高いものの，他の社会的認知や社会的気づき項目では両者の有意な違いが認められなかった．これらの結果は，英国で実施された研究（Glod *et al.*, 2020）と社会的気づきの項目を除いてほぼ一致する結果であり，これまで過度な社会性を有すると表現されていた WS の社会的認知特性を詳細に検討する必要性を示している．

このような養育者への質問紙以外の研究では，アイトラッカーを用いた自発

的な注視行動を定量的に調べ，両者の社会的注意の違いを定量評価する試みが行われてきた．たとえば，人物を含んだ写真を提示した際の自発的な注視行動をアイトラッカーで調べた研究では，WS 児者では写真の中の人物の顔をよく注視する一方，ASD 児者では写真の中の顔を注視しにくい傾向があることを報告している（Riby & Hancock, 2008）．また，写真に人物と複数の物体が提示され，その人物が見ている先の物体へ自発的に注意を移動できるかを調べた研究では，WS 児者では人物が見ている先の物体へ注意を移動できたものの，定型発達児者よりも人物の顔や目をより長く注視する一方，ASD 児者では中の人物が見た先の物体へ注意を移動することが少なかった（Riby et al., 2013）.

　現時点において十分明らかではないものの，たしかに WS と ASD では社会的知覚・認知特性として異なる側面があるが，前述の対人応答特性尺度の研究などで示される通り，社会的認知特性が両者において類似している部分が見られる（Asada & Itakura, 2012）．さらに，このような社会的認知特性に加え，ASD で見られる感覚特性，常同行動が WS においても同様に見られることが報告されている．このような両者に共通する感覚特性が両者の社会的認知特性とどのように関連するのかについても，明らかにすることが必要に思われる.

　このような cross-syndrome アプローチは，ヒトの社会性の広がりと多様性を理解する上で有効な一つの手法であるように思われる．もちろん，社会性やその評定は社会的な環境要因により変化する可能性がある（例：Rogler, 1993）.実際，多国間の ASD 児者（Matson et al., 2017）や WS 児者（Zitzer-Comfort et al., 2007）を対象とした社会性評定に関する比較文化研究，日英 ASD 児の顔認知特性の比較研究（Hanley et al., 2020）などにより，社会的環境（文化）による評定や課題成績への影響が報告されている．しかしながら，これらの研究はASD 児者あるいは WS 児者を対象とした研究に限定されている．両者の社会的認知特性が異なる社会的環境でどのように変化するかについて比較するcross-syndrome, cross-cultural 研究によるアプローチが今後必要となるであろう.

7　おわりに

ヒトの脳内には，他者の表層に顕在化するセンシング可能な社会的情報を選択的にかつ高速で処理する仕組みが実装されている．また，ヒトの脳には生後初期からそれらに定位反応を生じる仕組みがあり，このような他者から発せられる手がかりを巧みに利用することで，われわれをとりまく社会に関する知識を他者から効率よく身につけるメカニズムを備えている．さらに，他者の表層に顕在化する社会的情報だけでなく，他者の表層に顕在化しない心的状態（視点理解）について推測する仕組みが脳に実装されている．このようなヒトの社会性を明らかにする一つのアプローチとして，ヒトの社会性分布の異なる位置にある集団における社会的認知特性を直接（cross-syndrome）比較することにより，その輪郭を明らかにすることが期待される．

引用文献

Allison, T., Puce, A., & McCarthy, G. (2000). Social perception from visual cues: Role of the STS region. *Trends in Cognitive Sciences, 4(7)*, 267–278.

American Psychiatric Association (2013). *Diagnostic and statistical manual of mental disorders: DSM–5*. DSM–5 Task Force. American Psychiatric Publishing.

Annaz, D., *et al.* (2009). A cross-syndrome study of the development of holistic face recognition in children with autism, Down syndrome, and Williams syndrome. *Journal Experimental Child Psychology, 102(4)*, 456–486.

Asada, K., & Itakura, S. (2012). Social phenotypes of autism spectrum disorders and Williams syndrome: Similarities and differences. *Frontiers in Psychology, 3*, 247.

Baron-Cohen, S., Leslie, A. M., & Frith. U. (1985). Does the autistic child have a "theory of mind"? *Cognition, 21(1)*, 37–46.

Begus, K., Gliga, T., & Southgate, V. (2016). Infants' preferences for native speakers are associated with an expectation of information. *Proceedings of the National Academy of Sciences of the United States of America, 113(44)*, 12397–12402.

Bentin, S., *et al.* (1996). Electrophysiological Studies of Face Perception in Humans. *Journal of Cognitive Neuroscience, 8(6)*. 551–565.

Bernstein, M., & Yovel, G. (2015). Two neural pathways of face processing: A critical evaluation of current models. *Neuroscience Biobehavoral Reviews, 55*, 536–546.

Blake, R., *et al.* (2003). Visual recognition of biological motion is impaired in children with autism. *Psychological Science, 14(2)*, 151–157.

Blanke, O., & Arzy, S. (2005). The out-of-body experience: Disturbed self-processing at the temporo-parietal junction. *Neuroscientist, 11(1)*, 16–24.

Bonda, E., *et al.* (1996). Specific involvement of human parietal systems and the amygdala in the perception of biological motion. *The Journal Neuroscience, 16(11)*, 3737–3744.

Botvinick, M., & Cohen, J. (1998). Rubber hands 'feel' touch that eyes see. *Nature, 391*, 756.

Brand, R. J., Baldwin, D. A., & Ashburn, A. L. (2002). Evidence for 'motionese': Modifications in mothers' infant-directed action. *Developmental Science, 5(1)*, 72–83.

Brand, R. J., & Shallcross, W. L. (2008). Infants prefer motionese to adult-directed action. *Developmental Science, 11(6)*, 853–861.

Brooks, R., & Meltzoff, A. N. (2002). The importance of eyes: How infants interpret adult looking behavior. *Developmental Psychology, 38(6)*, 958–966.

Brothers, L. (1990). The social brain: A project for integrating primate behavior and neuropsychology in a new domain. *Concepts in Neuroscience, 1*, 27–61.

Brown, J. H., *et al.* (2003). Spatial representation and attention in toddlers with Williams syndrome and Down syndrome. *Neuropsychologia, 41(8)*, 1037–1046.

Chang, D. H. F., *et al.* (2021). Spatiotemporal dynamics of responses to biological motion in the human brain. *Cortex, 136*, 124–139.

Csibra, G., & Gergely, G. (2009). Natural pedagogy. *Trends of Cognitive Sciences, 13 (4)*, 148–153.

Dalton, K. M., *et al.* (2005). Gaze fixation and the neural circuitry of face processing in autism. *Nature Neuroscience, 8(4)*, 519–526.

Dittrich, W. H. (1993). Action categories and the perception of biological motion. *Perception, 22(1)*, 15–22.

Dittrich, W. H., *et al.* (1996). Perception of emotion from dynamic point-light displays represented in dance. *Perception, 25(6)*, 727–738.

Downing, P. E., *et al.* (2001). A cortical area selective for visual processing of the human body. *Science, 293(5539)*, 2470–2473.

Downing, P. E., & Peelen, M. V. (2011). The role of occipitotemporal body-selective regions in person perception. *Cognitive Neuroscience, 2(3–4)*, 186–203.

Dunbar, R. I. (1998). The social brain hypothesis. *Evolutionary Anthropology, 6(5)*, 178–190.

Dunbar, R. I., & Shultz, S. (2007). Evolution in the social brain. *Science, 317*, 1344–1347.

Fantz, R. L. (1961). The origin of form perception. *Scientific American, 204(5)*, 66–72.

Farroni, T., *et al.* (2002). Eye contact detection in humans from birth. *Proceedings of the National Academy Sciences of the United States of America, 99(14)*, 9602–9605.

Farroni, T., *et al.* (2005). Newborns' preference for face-relevant stimuli: Effects of contrast polarity. *Proceedings of the National Academy Sciences of the United States of America, 102(47)*, 17245–17250.

Flavell, J. H. (1977). The development of knowledge about visual perception. *Nebraska*

Symposium on Motivation, 25, 43–76.

Gliga, T., & Dehaene-Lambertz, G. (2005). Structural encoding of body and face in human infants and adults. *Journal of Cognitive Neuroscience, 17(8)*, 1328–1340.

Glod, M., Riby, D. M., & Rodgers, J. (2020). Sensory processing profiles and autistic symptoms as predictive factors in autism spectrum disorder and Williams syndrome. *Journal of Intellectual Disability Research, 64(8)*, 657–665.

Golarai, G., et al. (2010). The fusiform face area is enlarged in Williams syndrome. *Journal of Neuroscience, 30(19)*, 6700–6712.

Goren, C. C., Sarty, M., & Wu, P. Y. (1975). Visual following and pattern discrimination of face-like stimuli by newborn infants. *Pediatrics, 56(4)*, 544–549.

Grossman, E. D., & R. Blake (2002). Brain areas active during visual perception of biological motion. *Neuron, 35 (6)*, 1167–1175.

Gweon, H., et al. (2012). Theory of mind performance in children correlates with functional specialization of a brain region for thinking about thoughts. *Child Development, 83(6)*, 1853–1868.

de Haan, M., Pascalis, O., & Johnson, M. H. (2002). Specialization of neural mechanisms underlying face recognition in human infants. *Journal of Cognitive Neuroscience, 14(2)*, 199–209.

Hamilton, A. F., Brindley, R., & Frith, U. (2009). Visual perspective taking impairment in children with autistic spectrum disorder. *Cognition, 113(1)*, 37–44.

Hanley, M., et al. (2020). Does culture shape face perception in autism? Cross-cultural evidence of the own-race advantage from the UK and Japan. *Development Science, 23 (5)*, e12942.

Happe, F. (1995). The role of age and verbal ability in the theory of mind task performance of subjects with autism. *Child Development, 66(3)*, 843–855.

Happe, F., Ronald, A., & Plomin, R. (2006). Time to give up on a single explanation for autism. *Nature Neuroscience, 9(10)*, 1218–1220.

Haswell, C. C., et al. (2009). Representation of internal models of action in the autistic brain. *Nature Neuroscience, 12(8)*, 970–972.

Hirai, M., Fukushima, H., & Hiraki, K. (2003). An event-related potentials study of biological motion perception in humans. *Neuroscience Letters, 344(1)*, 41–44.

Hirai, M., & Hakuno, Y. (2022). Electrophysiological evidence of global structure-from-motion processing of biological motion in 6-month-old infants. *Neuropsychologia, 170*, 108229.

Hirai, M., & Hiraki, K. (2005). An event-related potentials study of biological motion perception in human infants. *Brain Research Cognitive Brain Research, 22(2)*, 301–304.

Hirai, M., & Kanakogi, Y. (2019). Communicative hand-waving gestures facilitate object learning in preverbal infants. *Developmental Science, 22(4)*, e12787.

Hirai, M., Kanakogi, Y., & Ikeda, A. (2022a). Observing inefficient action can induce infant preference and learning. *Developmental Science, 25(1)*, e13152.

Hirai, M., Muramatsu, Y., & Nakamura, M. (2020). Role of the embodied cognition process in perspective-taking ability during childhood. *Child Development, 91(1)*, 214–235.

Hirai, M., & Senju, A. (2020). The two-process theory of biological motion processing. *Neuroscience Biobehavoral Reviews, 111*, 114–124.

Hirai, M., Senju, A., Fukushima, H., & Hiraki, K. (2005). Active processing of biological motion perception: An ERP study. *Brain Research Cognitive Brain Research, 23(2–3)*, 387–396.

Hirai, M., *et al.* (2009). Developmental changes in point-light walker processing during childhood and adolescence: An event-related potential study. *Neuroscience, 161(1)*, 311–325.

Hirai, M., *et al.* (2011). Body configuration modulates the usage of local cues to direction in biological-motion perception. *Psychological Science, 22(12)*, 1543–1549.

Hirai, M., *et al.* (2013). Developmental changes in mental rotation ability and visual perspective-taking in children and adults with Williams syndrome. *Frontiers in Human Neuroscience, 7*, 856.

Hirai, M., *et al.* (2014). Differential electrophysiological responses to biological motion in children and adults with and without autism spectrum disorders. *Research in Autism Spectrum Disorders, 8(12)*, 1623–1634.

Hirai, M., *et al.* (2016a). Intact attentional orienting towards inverted faces revealed by both manual responses and eye-movement measurement in individuals with Williams syndrome. *Journal of Intellectual Disability Research, 60(10)*, 969–981.

Hirai, M., *et al.* (2016b). Typical visual search performance and atypical gaze behaviors in response to faces in Williams syndrome. *Journal of Neurodevelopmental Disorders, 8*, 38.

Hirai, M., *et al.* (2021). Greater reliance on proprioceptive information during a reaching task with perspective manipulation among children with autism spectrum disorders. *Scientific Reports, 11(1)*, 15974.

Hirai, M., *et al.* (2022b). Developmental changes of the neural mechanisms underlying level 2 visual perspective-taking: A functional near-infrared spectroscopy study. *Developmental Psychobiology, 64(1)*, e22229.

Hirai, M., *et al.* (in press). Comparison of the Social Responsiveness Scale-2 among Individuals with Autism Spectrum Disorder and Williams Syndrome in Japan.

Ikeda, A., Kanakogi, Y., & Hirai, M. (2022). Visual perspective-taking ability in 7- and 12-month-old infants. *PLoS One, 17(2)*, e0263653.

Itier, R. J., & Taylor, M. J. (2004). Face recognition memory and configural processing: A developmental ERP study using upright, inverted, and contrast-reversed faces. *Journal of Cognitive Neuroscience, 16(3)*, 487–502.

Jastorff, J., & Orban, G. A. (2009). Human functional magnetic resonance imaging reveals separation and integration of shape and motion cues in biological motion processing. *Journal of Neuroscience, 29(22)*, 7315–7329.

Johansson, G. (1973). Visual perception of biological motion and a model for its analysis. *Perception & Psychophysics, 14*, 201–211.

Johnson, M. H., Dziurawiec, S., Ellis, H., & Morton, J. (1991). Newborns' preferential tracking of face-like stimuli and its subsequent decline. *Cognition, 40(1–2)*, 1–19.

Johnson, M. H., Senju, A., & Tomalski, P. (2015). The two-process theory of face processing: Modifications based on two decades of data from infants and adults. *Neuroscience and Biobehavioral Reviews, 50*, 169–179.

Jokisch, D., et al. (2005). Structural encoding and recognition of biological motion: Evidence from event-related potentials and source analysis. *Behavioural Brain Research, 157(2)*, 195–204.

Jones, W., et al. (2000). II. Hypersociability in Williams Syndrome. *Journal of Cognitive Neuroscience, 12 (Suppl. 1)*, 30–46.

Kampis, D., Parise, E., Csibra, G., & Kovács, Á. M. (2015). Neural signatures for sustaining object representations attributed to others in preverbal human infants. *Proceedings Biological Sciences, 282(1819)*.

Kanwisher, N., McDermott, J., & Chun, M. M. (1997). The fusiform face area: A module in human extrastriate cortex specialized for face perception. *Journal of Neuroscience, 17(11)*, 4302–4311.

Karmiloff-Smith, A., Klima, E., Bellugi, U., Grant, J., & Baron-Cohen, S. (1995). Is there a social module? Language, face processing, and theory of mind in individuals with Williams Syndrome. *Journal of Cognitive Neuroscience, 7*, 196–208.

Karmiloff-Smith, A., et al. (2004). Exploring the Williams syndrome face-processing debate: The importance of building developmental trajectories. *Journal of Child Psychology and Psychiatry, and allied disciplines, 45(7)*, 1258–1274.

Kennedy, D. P., Gläscher, J., Tyszka, J. M., & Adolphs, R. (2009). Personal space regulation by the human amygdala. *Nature Neuroscience, 12(10)*, 1226–1227.

Kessler, K., & Thomson, L. A. (2010). The embodied nature of spatial perspective taking: Embodied transformation versus sensorimotor interference. *Cognition, 114(1)*, 72–88.

Kikuchi, Y., et al. (2011). Atypical disengagement from faces and its modulation by the control of eye fixation in children with autism spectrum disorder. *Journal of Autism and Developmental Disorders, 41(5)*, 629–645.

Klin, A., et al. (2009). Two-year-olds with autism orient to non-social contingencies rather than biological motion. *Nature, 459*, 257–261.

Kosakowski, H. L., et al. (2021). Selective responses to faces, scenes, and bodies in the ventral visual pathway of infants. *Current Biology, 32(2)*, 265–274.

Koster, M., Lamgeloh, M., Michel, C., & Hoehl, S. (2021). Young infants process prediction errors at the theta rhythm. *Neuroimage, 236*, 118074.

Koterba, E. A., & Iverson, J. M. (2009). Investigating motionese: The effect of infant-directed action on infants' attention and object exploration. *Infant Behavior & Development, 32(4)*, 437–444.

Kozel, B. A., *et al.* (2021). Williams syndrome. *Nature Reviews Disease Primers, 7(1)*, 42.

Krakowski, A. I., *et al.* (2011). The neurophysiology of human biological motion processing: A high-density electrical mapping study. *Neuroimage, 56(1)*, 373–383.

Krishnan-Barman, S., Forbes, P. A. G., & de C. Hamilton, A. F. (2017). How can the study of action kinematics inform our understanding of human social interaction? *Neuropsychologia, 105*, 101–110.

Lisboa, I. C., *et al.* (2020). Right STS responses to biological motion in infancy: An fNIRS study using point-light walkers. *Neuropsychologia, 149*, 107668.

Little, K., *et al.* (2013). Heterogeneity of social approach behaviour in Williams syndrome: The role of response inhibition. *Research in Developmental Disabilities, 34(3)*, 959–967.

Lockwood, P. L., Apps, M. A. J., & Chang, S. W. C. (2020). Is there a 'social' brain? Implementations and algorithms. *Trends in Cognitive Sciences, 24(10)*, 802–813.

Lord, C., Elsabbagh, M., Baird, G., & Veenstra-Vanderweele, J. (2018). Autism spectrum disorder. *Lancet, 392*, 508–520.

Marr, D. (1982). *Vision.* MIT Press.

Martens, M. A., Wilson, S. J., Dudgeon, P., & Reutens, D. C. (2009). Approachability and the amygdala: Insights from Williams syndrome. *Neuropsychologia, 47(12)*, 2446–2453.

Mason, L., *et al.* (2021). Preference for biological motion is reduced in ASD: Implications for clinical trials and the search for biomarkers. *Molecular Autism, 12(1)*, 74.

Mather, G., & Murdoch, L. (1994). Gender discrimination in biological motion displays based on dynamic cues. *Proceedings Biological Sciences, 258*, 273–279.

Matson, J. L., *et al.* (2017). Examining cross-cultural differences in autism spectrum disorder: A multinational comparison from Greece, Italy, Japan, Poland, and the United States. *European Psychiatry, 42*, 70–76.

Meyer-Lindenberg, A., *et al.* (2005). Neural correlates of genetically abnormal social cognition in Williams syndrome. *Nature Neuroscience, 8(8)*, 991–993.

Mimura, M., *et al.* (2010). A preliminary study of orbitofrontal activation and hypersociability in Williams Syndrome. *Journal of Neurodevelopmental Disorders, 2(2)*, 93–98.

Mobbs, D., *et al.* (2007). Frontostriatal dysfunction during response inhibition in Williams syndrome. *Biological Psychiatry, 62(3)*, 256–261.

Morton, J., & Johnson, M. H. (1991). CONSPEC and CONLERN: A two-process theory of infant face recognition. *Psychological Review, 98(2)*, 164–181.

Okumura, Y., Kanakogi, Y., Kanda, T., Ishiguro, H., & Itakura, S. (2013). The power of human gaze on infant learning. *Cognition, 128(2)*, 127–133.

Pearson, A., Ropar, D., & Hamilton, A. (2013). A review of visual perspective taking in autism spectrum disorder. *Frontiers in Human Neuroscience, 7*, 652.

Peelen, M. V., & Downing, P. E. (2005). Selectivity for the human body in the fusiform gyrus. *Journal of Neurophysiology, 93(1)*, 603–608.

Perez, J., & Feigenson, L. (2021). Stable individual differences in infants' responses to violations of intuitive physics. *Proceedings of the National Academy of Sciences of the United States of America, 118(27)*.

Perry, A., *et al.* (2016). The role of the orbitofrontal cortex in regulation of interpersonal space: Evidence from frontal lesion and frontotemporal dementia patients. *Social Cognitive and Affective Neuroscience, 11(12)*, 1894–1901.

Piaget, J., & Inhelder, B. (1956). *The child's conception of space*. Routledge & Kegan Paul.

Pitcher, D., & Ungerleider, L. G. (2021). Evidence for a third visual pathway specialized for social perception. *Trends in Cognitive Sciences, 25(2)*, 100–110.

Porter, M. A., Coltheart, M., & Langdon, R. (2008). Theory of mind in Williams syndrome assessed using a nonverbal task. *Journal of Autism and Developmental Disorders, 38(5)*, 806–814.

Pourtois, G., Peelen, M. V., Spinelli, L., Seeck, M., & Vuilleumier, P. (2007). Direct intracranial recording of body-selective responses in human extrastriate visual cortex. *Neuropsychologia, 45(11)*, 2621–2625.

Rangarajan, V., *et al.* (2014). Electrical stimulation of the left and right human fusiform gyrus causes different effects in conscious face perception. *Journal of Neuroscience, 34(38)*, 12828–12836.

Reed, C. L., Stone, V. E., Bozova, S., & Tanaka, J. (2003). The body-inversion effect. *Psychological Science, 14(4)*, 302–308.

Reid, V. M., Hoehl, S., & Striano, T. (2006). The perception of biological motion by infants: an event-related potential study. *Neuroscience Letters, 395(3)*, 211–214.

Reid, V. M., *et al.* (2017). The human fetus preferentially engages with Face-like visual stimuli. *Current Biology, 27(12)*, 1825–1828.

Riby, D. M., Brown, P. H., Jones, N., & Hanley, M. (2011a). Brief report: Faces cause less distraction in autism. *Journal of Autism and Developmental Disorders, 42(4)*, 634–639.

Riby, D. M., & Hancock, P. J. (2008). Viewing it differently: Social scene perception in Williams syndrome and autism. *Neuropsychologia, 46(11)*, 2855–2860.

Riby, D. M., *et al.* (2011b). Attention to faces in Williams syndrome. *Journal of Autism and Developmental Disorders, 41(9)*, 1228–1239.

Riby, D. M., *et al.* (2013). Spontaneous and cued gaze-following in autism and Williams syndrome. *Journal of Neurodevelopmental Disorders, 5(1)*, 13.

Rogler, L. H. (1993). Culturally sensitizing psychiatric diagnosis. A framework for research. *Journal of Nervous and Mental Disease, 181(7)*, 401–408.

Rossion, B., & Gauthier, I. (2002). How does the brain process upright and inverted faces? *Behavioral and Cognitive Neuroscience Reviews, 1(1)*, 63–75.

Runeson, S., & Frykholm, G. (1983). Kinematic specification of dynamics as an informational basis for person-and-action perception: Expectation, gender recognition, and deceptive intention. *Journal of Experimental Psychology: General, 112(4)*, 585–615.

Saffran, J. R., Aslin, R. N., & Newport, E. L. (1996). Statistical learning by 8-month-old infants. *Science, 274*, 1926–1928.

Saygin, A. P., *et al.* (2004). Point-light biological motion perception activates human premotor cortex. *Journal of Neuroscience, 24(27)*, 6181–6188.

Scerif, G., *et al.* (2004). Visual search in typically developing toddlers and toddlers with Fragile X or Williams syndrome. *Developmental Science, 7(1)*, 116–130.

Schauder, K. B., Mash, L. E., Bryant, L. K., & Cascio, C. J. (2015). Interoceptive ability and body awareness in autism spectrum disorder. *Journal of Experimental Child Psychology, 131*, 193–200.

Scherf, K. S., Behrmann, M., Humphreys, K., & Luna, B. (2007). Visual category-selectivity for faces, places and objects emerges along different developmental trajectories. *Developmental Science, 10(4)*, F15–30.

Schurz, M., Aichhorn, M., Martin, A., & Perner, J. (2013). Common brain areas engaged in false belief reasoning and visual perspective taking: A meta-analysis of functional brain imaging studies. *Frontiers in Human Neuroscience, 7*, 712.

Senju, A., & Csibra, G. (2008). Gaze following in human infants depends on communicative signals. *Current Biology, 18(9)*, 668–671.

Senju, A., Southgate, V., White, S., & Frith, U. (2009). Mindblind eyes: An absence of spontaneous theory of mind in Asperger syndrome. *Science, 325(5942)*, 883–885.

Simion, F., Regolin, L., & Bulf, H. (2008). A predisposition for biological motion in the newborn baby. *Proceedings of the National Academy of Sciences of the United States of America, 105(2)*, 809–813.

Slaughter, V., Heron, M., & Sim, S. (2002). Development of preferences for the human body shape in infancy. *Cognition, 85(3)*, B71–81.

Sodian, B., Thoermer, C., & Metz, U. (2007). Now I see it but you don't: 14-month-olds can represent another person's visual perspective. *Developmental Science, 10(2)*, 199–204.

Sokolov, A. A., *et al.* (2018). Structural and effective brain connectivity underlying biological motion detection. *Proceeding of the National Academy of Sciences of the United States of America, 115(51)*, E12034–E12042.

Spelke, E. S., & Kinzler, K. D. (2007). Core knowledge. *Developmental Science, 10(1)*, 89–96.

Stahl, A. E., & Feigenson, L. (2015). Cognitive development. Observing the unexpected enhances infants' learning and exploration. *Science, 348*, 91–94.

Stekelenburg, J. J., & de Gelder, B. (2004). The neural correlates of perceiving human bodies: An ERP study on the body-inversion effect. *Neuroreport, 15(5)*, 777–780.

Sumi, S. (1984). Upside-down presentation of the Johansson moving light-spot pattern. *Perception, 13(3)*, 283–286.

Tager-Flusberg, H., & Sullivan, K. (2000). A componential view of theory of mind: Evidence from Williams syndrome. *Cognition, 76(1)*, 59–90.

Taylor, M. J., Batty, M., & Itier, R. J. (2004). The faces of development: A review of early face processing over childhood. *Journal of Cognitive Neuroscience, 16(8)*, 1426–1442.

Thierry, G., *et al.* (2006). An event-related potential component sensitive to images of the human body. *Neuroimage, 32(2)*, 871–879.

Troje, N. F. (2002). Decomposing biological motion: A framework for analysis and synthesis of human gait patterns. *Journal of Vision, 2(5)*, 371–387.

Troje, N. F., & Westhoff, C. (2006). The inversion effect in biological motion perception: Evidence for a "life detector"? *Current Biology, 16(8)*, 821–824.

Ungerleider, L. G., & Mishkin, M. (1982). Two cortical visual systems. *In* D. J. Ingle, M. A. Goodale, & R. J. W. Mansfield (Eds.), *Analysis of visual behavior* (pp.549–586). MIT Press.

Weigelt, S., Koldewyn, K., & Kanwisher, N. (2012). Face identity recognition in autism spectrum disorders: A review of behavioral studies. *Neuroscience and Biobehavioral Reviews, 36(3)*, 1060–1084.

Weigelt, S., Koldewyn, K., & Kanwisher, N. (2013). Face recognition deficits in autism spectrum disorders are both domain specific and process specific. *PLoS One, 8(9)*, e74541.

Zitzer-Comfort, C., *et al.* (2007). Nature and nurture: Williams syndrome across cultures. *Developmental Science, 10(6)*, 755–762.

脳─環境─認知の円環に潜む人類進化 の志向的駆動力──三元ニッチ構築の相転移

入來篤史・山﨑由美子

1 人類進化の駆動力とその作用

認知の志向的特性

　すべての生物は，その種の棲息地の環境に適応すべく進化してきたので，地球環境が変化すればその条件地域の拡大や縮小に対応して棲息範囲が伸縮することはあるが，原生地と異なる環境条件の地に移動することはない．異なる環境に適応して変化すれば，もはや別の種に分化してしまうだろう．この生物の適応進化の大原則は，環境から生物へ向かって一方向的に影響を及ぼす作用と，それによって生物内部に引き起こされる受動的な反応変化を前提としている．

　しかし，われわれホモ・サピエンス（ヒト）はこの原理に反して，原棲息地のアフリカ熱帯地方から飛び出して全く異なる自然環境の地へと，進化の時間スケールとしては異常に速いスピードで移住を繰り返し，あっという間に地球上のほぼすべての気候帯にわたる，地上全域を制覇してしまった．このような，生物種としては特異なヒトの行動パターンは，それを制御する脳の機能が併せて担う，認知的側面の特性の何らかの変化によって引き起こされたものと考えるのが自然であろう．

　一般の動物の身体内の臓器の一つである「脳・神経系」は，図5-1に略記するように，置かれたその場の周囲環境の情報を検出（感覚・入力）し，それらを随時処理することによって，その時々に最適な行動（運動・出力）を引き起こすことを至上使命とした，生物個体の「今・ここ」における適応のための汎用情報処理装置である．つまり，情報は常に環境内から起こり，生体内ではその環境に適応すべく専念処理されるから，異なる環境条件を目指す行動を引き

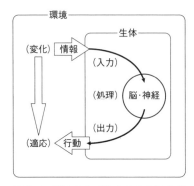

図5-1　環境の中で生きる生体におけ
る情報の流れ

起こす余地はない.

　したがって，人間が異なる環境を構想し
て，それに働きかけて改変するような，何
らかの外に向かう積極的な能動作用（志向
的特性）を獲得したのでなければ，原生地
の熱帯アフリカの外を目指すような行動は
起こりようがない．この特異な現象は，そ
れを発現する基盤として，人類の認知能力
におそらく特異的に備わった生物として既
得の受動的反応にとらわれることなく，む
しろ逆行する（第4節で，後掲図5-10，図5-
11をもとに論じる）ような，自らの既存の環境に適応した反応特性や周囲の環
境自体を改変することをもいとわずに別の方法を積極的に探索するメカニズム
がなければ，説明がつかない．そして，この人類の認知能力の「志向的特性」
のメカニズムの本体は，ヒトに突然降って湧いたようなものではなく，生物と
しての人間機能構造のどこかに帰着されるはずであり，それはヒトの祖先の霊
長類の脳の中に連続的な進化発展の萌芽として検出されるべきものだ，とする
のが生物学者としての考え方である.

因果の連鎖の潜在的重層性

　従来の素朴な一般的理解としては，人間の高次脳機能の発露としての，他の
生物種を圧倒するような「知性」が，この生物としては特異な地球上全域への
移動拡散と，それと相前後して地球上で一斉に始まる人間文明の創成を可能に
した，と信じられてきた．しかし，知的に見えるヒトの認知行動を，それを構
成する諸要素ごとに一つひとつ分けて検討してみると，それらの萌芽は程度の
差こそあれ，他の多くの動物種にも散的に見出される（Arold, 2020）．特に
霊長類では，飼育環境下で実験的に一定の条件がそろえられれば，比較的容易
に自発的に発現させることができるようだ（Yamamoto, 2021）．にもかかわら
ず，それらが自然環境下で観察されることは極めて稀であるのに対して，ホ
モ・サピエンスになって初めて顕著に発現され始めたということについては，

人間型の「知性」は，人間以外の種ではその棲息環境にあっては必ずしも適応的ではないので，その発現が抑えられているのだと考えれば納得が行く（Arnold, 2020）．そのような，一見「知的」な行動パターンは，生物に本来備わっている，環境からの情報を受けてそれに応答するという受動的な適応メカニズムに反するからであろう．ところが，人間は何らかの契機で環境に対する逆向きの能動作用を獲得した．それは，われわれの「知性」はそれに好都合だったということなのではないだろうか．

　このような一見知的に見える行動パターンの抑制傾向は，ホモ・サピエンス登場以前の原始人類にも当てはまるように見える．それら多くのホモ属における，これら人間知性の起源とされる萌芽的な行動様式としては，道具使用，火力調理，共感社会，言語的思考などが指摘されており，これらの行動を時系列的に整理して，因果関係の連鎖として人間文明が発生するに至った経緯を論じようとする多くの試みがなされてきた（Mithen, 1999）．しかし，これら諸説は必ずしも整合的ではなく，想像の域を出て，事実に基づいた反証可能なかたちで包括するような，説得力のある説明は未だ得られていない．その理由の一つが，前述の「できるのにしない」という現象（Yamamoto, 2021），つまり，ある行動を引き起こすことを可能にする認知能力は備わっていても，環境条件がその行動を引き起こすことを必要としていないために，行動痕跡を残さないことに起因するのではないかと思われる．行った事実が見出せないことが，それを行うことができないことを意味しないとすれば，行動痕跡をもとに直線的な因果を構築することは，散在する要素的な萌芽的行動に随伴して醸成された，できるのにしないまま潜在化していた認知機能の作用を看過することになる．それら複数の萌芽的潜在機能の組み合わせが奏功するような環境条件に出会った時，人間型知性が偶発的に創発された可能性について，改めて検討し直さなければならない．

　また，このような多要素で構成される複雑な創発現象にあっては，ある機能の発現という結果に至る原因の組み合わせと順序は一通りとは限らないことも考慮に入れる必要がある．さらに，実際に起こった進化の過程という現実にあっては，複数の可能性のうちの一つが起こってしまえば，他の可能性は実現せずとも次の進化段階に進んでしまうだろう．したがって，現実には起こらなか

ったからといって，その順序と組み合わせの可能性が排除されることが示されたわけではない．本章では，このように要素的な認知行動特性やその直線的な因果関係に還元することの困難な，進化の複合的メカニズムの本質を洞察する手段として，種々の行動表現型の深層に通底するメカニズムを想定し，それを行動発現のための脳神経機能解剖の視点から検討する．

過程の相転移とその契機

　原始人類の脳と心の進化の過程には，三つの大きな謎がある．その第一は200万年ほど前，現生人類であるホモ・サピエンスの直接祖先であるホモ（*Homo*）属の出現とともに相転移的に加速した脳容量の急拡大である（図5-2A：Iriki *et al*., 2021）．それ以前の猿人（アウストラロピテクス，*Australopithecus* 属）の脳容量は，ごく緩やかな増加傾向にはあるものの，200万年以上にわたって，現生類人猿とさほど変わらない範囲にとどまっていた．しかし，ホモ属が現れて初期の原人（ホモ・ハビリス）が石器を作り始めると，それ以降は石器製作技術がより高度になるにつれて，約70〜30万年前に出現する旧人（ハイデルベルク人やネアンデルタール人など）に至るまで，脳容量が，前述のように，受動的で非志向的な生物進化のメカニズムの時間スケールとしては例外的な速さで，拡大を始めたのである．道具使用と製作を契機に，ホモ属の脳・認知・行動にそれまでにはなかった何かが引き起こされたのだろう．しかし，この脳拡大の速度は，それまでのヒト以外の動物や猿人に比べて格段に加速されたとはいうものの，この過程には百数十万年もの時間が費やされており，ホモ・サピエンスの出アフリカ後の変化速度に比べると，まだ極めて緩徐であったと言わざるをえない．このことから，この過程を通じて，後のホモ・サピエンスにおける急激な文明の開化を可能たらしめた，潜在的な下準備が漸次的に熟成されていたという一つの有力な可能性が浮かび上がる．

　第二の謎は，もっと後になってホモ・サピエンスが出現してからである．ホモ属の脳の大きさは，旧人（ハイデルベルク人やネアンデルタール人など）の出現でピークに達した以降は拡大しておらず，われわれ新人（ホモ・サピエンス）の脳はむしろ縮小傾向にあるという説さえある（ただし偏差が大きく，この傾向が有意であるとの結論には至っていない）．さらに，ホモ・サピエンスは約25万年

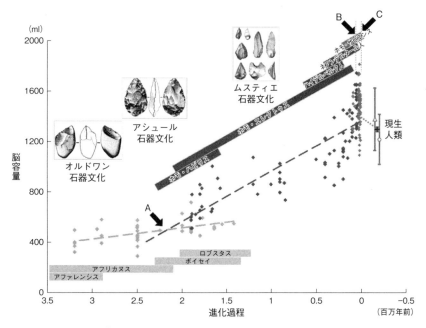

図 5-2　種々の猿人（アウストラロピテクス属：アファレンシス，アフリカヌス，ボイセイ，ロブスタス），原人・旧人（ホモ・サピエンスを除くホモ属：ホモ・ハビリス，ホモ・エレクトゥス，ハイデルベルク人，ネアンデルタール人）および新人（ホモ・サピエンス）の進化過程に沿った脳容量（Matzke, 2006）の変化（Iriki *et al*., 2021 を改変）
破線は各系統の回帰直線を示す．各系統内での各種の推定存在期間は，回帰直線に沿ったバーで示す．右端に，現生人類の脳容量の平均値（男△：女○）とばらつき（上下バー）を示す．ホモ・ハビリスが出現し，石器使用を開始した時点（A）以降，各種石器文化が変遷する．B と C は，それぞれホモ・サピエンスの出アフリカや各種高次認知機能の一斉創発と，農耕社会への転換や文明の世界一斉勃興の推定時期を示す．

前に登場したにもかかわらず，絵画や彫像などの象徴的な人工物や，目的に応じた多様な道具を作ったり，寒冷な地域や島嶼部に進出したりするのは，20万年にもおよぶ沈黙の後の，つい 5 万年ほど前以降でしかない（図 5-2B）．つまり，脳の大きさと認知・行動の高度化には，旧人の出現以降は対応が見られなくなる．生物種としてのホモ・サピエンス登場から現代のわれわれの認知能力が発揮されるまで，なぜこれほどの時間がかかったのかは大きな謎として残されている（Renfrew, 1996）．類似の大きさの脳を持った複数の旧人と新人が共存した，少なくとも 10 万年程度の期間のどこかで，何かの契機でホモ・サピエンスの脳に起こった何かの現象がわれわれを突出させて，今日の人新世に

127

至る過程で，それが起こらなかった他のホモ属を凌駕して，結果的に駆逐してしまったのではないか．

　第三の謎はさらに最近の，最終氷期が終わって気候が温暖化した1万4000年前以降に起こったことである．この時期，狩猟採集社会から農耕社会への転換を契機としてとして，中東，アフリカ，東アジア，南アジア，中米，南米と，ホモ・サピエンスが広がった地球上の各地で文明が一斉に勃興した（図5-2C）．これらの諸文明は，相互に交流があったり同一の系譜に属するものがあったりしたとしても，その多くは各地で独立に発生し発達したにもかかわらず，それらは多様でありながら，かなり類似した共通の要素も多くある．生物進化の時間スケールから見ると，このような短期間にかつ同時多発的に，知能に関する遺伝的変化が相互に独立に引き起こされたとは考えられず，この間に当然脳容量の拡大もないので，生物種としてのヒト固有の認知的特異性が基盤にあるように思われる．このように，人類進化の過程で認知行動特性の高度化のプロセスが，漸進的から急進的な増大に相転移的に転じて，さらに爆発的に発現したという転換を経るプロセスの基盤に，ヒトの脳の機能構造の進化の原理が潜んでいるものと推断される．

2　三元ニッチ構築第1相

道具に内在する志向性

　まず，第一の謎から考えてみることにする．石器を作り，使い始めたことを契機として，ホモ属の脳にそれまでにはなかった何が起こったのだろうか．道具を手に持って使用することで，前肢の身体的機能形態を，生物進化による形態変化を待たずとも実効的に瞬時に変化させることができるようになった．客観的に外部観測される現象としては，この変化の速効性と可能性の拡大が際立つ．環境の変化や遺伝子の突然変異という，自然現象の偶発的な変容を待たずとも，またそれに依存せずに，次項で詳述するように，身体機能を制御する基盤となる脳内に表象される「身体像」を自在に変化させられるようになった．これにより，身体の実効的な機能構造の変化が自然法則の制約から解き放たれたことが，進化の方向の可能な範囲を拡げ，スピードを加速させることに大き

く貢献する要因となったのであろう．

　これに加えて，道具そのものに内在する特性も見過ごすことはできない．それは，道具はそれを使う時に必ず「○○のために使う」という目的があるということである．これは裏を返せば，道具はそれを使うための内観的な目的，すなわち「志向性」を客観的に明示する物体である，ということである．道具によって，それを使うことになるまだ起こってはいない未来の出来事が，予測的に「今・ここ」に明示されるようになった．道具を使わない身体行為にもすべて志向的な目的はあるのだが，それは身体の運動の中に埋め込まれており，その目的が観測されるのはその行為が達成された瞬間のみである．しかし，道具によって顕在化された「目的・志向性」は，その行為が始まる前の計画段階から現実の実体としてそこに存在し，行為が終わった後もそこに存在し続ける．そして，この道具を介して実体化された志向性が，時間と空間を超えて複数の同種個体の間で共有され広がっていくことになる．このように，道具を使うことによって志向性が行為から分離して実体化され，生物種としてのホモ属の間での共有が拡散し，世代を超えて伝搬していったことが，人類の祖先の進化に相転移的な加速を引き起こすような変化をもたらした，最大のインパクトであったのではなかろうか．

三元ニッチ構築

　このように，志向性をそれ自体の内に備え持った各種の道具が普及拡散していくと，それらが周囲の環境に埋め込まれてその構成要素となり，それを使用することもまた社会的な環境要因として定着していくことになるだろう．すなわち，その種（ホモ属）の生存のための活動によって，急速に新たな棲息環境の様式，「環境ニッチ」が創り出されるようになる．いわゆる狭義の「ニッチ構築（新たな棲息環境ニッチの形成）」（Odling-Smee *et al.*, 2003）の始まりである．一方，生物の脳は棲息する環境条件に適応すべく進化してきたのだが，道具使用によって身体の機能構造も環境条件も急激に変化する状況では，それに対応するために脳の情報処理（計算様式や容量や速度など）を適応拡大させることが火急の要となる．

　筆者（入來）らは，通常の棲息環境では自発的に道具を使用することはない

ニホンザルに，飼育実験環境下で，熊手を手に取って腕の延長とすることで，手の届かない遠方の餌をとるように訓練した．すると2週間程度の短期間で，身体の機能構造（身体像）を表象する神経細胞の活動様式が，進化の過程で特に大きく膨大した部位の一つである大脳皮質頭頂葉で，道具を身体の一部として同化させるように変化することが明らかになった（Iriki *et al.*, 1996）．また，この道具使用の学習過程に対応して，ある種の遺伝子発現を伴って（Ishibashi *et al.*, 2002a, b）この脳部位での大脳皮質間結合が再構成される（Hihara *et al.*, 2006）とともに，その脳領域を含む大脳皮質が膨大することも見出された（Quallo *et al.*, 2009）．すなわち，ここに身体の機能構造の表象（身体像）を道具使用に対応して臨機応変に変化させることを可能にする情報処理機能を担う脳神経組織が新たに創り出されるので，これを「脳神経ニッチ構築」と名づけた（Iriki & Taoka, 2012）．

　ここでは，使える脳のリソースが膨らむと，すでに備わっていた本来の機能を援用するかたちで新概念の認知機能が創発されている．どういうことかというと，この部位の脳神経細胞は，もともと成長に伴うゆるやかな身体の拡大に対応するように備えられていたものが，道具を手に持つことによる急な腕の長さの延伸にも対応できるように，機能が発展したものと推定される．このような類似の過程によって，徐々に拡大した神経ニッチは，もともと備わっていた機能を応用するかたちで，次々と新しい認知機能（たとえば言語，抽象，計算，想像など）を担えるようになるだろう（Iriki, 2010）．実際，この頭頂葉の脳領域はもともと，身体構造と外界の空間構造の対応関係をもとに適切な身体運動を企画する，空間情報処理を司る脳領域なのであるが，われわれは様々な高次認知機能を「空間化」して，あるいは空間的なメタファーを用いて思考する傾向があることが思い起こされよう．このような新しい認知機能の創発が，「認知ニッチ構築」である（Iriki & Taoka, 2012）．

　最初にホモ・ハビリスが，「○○のため」の道具を使い始めたことによって，その道具を介して志向性を顕在化させつつ生活の中に埋め込みながら，これら三つの「環境ニッチ」「脳神経ニッチ」「認知ニッチ」を循環する相互作用が始まるきっかけを作ったのであろう．このような三つのニッチが循環しながら次第に拡大発展する現象が，「三元ニッチ構築」である（図5-3）（Iriki & Taoka,

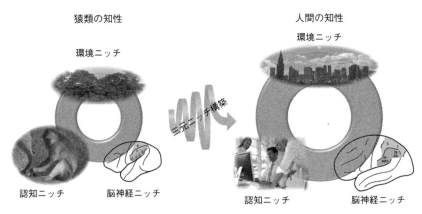

猿類の知性

環境ニッチ

三元ニッチ構築

認知ニッチ　　　脳神経ニッチ

人間の知性

環境ニッチ

認知ニッチ　　　脳神経ニッチ

図 5-3　三元ニッチ構築の概念図（Bretas *et al.*, 2020 を改変）

2012; Bretas *et al.*, 2020）．そして，この循環的相互作用の過程で，元のニッチ構造を徐々に拡大するうちに周辺に発生した冗長性の中に，本来の機能から派生するかたちで偶発的に生まれた副作用的機能が，潜在的な可能性として後に新規環境条件に遭遇した時に奏功するような前適応として蓄積していくことになったのではないかと考えられる（Iriki, 2010）．すなわち，顕在的な行動様式には表れずに直線的な因果関係としては観測されない，重層的で潜在的な多重因果構造の素地がこのメカニズムの内に萌芽的に発生していた，ということである．

霊長類脳の特異性

　「三元ニッチ構築」が実現されるためには，脳が単に膨らむだけではその相乗効果は生じない．脳が大きくなるにつれて，神経細胞の数が増加するとともに新しい脳領域が次々と創成されることが不可欠である．脳の大きさと神経細胞／脳領域の数との関係は必ずしも自明ではない．実は，この関係は哺乳類の中でも，われわれ人類を含む霊長（サル）類にのみ備わった特異な性質なのである．これは，哺乳類の進化の系統樹（図 5-4）の中で，最近縁のげっ歯（ネズミ）類と比較すると一目瞭然である．図 5-5 には，様々な大きさの霊長類（左）とげっ歯類（右）の脳構造を示す（Krubitzer & Dooley, 2013）．大脳皮質の網かけで示す領域には，主要な感覚（体性感覚，視覚，聴覚）の一次感覚野が存在す

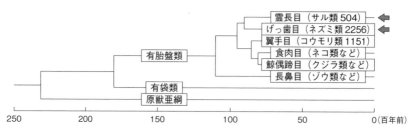

図 5-4　哺乳類の系統樹と分岐年代（Estrada *et al*., 2017）

げっ歯類は系統発生的に霊長類と最近縁で（右矢印），約 1 億年前に分岐した．
括弧内の数字は，各分類目の現生種数．

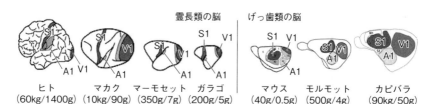

図 5-5　様々な大きさ（括弧内に平均体重／脳重を示す）の霊長類（左）とげっ歯類（右）の脳構造を示す模式図（Krubitzer & Dooley, 2013）

S1：一次体性感覚野，V1：一次視覚野，A1：一次聴覚野．

る．霊長類にも大小様々な種があるが，大きな種の脳では，神経細胞の数も，異なる機能を担う脳領域の数も格段に多いことが知られている（図5-5左）．霊長類では大きな種は小さな種に比べて白で示す連合野の新たな領域群が格段に大きく，げっ歯類では大きな種と小さな種の脳は相似的で，脳領域の数も神経細胞の数もさほどは変わらない（Bretas *et al*., 2020）のとは対照的である（図5-5右）．

　哺乳類の系統樹を見比べると，霊長目（サル類 504 種），げっ歯目（ネズミ類 2256 種），翼手目（コウモリ類 1151 種）は，現存する分類群の中で最も繁栄している（Estrada *et al*., 2017）が，それぞれ主に視覚，嗅覚／触覚，聴覚が最もよく発達した動物種群であり，それぞれの脳はその感覚世界に最適化されて進化したので，基本的な設計原理が全く異なるのである．ヒトの祖先の脳では，霊長類として他の哺乳類にはないこうした違いがそれまでの生物学的な進化によって偶然に準備されていたので，ホモ属は道具使用の開始を契機として，「環境ニッチの拡張」と「脳領域の拡張」と「認知機能の拡張」の相乗効果という，

ヒトに至る急速な進化の道を直ちに歩み始めることになったのだと考えられる．そして，この循環は，目的を持った装置である「道具」を介することを発端としたために，それまでにない志向的な性格を帯びたものとなったことによって，変化発展の速度がそれまでの受動一方であった反応に比べて，方向性を持ちつつ格段にスピードアップされたのであろう．

可逆過程による因果関係の交錯

しかし，これまで検討してきたようなメカニズムは，直接的には，個体の一生のうちでの学習や適応による一過性の可塑的な変化であるに過ぎない．これらの現象が進化のメカニズムとなるためには，ある世代で獲得された個体変化の情報が，次の世代へと継承される仕組み，すなわち情報の歴史的蓄積を実現するしかけが必須であるが，実はこれが，これまでに説明した「三元ニッチ構築」のメカニズムに潜在的に内在しているのである．

現在，われわれが信じている進化のメカニズムの常識では，まず遺伝子（ゲノム）が突然変異し，それに起因する形態変化のうちその時の環境に適応したものが生き残る．つまり，世代間継承される遺伝子を原因として発現する形態や機能の表現型が，後々の世代の個体発生の過程で実体化されていくという考え方，いわゆるネオ・ダーウィニズム（現代的総合）（Huxley, 1942）であった．しかし，世代間継承する情報はゲノムだけではないことが，最近次々と明らかになってきた．ゲノム外メカニズムとしては，①エピジェネティクス，②遺伝子以外の細胞内分子状態，③初期生後発達にかかわる社会的要因などが考えられている（Pigliucci & Müller, 2010）．これらの候補要因が，三元ニッチ構築によって環境が改変されてそこに埋め込まれ定着されるとすれば，それは次の世代へと継承される情報となりうるのではないか．

しかし，三元ニッチ構築によって引き起こされる変化は，志向性を持って世代を越えて引き継がれ，変化のスピードが格段に加速されるとはいうものの，個体の可塑性の範囲内で引き起こされたこれらの変化には，いずれも一定程度の可逆性がある．たとえば，サルの道具使用学習による脳膨大は，その学習終了後には後戻りがあり（Quallo et al., 2009），ヒトでもジャグリングなどの複雑行動の獲得によって脳膨大が引き起こされるが（Draganski, 2004）これも同様

の傾向が見られる．つまり，三元ニッチ構築とは，複数の萌芽的要素機能とそれを担う脳構造が，それを生み出すためのコストと生み出された新機能の生存上の有効性のバランスによって（次節参照）伸縮を繰り返しながら，志向性によるバイアスのもとでおおよその方向に向かって，10万年〜100万年規模の時間をかけて全体としてゆっくりと漸増していく過程である．そして，この間にランダムな若干の遺伝子変化が起こった時，その変化がこれらのバイアスに有利であればそれらが優先的に選択されて，結果として不可逆的な遺伝子変化に固定されることになる．このように，個体の持つ可塑性によって大きく可能性の幅を広げた後，これらに対応する遺伝子変化が，結果として適応的に選択されて固定されるという，言わば因果関係が逆転する可能性（ボールドウィン効果）（Baldwin, 1896）の具体的生物学的メカニズムが改めて指摘され始めている．つまり，遺伝子とは進化的な変化の結果を記録しておく，暫定記憶装置のような存在として位置づけられる．そして，その遺伝子変化に至る過程は，複数の構成要素の潜在的な可能性の拡張が複雑に組み合わさった，因果的ネットワークの交錯にあると言えよう．

　このように，サル類祖先から現生人類に至る人類進化の特徴は，遺伝子の生物学的進化が，人類が集合的に変えていく自然環境と社会環境のニッチの進化という非生物学的メカニズムによって方向づけられ，加速されるという点にある．所与の環境に，人類の遺伝子が突然変異と自然淘汰を通して，単に受動的に適応するだけで人類が進化したのではなく，むしろ人類が変化させる自然環境と社会環境の進化が，人類進化の重要な要素となるのであろう．

3　三元ニッチ構築第2相

認知／脳領域ごとの拡張から領域間の連合へ

　次に，第二，第三の謎解きに挑もう．第1節で提起したように，旧人（ネアンデルタール人など）の脳は現生ホモ・サピエンスよりもむしろ大きいくらいだったという説もあり，それまでのホモ属の「三元ニッチ構築」の，脳神経組織の器質的拡大を基盤とした生物学的メカニズムの単純な延長では，ホモ・サピエンスの最近数万年に突然始まって進行した認知機能の爆発的発現と，それ以

降の世界同時多発的な文明形成は，説明できそうにない．なぜならば，われわれが素朴に「進化」「発展」を考える時，それは次々と新しく優れたものがつけ加わり大きくなっていくというイメージを持つが，これだと，脳の拡大を伴わずに，ユヴァル・ノア・ハラリが「認知革命」と呼ぶ（Harari, 2015）ホモ・サピエンスの認知機能の爆発的拡大が起こり，世界中至るところで急速に同時多発的に文明が発展するに至ったことを説明するのは無理だからである．

　しかし，それまでの生物としてのホモ属の進化の過程で，前節で述べた三元ニッチ構築の第 1 相を通して，素地は潜在的に準備されていたが明示的には発現していなかった諸要因が，何らかの理由で相互作用を始めて，タガが外れ，堰が切られるようにある方向に向かって一気に花開いたというようなメカニズムを想定すると，この謎が氷解するのではないか．これを比喩的に言い換えると，溶媒中に過飽和状態にまで静かに過剰に濃縮された溶質が，何らかの刺激をきっかけとして，一気に一定の法則に従って突然析出するような現象である．つまり，それまでの各個別認知領域に特異的な「三元ニッチ構築」による脳膨大によって，領域特異的な個別の可能性としての下準備が，過飽和状態のように充実し備わってできていたけれども，その環境では不要であるとか不都合なことが多いので発現せずに隠されていたものが，条件がそろった時に領域間の統合・再配線が一気に進んで，領域一般的な機能を一気に爆発的に拡大実現したという想定である（図 5-6）（入來，2022）．

　構成要素としての下準備ができていれば，それらを再統合して再構造化するという脳機能変化だけで新しい認知ニッチを創出し，その発露としての新しい環境ニッチを構築することができるので，「三元ニッチ構築」として通底する基本原理は保存されたまま，神経ニッチ構築のコストが格段に低減されて，認知革命に始まり人新世に至る人間文明の発展・発達が一気にある方向に急進的に進んだことをよく説明できるだろう．また，再結合の素材として準備されていた個別脳機能は同一であるので，統合の結果には幅広い共通性があることにも納得が行く．この仮説を検証するためには，統合によって認知能力にどのような変化が起こったかという結果を系統的に整理することと，その統合はいつ／なぜ／いかにして達成されたか，という原理やメカニズムを明らかにすることが必要である．後者については次の第 4 節で詳しく検討することとし，その

135

三元ニッチ構築　第1相：高コスト，低速，潜在機能

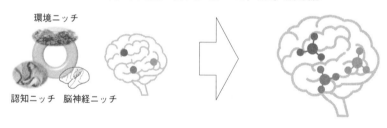

三元ニッチ構築　第2相：低コスト，高速，顕在機能

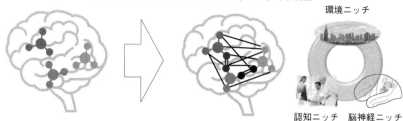

図5-6　三元ニッチ構築の第1相（上）から第2相（下）へのメカニズム転換の概念図（入来，2022を改変）

準備として考察の指針を得るために，まずは前者を俯瞰し分析することから始めよう．

認知／脳領域特異的知性から領域一般的知性へ

　この時期にホモ・サピエンスの認知機能に生じた爆発的な一気呵成の発展をハラリは，「認知革命」と呼んでいる．ここで起こった個別の認知機能の発展は多岐にわたり，その様式には多くの説が提案されているが，それらに共通するのは，それまで発展し蓄積されてきた領域特異的な認知機能が，相互に関連し始めて領域間の流動性が増して，各領域を通して汎用可能な「領域一般的知能」へと統合された，という視点である（Mithen, 1999）．原始霊長類が生存するための情報処理装置の中に，たとえば「道具使用」のような特定の行動に関する「認知領域」を担う脳領域を中心に，関連する様々な認知モジュールが構築される過程が，これまで説明してきた三元ニッチ構築であった．このような言わば，①「技術的知能モジュール／認知領域」の他にも，たとえば，②様々

な行動パターンを通して同種多個体間の相互関係のコントロールを高度化していく「社会的知能モジュール／認知領域」や，③環境内で効果的に生存していくために必要な情報や事物の関連性に関する知識を蓄積していく「博物的知能モジュール／認知領域」などが想定されている．これらは独立に機能し，基本的には相互に関連性はない．ホモ属の長い歴史を通じて，さらにホモ・サピエンスが登場してからも長らくの間は，その時々に個体が直面する環境から要求される行動に必要な認知領域が個別に動員されて，その領域内で独立に固有の発達をする範囲にとどまっていて十分であっただろう．それがある時点で他の領域と，おそらくは何らかの類似性が交錯することを契機として交信を始め，それを境に一気に領域一般化が進んだものと考えられる．この過程を実現した具体的な脳神経メカニズムについて，まずは三元ニッチ構築を引き起こす契機として想定した，道具使用行動とその脳神経メカニズムを例に検討を始めよう．

　道具使用行動が直接的に必要とした機能は，前節で述べたように，道具を手の延長として身体と一体化して制御するための，自己の身体像の修正であった．これは，言わば「自己」の行為的な側面の表象の発展的延長であり，この「行為的な自己」は，個体の存在におけるこの観点を他者におけるそれと等価に概念化して対照させる「ミラーニューロンシステム」（Rizzolatti et al., 1996）の主要な構成要素の一つである．一方，「自己」の概念には，それが行う行為の他にも，内面的な「感情的側面」や，他者との社会的関係性の「認知的側面」など，様々な要素が含まれる．そして，これらの側面はそれぞれ，基本的な行為ミラーニューロンシステムから派生するように，感情ミラーニューロンシステムや，認知ミラーニューロンシステムとして脳内に存在していることがわかっている（図5-7）（Iriki, 2006）．

　これらの，自己に関する多様な側面に関する機能は，生身の体を通して行動しているだけのうちは，それぞれが必要になる状況でその都度独立に働いていればすんでいた．ところが，道具を手にとって身体の延長として使い始めた時から，それを使う身体もまた道具と一体となった操作対象と見なされるようになり，自己も客観化された対象として認識されるようになった．さらにまた，道具の共有を介して他者と自己との対応をもとに自己を他者と対峙する客観的な対象として認識されるようになっただろう．すなわち，道具を「触媒」とし

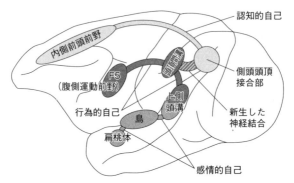

図5-7　自己の概念の行為的側面・感情的側面・認知的側面を
コードするミラーニューロンシステムの脳内大規模ネットワー
クと，道具使用訓練によって新生した神経結合（Iriki, 2006 を
改変）

てある種の仮想的／理想的な引きつけ合う「力」が働いて，異なる自己の側面
が統合を始め，やがては様々な側面が統合された一般的な自己の概念が形成さ
れていく基盤へと発展していくのだと言えよう．実際，これに対応する脳神経
科学現象として，先に述べた道具訓練による脳膨大が起こった部位から，図5-
7の斜線の結合部分で示されるような異なる自己間の皮質間連絡が新生される
ことが示されている（Hihara *et al.*, 2006）．そして，この現象が延長されること
によって，様々な部分的共通性を結節点としつつ，より大規模な全脳に及ぶネ
ットワークが形成され，領域固有の認知機能がより普遍的な領域一般にわたる
概念で統合された認知機能へと発展することになるのであろう．

言語の創発による不可逆的進化

　言語機能はヒトの知性を特徴づける大きな特徴であるが，その脳神経メカニ
ズムは道具使用と共通部分が大きい（図5-8）．両者は，言語は耳で聴き（入力）
口で喋る（出力）音波という遠隔情報を操るのに対し，道具は目で見て手のひ
らで感じ（入力）手で操作する（出力）体性感覚運動という近接情報を操ると
いう，扱う情報の性質とそれを扱う身体の入出力装置に違いがある．しかし，
両者の機能の本質であるそれぞれの行為の持つ意味の認知的操作や，それらの
構成要素を順序立てて構造化する計画実行の中核部分は大きく重複しており

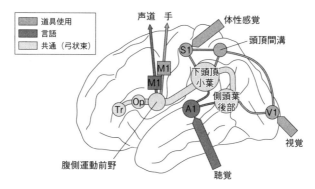

図5-8　言語と道具使用を司る脳ネットワークの比較（Stout & Chaminade, 2012 を改変）
言語の入出力と道具使用の入出力は異なるが，両者の機能の本質（意味の認知的操作や構成要素を順序立てて構造化する計画実行の中核部分）を担う脳領域は重複している．Tr: 下前頭回三角部，Op: 下前頭回弁蓋部.

（Stout & Chaminade, 2012），両者の脳神経メカニズムの間には具体的な機能的相乗作用があることがわかってきた（Thibault *et al.*, 2021）．したがって，進化の過程にあっても，これらは相互に促進し合いながら共進化してきたことに疑いはない．実際，サルの前述のミラーニューロンシステムの中で，原初的な文法構造に対応する神経活動が記録されており（Yamazaki *et al.*, 2010），これは脳内大規模ネットワークを形成するための，機能の収束力の萌芽を担っているものと考えられる．言語機能もまた，前節で言及した自己表象の脳内ネットワークと同様に，脳内各所に分散した様々な関連領域を統合することが必要であるが，その実体の一部である弓状束は，サルや類人猿と比べてヒトにおいて最もよく発達していることが示されている（Rilling *et al.*, 2008）．この現象がさらに大規模化・系統化していけば，現代のヒト（ホモ・サピエンス）のみで確認されている，大脳の長距離連絡による大規模ネットワークを形成する特殊な神経細胞の出現（Nimchinsky *et al.*, 1995）へと発展していくのであろう．

　このように進化・発展した言語機能に，道具使用との共進化によって持ち込まれた，前述の志向性と自己客観化がつけ加わることによって，ホモ・サピエンスの認知機能に画期的な変化がもたらされたことが想定される．すなわち，道具使用という実体的な物理的存在を対象とした情報操作原理が，言語では音

波の時系列という抽象的情報へと拡張されることによって，操作対象の概念構造が時間的空間的な物理法則から解放されて，時空を自由に超越し，創造することが可能になった．また，それらの言語的抽象概念を操る主体である「自己」の概念が客観化して確立されるとともに，その概念構造に主体たる自己の志向性が埋め込まれて，自分自身とともに周囲の環境にも向けられて「三元ニッチ構築」の原理が加速されることになったのである．この相転移がいったん創発して集団の中で共有され始めると，これはもはや後戻りすることはなく，急激に拡散して同様の潜在能力を備えたホモ・サピエンス種全体に，第一勝者総取り（winner-take-all）のかたちで爆発的に不可逆的な転換を引き起こすことになり，いったんこれが起こると他の可能性は一切排除されて，勝者たるホモ・サピエンスが地球全域を制覇して，現在の人新世に至った．これはちょうど，地球上に最初の生命体が創発されると，その型の生命がその後の地球上を（ほとんど）唯一支配しているのに似た現象である．

　三元ニッチ構築第2相の結果，ホモ・サピエンスは時間と空間を超越した，未だ見ぬ「彼方」や「未来」の世界を創造して目指すようになり，ある時，突然始まって広がった「認知革命」の原動力・駆動力になったのだろう．この新たな能力を，物理法則のもとでは全く異なる事象をつなぎ合わせて新たな概念を作り続ける，人間のゆえんたる何らかの仮想的な「引力」については，第4節でさらに詳しく検討していくことにする．一方で，この物理法則からの解放は，実はそれが支配する実世界で生存し続けなければならない生物種としてのホモ・サピエンスに，原理的に不可避な相反する不整合（パラドックス）を運命づけることになった．われわれが逃れられないにもかかわらず，未だ解決策を見出せずにいるこの矛盾については，最終第5節で論じることにしたい．

三元ニッチ構築1・2相のコストと進化速度の比較

　ここまでのまとめとして，人間の本性を担う認知科学的な内容の検討に進む前に，三元ニッチ構築メカニズムの鍵を握る「神経ニッチ構築」を実現するための物理的実体としての生物学的基盤について，三元ニッチ構築の第1相から第2相への相転移がなぜ突然に引き起こされ，それがいったん起こるとなぜ不可逆的で爆発的に進行していったかを自然科学的観点から比較整理し，明らか

表 5-1　三元ニッチ構築第 1・2 相メカニズムの機械論的比較

	第 1 相	第 2 相
物質	脳実質の量的増大 （ニューロン数，局所回路）	既存脳実質関係の構造化 （過剰結合の刈り込み抑制）
力 （ルール）	共時的連合：物理的学習 （自然法則に支配され受動的）	等価的結合：文化的学習 （個人／社会の顕在志向性で能動的）
エネルギー （コスト）	物質資源の投入コスト （維持コストも増大）	既存資源の維持 （総活動量微増分のみ）
エントロピー （情報・熱）	要素システムの重複による 既存情報空間構造内の量的拡大	領域間結合の制約解除で爆発 情報空間自体の次元拡大
速度	遅 （投入資源と維持コストの確保）	超速 （既存の刈り込み抑制／切り替えのみ）
可逆性	コスト節約のため可逆的	コスト不変のため可逆性不要 （外的・社会的要因で不可逆化）
（散逸）構造	環境との情報／熱交換で平衡	パラドックス

にしていくことにする．図 5-6 に提案したこの相転移の脳神経メカニズムを，機能する物質的実体として眺める時の物理学（熱力学）的に基本的な観点である，物質，力，エネルギーに，この実体が担う情報のエントロピーを加えた 4要素について，両相を表 5-1 の上半分に比較する．また，それらに起因する，各相の進化発展の速度と可逆性および，この脳神経システムを，エネルギーを消費しながら情報秩序形成をする（エントロピーを減少させる）熱力学的な非平衡系として見た時の，散逸構造としての特性について，表 5-1 の下半分に追記して比較検討の材料とする．

　　まず第 1 相の実体について，前掲図 5-6 を参照しつつ，これらの各観点から概観しよう．ここでの脳神経メカニズムは脳膨大，すなわちニューロンを含む当該脳領域の脳実質が，ヘッブ則（Hebb, 1949）などの活動の共時性を代表とする基本的な物理法則に受動的に従うことによって，既存の要素的システムの重複を繰り返して，定量的に増大することによって引き起こされる．脳実質が

増えるのであるから，当然そのための物的資源を投入する必要があり，増加した資源の生命活動を維持するためのエネルギーも余分に調達する必要があるので，その実現のためには大きなコストを必要とし，したがって，この過程が進行するのには長い時間がかかる．

　これに対応させながら第2相を見ると以下のようになるだろう．このメカニズムは，すでに第1相で十分に拡大を終えた離れた既存の脳領域間を結ぶことのみで達成される．この領域間結合は，新たに目的を持って新生されるというよりも，生後発達の過程で淘汰される過剰結合の刈り込み（Low & Cheng, 2006）のされ方の変更のみで達成されうるので，条件がそろえば極めて容易にすばやく実現する．そしてその条件とは，異なる領域で扱われる異種情報を結合することになるので，物理的な自然法則によるものから解放されて文化的で志向的に決定されるものにならざるをえない（この具体的メカニズムについては，第4節で詳しく検討する）．ここで，この機能を実現するためのニューロンなど脳実質の資源増加は不要なので，それに伴う機能維持のために新たにエネルギー源を調達する必要もない．活動する脳神経網の規模が拡大することによって，全体の活性が高まったとしても，それを維持するためのエネルギーの増加は多くはない．

　このように第2相では，物的およびエネルギー的な資源投入が不要であっても，脳領域間結合の物理的制約が解放されることによって，脳全体で可能となる神経回路網の結合パターンの数すなわち表現される情報の可能性（すなわち情報エントロピー）が格段に広がった．これは，第1相での情報エントロピー増大は各局所脳領域内の神経回路の基本構造の重複的拡大で量的に増えただけなのに対し，第2相では基本構造自体の次元が拡大して情報構造が相転移的に変化したことによる．言い換えると，脳神経という情報システムを維持するための資源・エネルギーと，それが蓄積し処理できる情報量・エントロピーとの関係が基本的に転換された，ということである．

　そして，この基本的な大転換はある時，突然起こったと考えられる．それはおそらく，第1相の間に脳が次第に拡大したことによって，諸領域の間で偶発的に何らかの機能的あるいは構造的なオーバーラップが起こって，それをきっかけとして堰を切ったように領域間結合が次々と出現していったのだと考えら

れる．神経ニッチ構築の内容的な基本原理は同じままで，それを達成するための機械的メカニズムが大きく置き換わったということである．原理は同じだと言っても，このメカニズム転換は，いくつかの大きな現象的違いを引き起こした．その例を，表 5-1 の下 3 行に例示する．

三元ニッチ構築第 1・2 相の違いの本質

　第一は，可逆性である．第 1 相では，ニッチの膨大は相応するコストの増大を伴うので，生体には環境内での生存効率を上げるために不要なニッチを縮小する圧力が常に働く．したがって，この時点での神経ニッチ構築は，その機能による生存上のメリットと，その機能を維持するためのコストのバランスで可逆的に調節されることになる．それに対して第 2 相では，機能の拡大に伴うコスト増が微少なので，この縮小圧力は働かないだろうから，このような可逆性は不要となる．その一方で，このメカニズムで生み出された結果は，集団や社会の中で共有されると既成事実として次々と固定化されていくので，それを消し去ることは不可能になる．つまり，結果として現実的に不可逆的になっていくだろう．この相違が，ホモ属の歴史上の二度の出アフリカの様態の違いに如実に反映されている．ホモ・エレクトゥスの第一出アフリカは第 1 相のもとで起こったので，メリットとコストのバランスをとりつつ，ゆっくりと小規模で進行したのに対し，ホモ・サピエンスの第二出アフリカは第 2 相のもとで起こったので，不可逆的に急速に進行して，あっという間に地球上のほぼ全域に拡散するに至ったのである．

　違いの第二は，生み出される情報構造の状態である．脳神経を含む生体は，エネルギーを逐次投入して消費しながら，生命や情報と秩序を形成（エントロピー減少）維持しつつ熱を外部に排出し続ける存在なので，基本的にそれ自体は非平衡系の散逸構造と見なすことができる．この構造の中で，脳神経系は情報の秩序を形成しエントロピーを減少させる機能を持ち，脳が膨大してとりうる状態の選択範囲が多くなるほど，でき上がった少数の秩序のエントロピーは小さくなる．熱力学の法則として，全体のエントロピーは増大に向かわなければならないので，脳と生体は減少させたエントロピーの分以上のものを，たとえば熱として外部に放出する必要がある．三元ニッチ構築第 1 相では，生体も

脳も環境も自然法則に従うので，脳と環境の間でエントロピーと熱を自然法則に従って交換することで，全体としての系の平衡が維持されていくことになる．

ところが，第2相では，自然法則によらない脳内結合の可能性の爆発的増大によって，内部情報のエントロピーは格段に小さくなるが，一方，生物システムとしては自然法則に従わざるをえないので，大きな熱量と乱雑さをどこかに放出しなければならない．つまり，環境を含む地球全体の平衡状態に，自然法則によらない何らかのプロセスを強要していることになる．しかし，ホモ・サピエンスの「認知革命」以降の短い時間の間では，まだ豊富な地球資源と環境に余裕があったごく最近までは，われわれはまだこの矛盾の深刻さには気がついておらず，したがって解決策も見出せずにいる．ここに，ホモ・サピエンスと人新世の本質的で不可避なパラドックスが潜んでいる．この問題については，第5節で改めて検討する．

4 人間性のゆえん

領域一般化を駆動する刺激等価性という引力

ここで再び三元ニッチ構築の認知科学的な中身について，前節で留保していた第2相を引き起こした「引力」についての議論に戻そう．これこそホモ・サピエンスが獲得した人間性のゆえんであるが，これは突然降って湧いたようなものではなく，第1相で萌芽的・潜在的に備わっていたものが，第2相で顕在化し爆発的に発現したと考えるのが自然だろう．「三元ニッチ構築」のメカニズムによって進化・発展した種々の行動表現型に通底し，その第1相から第2相への相転移的変化を可能にする共通機能原理を特定できれば，人類進化の原動力を単一の行動様式に帰着させようとする直線的な因果的追究から発展・脱却して，より重層的で柔軟な進化のメカニズムが解き明かされることが期待される．

道具使用による身体拡張に始まり，自己と他者との共感性に基づく社会形成から，言語による柔軟な思考などに共通する精神作用は，異なる事象の間の等価関係を発見したり，その同等性をよりどころとして新しい概念を形成したり，それらを抽象的に言語表現して自在に再構築するといった，「刺激等価性」と

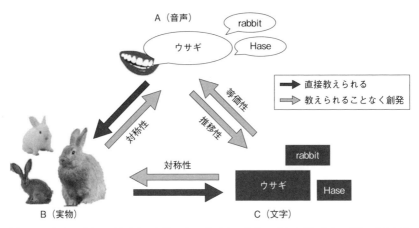

図 5-9　音声の「ウサギ」(A)，実物のウサギ (B)，文字の [ウサギ] (C) の間に成立しう
る刺激等価性の例
音声「ウサギ」(A) が実物のウサギ (B) と対応することを教えてもらうと (A→B と表記)，実物のウサギを見た
だけで「ウサギ」と発声するようになる (B→A)．実物のウサギ (B) が文字の [ウサギ] (C) に対応すると教え
られると (B→C)，文字を見ただけで実物がわかるようになる (C→B)．すなわち，A→B，B→C の関係を教えら
れると，直接教えられることなく，B→A (対称性)，C→B (対称性)，さらには A→C (推移性)，C→A (等価性)
が創発的に対応づけられるようになる．このようにして A, B, C の刺激が機能的に交換可能となった時，刺激等価
性（刺激等価関係）が成立した，と呼ばれる．刺激等価性は任意の事物や事象（音声 "rabbit", "Hase", 異なるウ
サギ，文字 [rabbit], [Hase] など）に拡張可能な特徴を持つ．

言われる機能だと考えられる（図 5-9）(Sidman, 1994)．これは，一見すると全
く異なる範疇に属する任意の事物・刺激間に成立した，機能的な等価関係に基
づく交換可能性を指し，特に言葉の学習に例証される．たとえば，子どもが母
親から，「ウサギさんはどれ？」と尋ねられてウサギのぬいぐるみを選ぶこと
ができ，かつ，「これは何かな？」と尋ねられて「ウサギ」と答えられた時，
「ウサギ」という音声とウサギのぬいぐるみという物体の，全く異なる次元の
事象の間に刺激等価関係が成立したという．訓練刺激が等価な刺激クラスとな
るばかりでなく，派生的・創発的に文字や記号などのさらに異なる事象との刺
激間関係の拡張が示される（Sidman & Tailby, 1982）．この性質は他の種と比べ
てヒトにおいて特別に成立しやすい一方，ヒト以外の動物で確かめられた例は
非常に少ない（山﨑, 1999）．ヒトでは，幼児以降，年齢や疾患の有無などにか
かわらず訓練なしに認められる（O'Donnell & Saunders, 2003）．前述の例のよう
に，刺激等価性は言語獲得場面で明確に示される特性であるが，言語レパート

リーをほとんど持たなくても成立することや (Carr *et al.*, 2000), 一部のヒト以外の動物での成立報告があることから (Schusterman & Kastak, 1993; 山﨑, 1999), 言語使用に伴い獲得されるのではなく, 言語運用などに必要な表象機能の発現に不可欠な背景となる認知能力と考えられている (山﨑ら, 2008; 山﨑, 2016).

このように等価関係は刺激のモダリティにかかわらず, 行動そのものを含め, 様々な事象間に成立するという特徴を踏まえて改めて道具使用を考える時, 道具を手にとって使い始めた時から, 道具という外在の物体と身体の一部である手の間には機能的な等価関係が成立していると言える. 言い換えると, 道具は手の延長として身体化すると同時に, それを操作する手はそれを操作する主体にとって道具化している. 実際, 普段は道具を使わないサルであっても, 訓練によって道具を使いこなすようになると, 身体像を表象する脳神経細胞が, 道具と手を区別せずに等しく活動することがわかっている (Iriki *et al.*, 1996). このような関係は, 共感性の基盤となる自己と他者の等価関係の認識においても成立する. サルは, 普通は鏡に映った自分の姿を自己として認識しないが, 一定条件下で訓練すると, 鏡映像認知行動を獲得するとともに, 脳内に鏡映自己像をコードする神経細胞反応を記録することができるようになる (Bretas *et al.*, 2021). これは, 自己を他者の視点で客観化することであり, 自己の視点で見た他者との等価関係を構築して共感する機能の萌芽となるものであろう. このように, 道具使用を契機として開始された「三元ニッチ構築」は, 刺激等価性の現象と出会うことによって, 異なる領域の認知機能を結びつける仮想的・理想的な「引力」となって, 言語機能を通して一般化される. このように, 異質なものを何らかの等価関係を手がかりにして糾合することによって, 自然界の物理法則から解放されて, 自由に次々と新しい概念を構築することが可能となり, さらにそれを積み重ねて重層的な概念構造に組み上げていく, という人間の知性のゆえんにつながっていくのであろう. この能力はさらに, 第5節で述べるような, 霊長類の動物としての特異な特性と結びつくことによって, 一層の進化・発展が加速されることになる. これはやがて, 数学者アンリ・ポアンカレの「数学とは異なるものを同じものとみなす技術である」との有名な言明 (山口, 2010) に象徴されるように, 抽象概念を自在に操る現代純粋数学の, 人間知性の究極のかたちの基本原理として発展していくのであろう.

道具を使うための座位への体軸転回による世界観の形成

このような等価関係は，その個体がたまたま遭遇した事項ごとに，その都度個別逐次的に成立するので，認知システム全体の中で各認知領域は独立して機能している（Mithen, 1999）．そして，それら相互の関係性は環境を支配する物理法則に従って自律的に構築される．すなわち，全体の構造は局所ルールが次々と総合されることによって，実際の行動様式がそれぞれ有効に機能するように構成される．これでは，認知すべき環境の対象全体を統一的に俯瞰するような，いわゆる「世界観」が構成されることは不可能である．また，このシステム全体は，実在する自然法則から逐次の要請に対して機能するようにでき上がる受動的な創発なので，先に述べた「未知」の領域は原理的に存在しない．すなわち，現在われわれが持っているような，普遍的な領域一般的概念が構成されて俯瞰的な統一的世界観が構成される（Mithen, 1999）ためには，環境世界全体を俯瞰するための「基準点」と，その基準点を原点とした普遍的な世界の座標軸が創発される必要がある．

この世界を認識するための基準点と座標軸は，霊長類の体の基本構造に宿る偶発的な特異性と，再び「道具使用」行動が組み合わさった時に，以下のようなプロセスで形成されたと考えられる．すなわち，ホモ属を含む霊長類が手に道具をとって使う時，本来は身体の体重を支えて身体移動に供されていた四肢のうちの前肢が，これらの本来機能から解放されるために，「座る」ことを始めた（Iriki & Taoka, 2012）．これは，通常注目されている「二足歩行」よりも前に起こる基本的で容易な行動転換であり（図 5-10），この時の二足歩行との共通点は，体軸が直立することである．体軸が回転して直立すると，道具は手にとって「前方」に（すなわち体軸と直角かつ地面に水平に）志向的に突き出される．また，霊長類の身体特性として樹上生活のために長くなった手の先を，樹状の三次元空間での行動を支持すべく奥行き知覚を向上させるために進化した，前方に向かって並んだ両眼視によって視認することができるとともに，地面で体を支えている尻や足を視界に入れることができることが大きく貢献した．すなわち，空間の上下軸の原点としての「立脚点」を，地平面上に自己が立つ／座る身体が置かれた一点として，客観的に視認することができたのである（図5-10）．霊長類であるわれわれ人類にとって当たり前のこの状態は，霊長類以

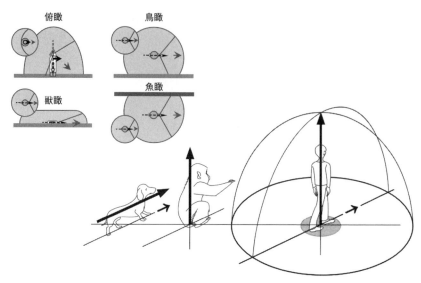

図 5-10　動物の体軸（太矢印）と運動方向および地表面／立脚点との関係（Iriki *et al.*, 2021 を改変）

左上は，ヒトの俯瞰，鳥瞰，獣瞰および魚瞰における視野（太線枠内）の位置関係を示す横面観と上面観（左に小さく表示）.

外の脊椎動物では極めて異常なことを改めて再確認する必要がある．すなわち，体軸を対称軸とした左右対称のボディデザインを持った一般の脊椎動物の運動の方向は，体軸に沿った頭の方向であり，その先端に効果的に感覚器が集まるように適応進化した脊椎動物にとって，体を支え移動するための四肢は通常は視界に入らない，身体を自在に動かすために効率的な身体重心付近のはるか後腹側に位置する．また，鳥や魚は空間内を三次元的に運動するので，上下を含むこれと類似の空間認識を持っているように一見されるが，実はその空間内での立脚点は，揚力や浮力の中心である自己の身体の重心にあり，それを客観視することはできないのである．したがって，空に舞い上がった鳥が「鳥瞰」する地表面（や魚が見上げる水面）は，地上動物にとって自己がその上によって立つ基準面ではなく，運動可能な三次元空間の限界面に過ぎない（図 5-10 左上図）．つまり，一般の脊椎動物にとっての身体は，環境の中に埋め込まれて，客観化して環境の中の世界に位置づけることは不可能な存在なのである．このように，われわれが世界観を得る「俯瞰」像は「鳥瞰」像とは本質的に似て非

なるものであり，ホモ属に至るまでに可能性として準備された道具使用行動を契機として，これらの要因が一気に結合して，新たな一揃いの条件の組み合わせとして突然立ち現れたものだと考えられる．

　俯瞰により一般的な「世界観」が創られて，道具を触媒とした自己の客観化と他者との相対化が進むためには，環境情報と自己に関する情報が構造化されて統合されなければならない．この時，体軸回転によってもたらされた，基準点（立脚点）と地平に垂直する体軸方向の上下軸を備えた空間座標系によって，一気に世界は立体的に構造化され，その構成要素が相対化され，世界観が形成される．このような一連の条件変化は，その環境の中での行動に適応するために，自己と環境およびその関係性に関する空間情報処理をするために，脳に対してそれまでにはなかった新たな大きな負荷を強いることになった．この新たな情報処理は，霊長類の二次体性感覚野で達成されることが最近明らかになってきた（Hihara *et al*., 2015; Bretas *et al*., 2020）．この脳領域は，第 2 節で述べたサルの道具使用訓練によって膨大が起こることが検出されていながら（Quallo *et al*., 2009），その機能的意義が謎のまま残されていた領域であった．ここでは，身体に関する総合的な体性感覚情報と，環境世界の視覚的な空間情報を有機的に統合して，環境構造との関係性の中に自己を位置づける「World-around-the-Body map 1」が，前掲図 5-1 で示した生体の情報処理構造をもとにしてヤーコプ・フォン・ユクスキュルらの「環世界」（von Uexküll & Kriszat, 1973）に相当するかたちで形成される（図 5-11）．これが，ヒト脳の拡張過程で「自己」が客体化して「Body / Self-in-the-World map」を取得し，さらに，これに道具使用によって持ち込まれた志向性がつけ加わると，環境の中に自己を理解する能力は前述の刺激等価性の認知バイアスによって容易に反転して，自己から外側の環境世界に向かい，現象学で言う志向弓（Merleau-Ponty, 1945/2011）の働きによって環境世界に対して投射的に作用する「World-around-the-Self map 2」が「環世界」の発展的拡張形として形成されることになる（Iriki *et al*., 2021）．これが，自己から遠心的に環境に向かう認知能力として本シリーズ第 4 巻第 2 章で鈴木宏昭によって提案されている「プロジェクション（projection）」の脳神経基盤であり，この認知神経メカニズムが本シリーズ第 1 巻第 8 章で田中彰吾によって哲学的省察がなされている「身体性を基

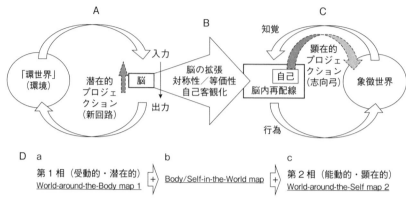

図 5-11　二次体性感覚野における情報処理 (Iriki *et al.*, 2021)

A：世界は，von Uexküll & Kriszat（1973）が「環世界」と呼んだ，生物が受動的に適応する周囲の世界として単純に表され，仮想的な「新回路」に対応して脳内に構築された神経表現が受動的な World-around-the-Body map 1 (Da)．B：人間は脳の拡張過程で「自己」として客体化して Body/Self-in-the-World map (Db) を取得する．C：世界と自己の多様な可能状態を明示的かつ能動的に投影する「志向弓」(Merleau-Ponty, 1945/2012) の作用により人間が操作できる時空間複合体である World-around-the-Self map 2 を形成する（Dc）．

盤とした世界認識」を実現する実体であると考えられるとともに，人間特異な認知能力の一つである豊かな創造性の起源ともなったのであろう．

　さらに，この自己の志向性が埋入され体系化して認識された世界に，共進化しつつある言語の持つ超越性が出会うと，実際の行動圏内の世界の端をさらに延長して，地平線の向こう側の未知なる世界を想像して，仮想的な観念的実体として創造し始める．これによって，未知と既知が相対化され，未知の世界をも構造化しようとする外に向かった志向性が働くことになる．そしてホモ・サピエンスは，未知なるものと向かい合う道具的な媒介として，また概念拡張を認知的に触媒する装置として，神や宇宙人といった仮想的実体を，頻繁にそして熱心に繰り返し創り出すようになった．これは，世界中の文明圏を通じて広く考古学上の遺跡・遺物や，各種の神話などとして確認されるようになる．このようなメカニズムは，ホモ・サピエンスの文明を創造し，築くために極めて有効であったためであろう．その一方で，このようにして創り出された概念的な文明世界は，自然法則の拘束から自由に解放され，人間の非論理的認知バイアスの創り出す虚構の世界でもあるものの，生物としてのホモ・サピエンスの現実的な生存条件は，自然法則に従う生物学的メカニズムから逃れることはで

きない．ここに，避けることのできない，本質的問題としてのサピエント・パ
ラドックスが発生していたのである．

5　人類の脳／認知進化が包摂するパラドックス

2 回の相転移を演出したトレード・オフ

　ここまで進めてきた認知神経科学的考察によって，人類の進化の過程におけ
る「謎」のほとんどが，進化の脳神経メカニズムの 2 回の相転移として説明さ
れた一方で，それは新たな問題点を提起することになった．まず，相転移に伴
ってこのメカニズムに導入された新たな機能を整理してみよう（図 5-12）．第 1
相への相転移（①，前掲図 5-2 矢印 A）では，自然科学的メカニズムに道具使用
という行為に本質的に備わった性質として，潜在的ではあるが「志向性」が取
り込まれ，「三元ニッチ構築」として進化が方向性を伴って加速されることに
なった．その第 2 相への相転移では，その結果として進化発達する認知機能に，
空間的な「未知」と時間的な「未来」を顕在化させる超越性と，既知と未知の
世界を俯瞰的に構造化する能力が取り込まれることによって，ヒトの認知は包
括的な概念を形成してそれらに意味を付与する能力を獲得したことで，それま
で卓越的であった自然法則による支配が弱まって変化の速度が爆発的に速まる
と同時に，逆に自然を操作するようになった（②，前掲図 5-2 矢印 B）．

　次に，これらの相転移の後に進化を加速させた駆動力を整理する．まず，脳
神経―認知―環境の相互作用を触媒する装置としての道具と，さらに発展した
後の，既知の世界と未知の世界を触媒した仮想的な存在としての神や宇宙人の
創出である．これらの触媒によって加速された反応は，複数個体が構成する社
会の間で共有され既成事実化することによって，不可逆的に定着して次の反応
の起点となって，進化発展反応の爆発的カスケードに点火することになった
（③，前掲図 5-2 矢印 C）．このようなしつらえを取り込んだ進化のメカニズムは，
その反面として，自然法則に基づいた周囲環境と生体システムの平衡を調節す
る緩衝メカニズムを格段に弱めることとなり，パラドックスを呼び込む素地と
なったのであった．そして，これが三元ニッチ構築の第 2 相に至って急激に顕
在化するのであるが，それは人間文明を発展させる強力な駆動力となった一方

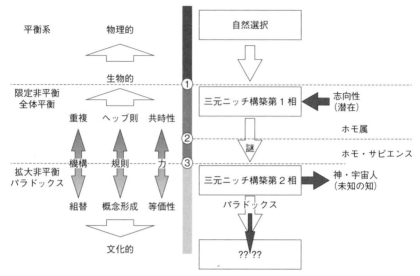

図 5-12　人類進化のメカニズムにかかわる諸要素の関係性の総括

で，当初は潜在的に矛盾をも包摂し始めて，それが現在の人新世に極まりつつある中で顕在化し始める必然となったのであった．

パラドックスの起源・来歴・今後

　人間の認知機能に不可避な根源的なパラドックスを招き入れたのは，人間性のゆえんを創出した基本的「引力」として機能した，刺激等価性という非論理的認知バイアスである．この作用によって，ホモ・サピエンスの脳神経メカニズムとそれによって立つ認知機能は，超越性を備えた恣意的な概念形成の能力を獲得し，この基本原理のもとに世界観とその中に客観される自己像を獲得した．同時に，それを基盤とした種々の規範を，それまで一方的に支配されてきた自然法則から解放され，自在に構築して，現代に至る人間文明世界をこの地球上に打ち立てることに成功したのであった．

　この機能によって自然現象に暫定的に付与された種々の「意味」は，われわれが現在享受している文明を創り出すためには極めて都合がよかった．しかし，それは自然法則と乖離しているゆえに非論理性を内包し，自然法則に帰着させ

て定量化する根拠を欠いているために本質的な不確定性を払拭することができない．また，これらの文明を実現するためにわれわれが創り出す法律や制度などの約束事としてのルールは，人間行動の利便性のために暫定的に制定する操作的なものであるので，適応範囲はその行動の志向的目的を共有する社会共同体とその目的を追求する期間のみを対象として考案される．そして，これをもとにした社会の発展は激烈な速度で進むので，その適用範囲外の集団と調整する暇もなく，その集団内部で自己完結的な拡大再生産に突き進むことになる．

このような集団と社会系は，地球上のホモ・サピエンス全体として，その基本原理は共有されるものの，生成される成果物の別個集団間での調和形成が不十分なまま進行するので，総体として因果多様的な分岐進化が起こり，それらの分岐集団間では勝者総取り（winner-take-all）的な闘争が起こる．その帰結として，相互作用をしなかった孤立系では，後の他系からは論理的・必然的に解釈不能な，多数の絶滅を生み出し続ける．後世，その痕跡を他の系統として進化した文化が発見した時，それへの解釈の欲求を満たすためには，これまた必然的に未知の要因が必要となり，その説明のための新たな未知の操作的触媒としての神や宇宙人などを創り出して，説明し納得しようとする圧力が働くことになる．これが，サピエント・パラドックスの正体であり，人新世の行く末を決定するわれわれの認知機能とそれを担う脳神経系の潜在層でのメカニズムであろう．

ここから先は現在進行形の話なので，結末に至る証拠がそろっていない．これまでのメカニズムを前提として，ホモ・サピエンスが得意とする未来に演繹する空想の世界である．ホモ・サピエンスの「認知革命」で登場した，刺激等価性による新概念創造圧力は，あらゆる階層（脳内領域間，個人対個人間，第三者を含む社会間，いったん第三者が含まれるとそれが連鎖反応的に爆発して社会を生み出し，その後は複数の社会間，民族・国家などの上位社会構造間）で働く．それと同時に，より密な下位構造間でのクラスター化も要求しながら大規模ネットワークの階層構造化も進行するので，淘汰圧メカニズムとしてのクラスター間および階層間の闘争を生み出す．つまり，このような拡散相互作用は，すべての文化が傾向として持つ生存特性であり，諸文化の間で必然的にこの自然淘汰のメカニズムと類似の選択圧が働くことになり，還元主義的説明である基本的で直

線的な因果スキーマは，個人レベルの現象は説明できるが，複雑系としての個人要素間の予測不能な相互作用がある因果関係が重層的に絡み合う社会現象に適用するのは不可能であることが明確となる．それに加えて，このような空想概念レベルの進化は，生物学的生存のレベルでの進化圧力要因との闘争も生じさせ，最終的には自然淘汰が文化進化を上書きするが，文化と自然との相互作用である三元ニッチ構築の機械論的特性も要因として加わり，必然的にこの帰結は予測不能である．ただ言えることは，人類はまだこの解決策を見出していないが，法や倫理などのルールに基づく文明によって構築された世界の進化は，最終的には自然法則によって淘汰されていくことになるのではなかろうか．

引用文献

Arold, S. T. (2020). Intrinsic negative feedback as a limiting factor for the evolution of higher forms of intelligence. *F1000 Research*, *9*, 34. doi: 10.12688/f1000research.22039.2

Baldwin, J. M. (1896). A new factor in evolution. *The American Naturalist*, *30*, 441–451.

Bretas, R., Yamazaki, Y., & Iriki, A. (2020). Phase transitions of brain evolution that produced human language and beyond. *Neuroscience Research*, *161*, 1–7.

Bretas, R. V., Taoka, M., Hihara, S., Cleeremans, A., & Iriki, A. (2021). Neural evidence of mirror self recognition in the secondary somatosensory cortex of macaque: Observations from a single-cell recording experiment and implications for consciousness. *Brain Sciences*, *11*, Article 157.

Bretas R. V., Taoka, M., Suzuki, H., & Iriki, A. (2020). Secondary somatosensory cortex of primates: Beyond body maps, toward conscious self-in-the-world maps. *Experimental Brain Research*, *238*, 259–272.

Carr, D., Wilkinson, K. M., Blackman, D., & McIlvane, W. J. (2000). Equivalence classes in individuals with minimal verbal repertoires. *Journal of the Experimental Analysis of Behavior*, *74*, 101–114.

Draganski, B., *et al.* (2004). Neuroplasticity: Changes in grey matter induced by training. *Nature*, *427*, 311–312.

Estrada, A., *et al.* (2017). Impending extinction crisis of the world's primates: Why primates matter. *Science Advances*, *3*, e1600946.

Harari, Y. N. (2015). *Sapiens: A brief history of humankind*. Harper Collins

Hebb, D. O. (1949). *The organization of behavior: A neuropsychological theory*. Wiley & Sons.

Hihara, S., *et al.* (2006). Extension of corticocortical afferents into the anterior bank of the intraparietal sulcus by tool-use training in adult monkeys. *Neuropsychologia*,

44, 2636-2646.

Hihara, S., Taoka, M., Tanaka, M., & Iriki, A. (2015). Visual responsiveness of neurons in the secondary somatosensory area and its surrounding parietal operculum regions in awake macaque monkeys. *Cerebral Cortex*. *25*, 4535-4550.

Huxley, J., (1942). *Evolution: The modern synthesis*. Allen and Unwin.

Iriki, A. (2006). The neural origins and implications of imitation, mirror neurons and tool use. *Current Opinion Neurobiology, 16*, 660-667.

Iriki, A. (2010). Neural re-use: A polysemous and redundant biological system subserving niche-construction. *Behavioral Brain Sciences, 33*, 276-277.

入來篤史 (2022).「レジリエント・サピエンス」の神経生物学——人類進化と文明発達の相転移　稲村哲也・山極壽一・清水展・阿部健一 (編), レジリエンス人類史 (pp.196-209) 京都大学学術出版会

Iriki, A., Suzuki, H., Tanaka, S., Bretas Vieira, R., & Yamazaki, Y. (2021). The sapient paradox and the great journey: Insights from cognitive psychology, neurobiology and phenomenology. *Psychologia, 63*, 151-173.

Iriki, A., Tanaka, M., & Iwamura, Y. (1996). Coding of modified body schema during tool use by macaque postcentral neurons. *NeuroReport, 7*, 2325-2330.

Iriki, A., & Taoka, M. (2012). Triadic (ecological, neural, cognitive) niche construction: A scenario of human brain evolution extrapolating tool use and language from the control of reaching actions. *Philosophical Transactions of the Royal Society B: Biological Sciences, 367*, 10-23.

Ishibashi, H., *et al.* (2002a). Tool-use learning selectively induces expression of brain-derived neurotrophic factor, its receptor trkB, and neurotrophin 3 in the intraparietal cortex of monkeys. *Cognitive Brain Research, 14*, 3-9.

Ishibashi, H., *et al.* (2002b). Tool-use learning induces BDNF in a selective portion of monkey anterior parietal cortex. *Molecular Brain Research, 102*, 110-112.

Krubitzer, L., & Dooley, J. C. (2013). Cortical plasticity within and across lifetimes: How can development inform us about phenotypic transformations? *Frontiers in Human Neuroscience, 7*, 620.

Low, L. K., & Cheng, H. J. (2006). Axon pruning: An essential step underlying the developmental plasticity of neuronal connections. *Philosophical Transactions of the Royal Society of London Series B, 361*, 1531-1544.

Matzke, N. (2006). Fun with hominin cranial capacity datasets (and Excel), Part 2. The Panda's Thumb. (https://pandasthumb.org/archives/2006/09/fun-with-homini-1.html)

Merleau-Ponty, M. (2011). *Phenomenology of perception* (D. A. Landes, Trans.). Routledge. (Original work published 1945)

Mithen, S. (1999). *The prehistory of the mind: The cognitive origins of art, religion and science*. Themes and Hudson.

Nimchinsky, E. A., Vogt, B. A., Morrison, J. H., & Hof, P. R. (1995). Spindle neurons of the human anterior cingulate cortex. *Journal of Comparative Neurology, 355(1)*, 27-37.

Odling-Smee, F. J., Laland, K. N., & Feldman, M. W. (2003) *Niche construction: The neglected process in evolution*. Princeton University Press.

O'Donnell, J., & Saunders, K. J. (2003). Equivalence relations in individuals with language limitations and mental retardation. *Journal of the Experimental Analysis of Behavior, 80(1)*, 131–157.

Pigliucci, M., & Müller, G. B. (2010). *Evolution: The extended synthesis*, MIT press.

Quallo, M. M., et al. (2009). Gray and white matter changes associated with tool-use learning in macaque monkeys. *Proceedings of the National Academy of Sciences, 106 (43)*, 18379–18384.

Renfrew, C. (1996). The sapient behaviour paradox: How to test for potential? In P. Mellars & K. Gibson (Eds.), *Modelling the early human mind* (pp. 11–15). McDonald Institute.

Rilling, JK., et al. (2008). The evolution of the arcuate fasciculus revealed with comparative DTI. *Nature Neuroscience, 11(4)*, 426–428.

Rizzolatti. G., Fadiga, L., Gallese, V., & Fogassi, L. (1996). Premotor cortex and the recognition of motor actions. *Cognitive Brain Research, 3(2)*, 131–141.

Schusterman, R. J., & Kastak, D. A. (1993). A california sea lion (*Zalophus californianus*) is capable of forming equivalence relations. *Psychological Record, 43*, 823–839.

Sidman, M. (1994). *Equivalence relations and behavior: A research story*. Authors Cooperative.

Sidman, M., & Tailby, W. (1982). Conditional discrimination vs. matching-to-sample: An expansion of the testing paradigm. *Journal of the Experimental Analysis of Behavior, 37(1)*, 5–22.

Stout, D., & Chaminade, T. (2012). Stone tools, language and the brain in human evolution. *Philosophical Transactions of the Royal Societiy B Biological Science, 367*, 75–87.

Thibault, S., et al. (2021). Tool use and language share syntactic processes and neural patterns in the basal ganglia. *Science, 374*, eabe0874.

von Uexküll, J., & Kriszat, G. (1973). *Streifzüge durch die umwelten von tieren und menschen.* (日高敏隆・野田保之（訳）(1973). 生物から見た世界　思索社)

山口昌哉 (2010). 数学がわかるということ——食うものと食われるものの数学　筑摩書房

Yamamoto, S., (2021). "Unwilling" versus "unable": Understanding chimpanzees' restrictions in cognition and motivation. *Psychologia, 63*, 174–190.

山﨑由美子 (1999). 動物における刺激等価性　動物心理学研究, *49(2)*, 107–137.

山﨑由美子 (2016). 刺激等価性　脳科学辞典　doi: 10.14931/bsd.6817

山﨑由美子・小川昭利・入來篤史 (2008). 対称性に関わる生物学的要因の解明に向けて　認知科学, *15(3)*, 366–377.

Yamazaki, Y., Yokochi, H., Tanaka, M., Okanoya, K., & Iriki, A. (2010) Potential role of monkey inferior parietal neurons coding action semantic equivalences as precursors of parts of speech. *Social Neuroscience, 5(1)*, 105–117.

意識の神経基盤
──クオリア構造と情報構造の関係性を圏論的に理解する

土谷尚嗣

1　歴史的背景

　本章では，われわれが近年「クオリア構造」と呼んでいる，新しい意識研究のアプローチを説明し，より発展させることを目的とする．われわれの新しいアプローチは，主観的な意識とそれを支える脳の関係性にアプローチするためには，「構造」的な理解が必須である，という提案である（土谷，2021）．クオリアとは，われわれが覚醒状態にあって意識経験をしている時のその意識の中身のことだと考えてもらってよい．色のクオリア，痛みのクオリア，思考のクオリアとは，それぞれに特有の感じや主観的な経験のことを指す．

　構造の理解を目指した人文・科学的なアプローチとして，20世紀中頃，クロード・レヴィ＝ストロースに始まる構造主義が挙げられる（橋爪，1988）．構造主義的なアイデアに基づく実証的な意識研究とは一体どのようなものか．われわれのクオリア構造アプローチでは，20世紀中頃以降に発展した「圏論（けんろん）」という数学の手法を使うことを提案する（Tsuchiya *et al.*, 2016）．圏論とは，数理的に「構造」を解析するために発展した数学の分野である．

　本章では，第1節でこれまでの哲学的な流れの中でどのように意識と脳の関係性が論じられてきたかを概観した後，第2節では1990年以降に主流になってきた脳科学による意識へのアプローチを短く解説する．第3節では「関係性」に主眼を置く圏論の大きな成果である「米田の補題」を使ってクオリアを特徴づける，というアプローチとそれに基づいた精神物理学パラダイムを紹介する．第4節では「随伴関係」という，圏論によって初めて定式化された重要な概念を紹介する．随伴という概念により，意識研究では重要な問題である

「クオリア」と「報告」の関係性を概念的に整理することを試みる．最後に米田の補題と随伴概念が，意識研究（第5節）や，認知科学一般や日常生活に与えうる影響（第6節）についても考察する．

20世紀までの哲学の流れ

意識と脳の関係性については，古代から哲学や宗教の文脈で多くが語られてきた．近代に入り，ルネ・デカルト（デカルト, 1964）が，後に多大な影響を与えた考えに至る．世界の存在を含む様々なことを疑うことは可能だが，それらの事物を疑っている自分に意識があることは疑うことはできない（e. g., "cogito ergo sum"），というものだ．他にも，デカルトは，脳を含んだ客観的（objective）な物質の世界と，意識の主観的（subjective）な世界を区別し，二元論（dualism）を唱えた．

これらのデカルトの考えは，その後の科学に重要な影響を与えた．二元論的な世界観が直接に科学者・数学者・哲学者に受け入れられたかどうかは明らかではない．しかし，研究者の多くが，意識は科学研究の対象にならないと考えるようになった（Goff, 2019）．その遠因の一つには，二元論的な世界観があっただろう．客観的な物質の世界の構造の理解を目指す科学分野は，その多くが成功を収めてきた．一方，主観的な意識の世界の構造は，いつまでたってもふわふわしたものであり続けている印象が拭えない．進歩があるのかどうかがわかりづらい．このような印象は，前者に対しては有効な「数理的な理解」を目指すという手法が，後者に対しては適用不可能だと考えられ，その適用がなかなか進んでこなかったという事情がある．

たとえば，ガリレオ・ガリレイは，科学は客観的な世界の事物を扱うべきであり，主観的な事物は科学が扱えない対象だと考えていた（Goff, 2019）．イマヌエル・カントは，主観的な現象は数学的に研究することができないと論じた．意識を研究するに当たって，自分の意識を内観し，それを報告するという観測方法は根源的に重要である．しかし，この内観報告という手法は，どこまでいっても不正確である．不正確な観測を基礎として，厳密な客観的な科学を打ち立てることはできないという考えだ（コイファー＆チェメロ, 2018）．

一方で，グスタフ・フェヒナーやヴィルヘルム・ヴントらは，外界の刺激を

厳密に操作することで，内観報告の非正確性を減じることができると考えた．これが「精神物理学（psychophysics）」の始まりだ．彼らの研究目標は，外界の刺激（stimulus）と，意識の世界（consciousness）の間の関係性を数理的な法則として理解することであった．

　フェヒナーやヴントらの手法の中心になったのは，主観的に検知できる客観的な刺激のわずかな違いである．様々な知覚における最小可知差異（just noticeable difference: JND）を単位にとることで，外界と主観をつなげる「法則」を見つけようというアプローチだ．ヴントはこの手法の中で，主観を感覚と感情に分け，前者は原子的な要素「クオリア」を組み合わせることで説明ができ，それでも足りないものが感情として理解できると考えた[1]．

　最小可知差異は，数学でいうところの「微分」に近い．局所的な情報さえあれば，全体を「積分」することで復元できるだろうという考えの基礎である．しかし，数学においても，直接に全体を研究することでしかわからない構造もある．トポロジーと呼ばれる分野では，あえて局所的な違いを無視する．ドーナツであれば一つ，シャツであればボタンの数だけある「物体の穴の数」などは，「不変量」と呼ばれる．細かい差異を無視して，引き伸ばしたり回転したりという変形を行っても，ドーナツやシャツの穴の数は変わらない（破ったり穴を開けたりという変形は，ここでは許されない）．不変量は数学的な構造を「分類」するのに重要な概念だ．

　その後，スタンリー・スティーブンス（Stevens, 1957）は，局所的な精神物理学を超えて，大局的な精神物理法則の発見を目指した．たとえば，様々な「音の大きさ」を，基準の音の大きさと比べることで主観的に報告してもらう

---

1)　ヴントの考えは，後に起こったゲシュタルト心理学によって批判された．しかし，「クオリア」という「他とつながる足を持った原子」が，どのように他の原子とつながることで「構造」を生み出すのか．さらに，原子がつながってできる「クオリア分子」はどのような構造を持つのか．そして，巨大なクオリア分子どうしの間にはどのような超構造，すなわち「一瞬の意識全体としてのクオリア」が生じるのかは考えられていない．また，現代物理学で明らかになった原子の内部構造に対応するようなものがクオリアにも存在するのかについても多くは論じられていない．素粒子に対応するようなもの，さらに，量子場のような最も根源的なものに対応するようなものが意識・クオリアにあるのか．興味深いテーマではあるが，本章では扱わない．

という方法だ．この方法を適用することで，モダリティの異なる「音の大きさ」と「光の明るさ」ですら，実験参加者はマッチできることがわかった．驚くべきことにそのマッチには参加者間でも整合性があり，法則化が可能である．スティーブンスの法則と呼ばれるものは，数式で表される大局的物理法則である．

　この大局的精神物理学をアップグレードしたものが，ロジャー・シェパード（Shepard, 1987）らによりポピュラーになった類似度測定法だ．最もシンプルな類似度測定法に基づく実験では，二つの入力刺激を実験参加者に呈示し，その似ている度合いを数値で評価してもらう．すべてのペアの間の類似度を計測すれば，多次元尺度構成法（Borg & Groenen, 2005）により，モノの主観的な見え方，すなわち，クオリアの間の関係性を視覚化することすらできる[2]．

　これらの精神物理学では，外界と意識をつなぐものとしての「脳」というステップは，完全にブラックボックスとして扱われた[3]．

　バラス・スキナー（Skinner, 1965）らの行動主義心理学はこの方向性をより先鋭化した．行動主義心理学では入力刺激と行動出力の関係性だけが問題になり，途中に介在する脳や，行動として直接測ることが難しいような心の働き全般が研究対象から除外された．この時期に，主観的な意識は，科学研究の対象としての地位を失った．

1990 年代以降の意識の脳科学研究

　その後，1950 年代以降，デイヴィッド・ヒューベルとトルステン・ウィー

---

2)　この方向性をオンラインでの実験を通し，多数の参加者の報告をつなげ合わせることで，より多くのモノの間の類似性の構造を調べようというのが，クオリア構造の提案する新しい精神物理学手法である．オンライン実験により，Hebart *et al.*（2020）は三つ組の中でどの物体が最も異なって見えるかというデータを約 6000 人から取得した．Cowen & Keltner（2017）は，主観的な感情評価を約 2000 本の短いビデオに対して行ってもらうことで，各種の感情の間の構造を視覚化している．Nummenmaa *et al.*（2014）は，主観的にどの感情をどの身体の部位で感じるかを約 700 人のオンライン実験参加者に報告してもらい，感情がどのように身体に表現されているかを可視化している．

3)　神経科学においては，Kriegeskorte & Kievit（2013）らが提唱してきた representation similarity analysis という手法により，脳活動のパターンの間の類似性と，主観的な類似性を比べるという方法が定着しつつある．

ゼル（Hubel & Wiesel, 1959）に代表される神経生理学が発展するに伴い，外界（ここでは筋肉の制御を通した運動出力も考える）と「脳」の関係性が，重要な研究対象として認知されるようになってきた.

　この研究の流れは，1980年代に脳イメージング手法の開発が大きく進むことで，より大きな流れになった．脳イメージングにより認知活動中の脳の活動を可視化できるようになり，認知神経科学が成立するに至った．認知神経科学では，外界からの入力と最終的な行動出力の間にある法則を，途中に介在する脳の構造と活動状態を通して明らかにすることを目指す．すなわち，①制御された入力刺激，②詳細に観察された行動，そして③脳の構造と活動，この三者の関係性を明らかにすることを目標とした認知神経科学がスタートした.

　認知神経科学が大きく発展するのに合わせて復活してきたのが，それまで行動主義心理学に抑えられてきていた意識研究である．脳イメージング研究手法の最大の特徴は，成人の実験参加者の脳活動を記録しながら，同時に参加者に意識経験を内観的に言語報告してもらったり，言語による指示を通して外界からの視覚入力と意識内容を乖離させたりすることができる点だ．後者については，視覚物体の「想像」が考えられる．筆者が行った実験では，参加者に画面上で果物を実際に見せた時と，それを想像してもらった時でどのように脳活動のパターンが似ているのかを計測した（Reddy et al., 2010）．この実験では，高次の視覚野では実際に見た時と想像した時に差が見られないが，低次視覚野では顕著な差が見られた．想像するのと実際に見るのでは，カテゴリや概念のレベルでは同じだが，クオリアとしては明らかな違いがある．クオリアの神経相関が低次視覚野で見られたと解釈できる実験結果と言えるだろう．想像以外にも，夢（Horikawa et al., 2013），幻覚（Ffytche et al., 1998），マインドワンダリング（Andrillon et al., 2021）などにおける，入力刺激による制御がない状態での意識現象に相関する神経活動が，近年明らかになりつつある.

　このように，意識と相関する神経活動を同定する，という確固とした目標が掲げられたことで，脳科学による意識研究は大きく前進することになった（Frith et al., 1999; Koch, 2004）．現在では，主観的意識の神経基盤を探るという研究分野は，認知神経科学の中心的な研究対象として確立したと言ってよい.

　脳イメージング技術の発展により，言語による報告なしに意識状態を理解す

る可能性も生じている．これらの研究は，意識レベルの判定（Casarotto *et al.*, 2016; Massimini *et al.*, 2005; Monti *et al.*, 2010; Owen *et al.*, 2006）など，臨床応用の可能性へとつながっている．

　言語報告なしに，意識の中身・クオリアを特定することを目指す「無報告課題」（Tsuchiya *et al.*, 2015）も発展してきた．無報告課題を通常の報告課題，脳イメージングと組み合わせることで，報告に伴う神経活動と，直接に意識の内容に関係した神経相関活動（Frässle *et al.*, 2014; Siclari *et al.*, 2017; Wilke *et al.*, 2009）をより精細に分別し，抽出するパラダイムも提案されてきており，より詳細な意識の神経相関がわかるようになりつつある．

　これらの研究を追求していけば，意識現象に相関する神経活動の詳細の理解は深まっていくだろう．この方向性で今後も順調に結果を蓄積していけば，脳と意識の関係性を理解できる日はそう遠くないうちにやってくるはずだ．と，そう考える神経科学者は多い．

2　現在の意識研究の主な方向性

意識の神経相関同定を目指すアプローチ

　現在の意識研究では，「意識の神経相関」を探るというアプローチが中心的な役割を果たしている．このアプローチでは，「意識」に相関する神経活動を「入力刺激」や「行動出力」から乖離させるために，これら三つのファクターのうち一つ，もしくは二つを固定するという方策を取る（Frith *et al.*, 1999）．

　このアプローチは，一般的な認知神経科学・神経科学とどのように異なるか．たとえば，りんごを参加者に見せるという実験を想像しよう．標準的に感覚系の働きを調べる神経科学における実験の目標とは，外界の「りんご」がどのように脳内の神経活動に信号として変換されるかを説明することだろう．生物個体の行動全体理解を目指すシステム神経科学においては，この目標がさらに，意思決定判断を含めた運動出力（りんごを手にとって食べる，など）の説明にまで延長される．

　「意識・主観・クオリア」を研究しようとする「意識の神経相関の同定」を目指す実験になると，これがどう変わるのか．まず，入力刺激を，ネッカーキ

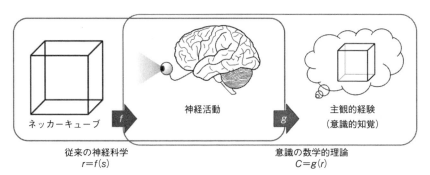

図 6-1　「意識の神経相関」の同定を目指す神経科学アプローチ（東京大学大学院総合文化研究科大泉匡史研究室 HP〈https://sites.google.com/a/g.ecc.u-tokyo.ac.jp/oizumi-lab/home〉の図を改変）

入力刺激 s を一定に保つことで，神経活動 r と意識の内容 C の間の関係性 C=g(r) を理解しようというアプローチ.

ューブのような曖昧な図形に変える（図 6-1）.「意識の」神経科学では，視覚入力として「一定」なネッカーキューブを見ていても「変化」する，意識の中身・クオリアに注目する．立方体の左側が前に出て見える時とそれが奥まって見える時，その意識の変化に相関した神経活動を明らかにすることで，脳と意識の関係性を理解しようというアイデアだ（Crick, 1994; Koch, 2004; Logothetis, 1998）.

　この実験パラダイムでは入力刺激は一定なので，目の網膜から視床，そして一次視覚野における多くの神経細胞など，「入力刺激」そのものに反応を示す部位では，意識の中身が変わっても神経活動が変化しない．高次の脳部位では意識の中身と相関して活動を変化させる神経活動が見つかる．その仕組みが明らかになれば，意識を生み出す神経活動の仕組みへと近づけるという考えである．だが，その後の研究（Aru et al., 2012; Boly et al., 2013）で，この研究方法「だけ」では，行動報告に相関している活動と意識の神経相関を区別することができないという問題が明らかになった．その解決法の一つが，無報告課題である（Tsuchiya et al., 2015）．より踏み込んだ総説は，土谷（2021）を参照されたい.

意識の神経相関パラダイムにおける「クオリア」とは

　意識の神経相関を探る実験パラダイムには，報告以外にも大きな限界がある.

「一定の入力刺激に対し，複数の主観経験が様々に入れ替わる」という状況は，特殊な実験状況としてはおもしろいが，この状況から得られる科学事実を積み上げることで，果たして一般的に意識経験と脳の関係性を理解できるかどうかは明らかではない．

　たとえば，ネッカーキューブを見ている時の意識経験を，すべての経験しうる意識経験からなる広大な空間の中において位置づけるとしよう．その時，この特殊な状況は，その空間における，ある特殊な「点」であるかもしれない．この「点」に相関する神経活動の空間における「点」を見つけようというのが，従来の意識の神経相関を同定するというパラダイムのイメージである．もちろん，特異点の理解は，空間の理解に役立つ可能性は大いにある．しかし，その特異点の周りの空間構造も理解する必要がある．

　意識空間のより広大な部分の構造を明らかにするような別のアプローチとは，どのようなものになるだろうか．それぞれの点が他の点とどのようにつながっているのかを問うというのが，一つの答えだろう．

　色のクオリアに関しての意識空間を考えてみよう．赤クオリアは，オレンジや紫クオリアと似ているから，これらは近くに位置するだろう．一方，赤は緑や青のクオリアからは遠いはずだ．そのような主観的な類似度判断をもとに，心理学者は，色のクオリアが「色環」と呼ばれる構造を示すことを明らかにしている（同じ輝度・彩度の色について）．音のクオリアでは，ドの音はレやシに近いが，ファからは遠く，一オクターブ離れたドとはまた近い，という螺旋のような構造を持つ．この「点どうし」のつながりに注目するのがクオリア構造のアプローチである．

「クオリア」そのものの特徴とは

　クオリア構造アプローチでは，

①クオリアの空間における点どうしのつながり

②神経活動の空間[4]における点どうしのつながり

---

4)　より厳密には，神経活動の空間には，明らかに意識に上らない活動が含まれていることがわかっている．そのため，脳全体から意識に関係するような「部位」を同定し，そこから意識に関係のある「情報構造」を抽出する必要があるだろう．その方策として，現時点で最も

③①と②の空間どうしの関係性

を明らかにすることが重要であると考えている[5]．そもそも，われわれが経験する意識・クオリアの特徴とはどのようなものだろうか．

　意識・クオリアを特徴づけるところから理論をスタートさせるというやり方は，クオリア構造がオリジナルではない．ジュリオ・トノーニが 2004 年以降，「統合情報理論」として唱えている，意識の数理理論のスタート地点である．このようなやり方は，他の脳科学的・認知心理学的・心理学的な意識理論の大半とは非常に異なっている．他の理論では，これまでに蓄積してきた科学的な知見をもとに，どのような理論ならば脳から意識が生まれる仕組みを説明できるかを目指したものである場合が多い（現在提案されている意識理論についての概観は，Del Pin *et al.* 2021; Doerig *et al.*, 2021; 日本語では，土谷，2021 の第 6 章）．

　統合情報理論がその理論の最初にとらえようとするのは，どんな意識現象にも共通する普遍的な特徴である．ここでは深く立ち入らないが，統合情報理論では「存在・情報・統合・組成・排他」という五つの特徴が最も根源的だとしている（Oizumi *et al.*, 2014）．これらの意識の特徴から出発し，最終的に脳と意識の関係性を数理的に明らかにするというのが統合情報理論の目指す方向性だ．しかし，統合情報理論においては，意識の特徴そのものに関しては，誰もが理解・納得するであろうという根本的な特徴をとらえた後では，それそのものにはほとんど言及しない[6]．

　統合情報理論以外にも，意識そのものの特徴をとらえようという研究は，古くはエトムント・フッサールが提唱した「現象学」（コイファー＆チェメロ，2018）や，その後，フランシスコ・ヴァレラらが提唱した「神経現象学」（Varela, 1996）などで目指された．クオリア構造のアプローチでは，様々な手法を用いて数理的な意識経験の理解を目指す．この方向性は近年，世界的に「数理現象学」という流れとして少しずつ認識されるようになってきている（Klein-

---

有望な理論は，トノーニが 2004 年以降提案している「統合情報理論」だ（マッスィミーニ＆トノーニ，2015）．

5)　Fink *et al.*（2021）は，哲学の立場から同じような提案を行っている．

6)　統合情報理論がとらえている意識の根源的な特徴に対しての批判は，Bayne（2018）．空間に関しての意識の特徴への取り組みには，Haun & Tononi（2019）．

er, 2020; Prentner, 2019).

　数理現象学の一部として，第 3 節以降では，クオリア構造が用いる構造を扱うための数学，「圏論」から得られる手法を紹介する．第 3 節では，圏論が到達した最も重要な定理の一つである「米田の補題」に触れる（補題とは，重要な定理の証明の補助定理のこと）．米田の補題は，「あるモノの特徴は，そのモノと他のすべてのモノとの関係性に現れつくす」という直観的なアイデアを，数理的に厳密に示す．この米田の補題をもとに，われわれが考えたクオリアの特徴づけのための精神物理実験を紹介する．

3　クオリアどうしの関係性からクオリアを特徴づける──米田の補題

クオリアを特徴づけるとは一体どういうことか

　クオリアを構造的に特徴づけるとは，一体どういうことだろうか．クオリアという言葉は，少なくとも「狭義」と「広義」，二つの用法がある（Balduzzi & Tononi, 2009; Kanai & Tsuchiya, 2012）．

　狭い意味でのクオリアとは，赤いりんごの「赤さ」を指す場合である．ある一瞬の意識経験における何らかの場所や，意識に上っている物体の一部から選び出した意識経験のある一側面，一つの特徴だと考えてよい．狭義のクオリアは，精神物理学を使えば比較的簡単に研究対象に落とし込める．

　広い意味でのクオリアとは，「赤いりんごを手に持ち，それをゆったりとした気分で自分の部屋で眺める」というような，ある一瞬の意識経験の質すべてを指す．たとえば，統合情報理論が扱う意識の質・クオリアとは，主に広義のクオリアだと考えてよい．最近の脳科学では，映画を熱中して見ている時の脳活動などを研究するものもあり（Boly *et al.*, 2015; Hasson *et al.*, 2004; Horikawa *et al.*, 2020; Nishimoto *et al.*, 2011），そのような課題を使えば広義のクオリアを精神物理学に落とし込むことも可能だろう．

　どちらの意味のクオリアにしろ，クオリアの質は非常に鮮烈である．クオリア・意識経験を通してのみ，われわれは世界とつながり，かつ思考を積み上げることが可能なのだ．

　にもかかわらず，目の前のりんごの「赤さ」を報告してほしい，と言われて

も読者は困惑するのではないだろうか．「ワイン」の赤よりはちょっと薄い，この「バラ」の赤と同じ赤さだ，など「他との関係性」を使わないと説明ができない．他の色との比較（類似度）や，記憶にある他の色（トマトの赤さ）などでしかその赤さは表現できない．また，そのような比較は他人と共有できるのかも不明だ．つまり，「私にとっての赤のクオリア」を，他人と共有できるように言語を用いて完全に特徴づけることは，原理的に不可能に思える．

しかし，同じような困難は，言葉の「意味」を他人に説明する時にも生じる．フェルディナン・ド・ソシュールが指摘したように，言葉の意味は他の言葉との関係性によって決まる（橋爪, 1988）．ある単語の意味を，他の単語を使わずに定義することはできない．目の前にあるものを指して「これ」ということは可能だが，そのモノのどの側面を指して「これ」と言っているのかが特定できない．赤いトマトを指して「これ」と言っても，「赤」だけを取り出して伝えることはできない．このようなことを考え始めると，赤ちゃんが他の単語の意味を知らない状況からどのように母語の単語の意味を学習できるのか，というのは非常に大きな謎である．母語における言葉の意味の習得は，実に認知・言語・発達心理学分野における大きな謎としてとらえられている（今井, 2013）．

クオリアや言葉の意味以外にも，他のモノとの関係性以外にそのモノを特徴づけることができないという場面は，他の科学分野において頻出する．生態学の分野で言えば，ある動植物の特徴づけは，その生態系における他の動植物との関係性抜きには語れない．宇宙物理においても，ブラックホールを直接に観測することはできないが，ブラックホールとその周りとの関係性を計測することはできる．それにより，ブラックホールの特徴づけ，理論的な整合性が検討可能になっている．数学においても，各種の「無限」は，無限そのものとして特徴づけたり分類したりすることは難しいが，それが他の無限とどのように関係づけられているかを通して各種の無限を分類し，それらをより深く理解することができる．

構造を数理的に研究するために生まれた圏論においては，なんとこの「関係性」を通じたモノの特徴づけ，という方法に，数学的な正当性を与えることができる．それが「米田の補題」だ．

圏論の初歩から米田の補題までの概説

米田の補題の理解には，いくつかの圏論の基礎概念の習得が必要になる．具体的には，圏・関手・自然変換・ホム関手の四つの概念が重要だ．本章では，圏論におけるこれらの基礎概念の理解は前提としない．以下では，これらの概念を駆け足で説明する．圏論の基礎がわかっている読者は本項は読み飛ばしていただきたい．

圏論は，非常に抽象的で理解が難しいという評判がある．そこで，筆者がこの数年間かけて圏論を学ぶに当たって気づいた，三つの「圏論理解のコツ」を紹介したい．

一つ目は，当たり前かもしれないが，圏論を教えてくれる師匠を探すこと．筆者が圏論を理解する上で，西郷甲矢人氏とスティーブン・フィリップス氏による教えは非常に大きかった．

二つ目は，圏論で出てくる「図」（可換図式と呼ばれる）には書き順があると理解すること．これを理解するには，ただ本を読むだけでは難しいため，師匠がいるとよい[7]．

三つ目は，圏論における概念の定義は，他の分野で扱うような概念とは異なり，いくつかの「パーツ」からなることが多く，そのパーツはそれで完結しないこともある，と理解することだ．たとえば，圏論における積とは，「×」というかけ算の記号だけではない．「$A \times B$」という「一つの対象」と，そこから伸びる「二つの射」p_1 と p_2 の，「三つ組」で初めて積になる．これは，構造を理解するのに非常に優れた仕組みである．中学・高校の時に見た原子模型を思い出してほしい．炭素原子を理解するのには，炭素から四つの足が伸びていることが重要であった．それにより他の原子とつながりが生まれ，複雑な構造ができる可能性が生まれる．

以上のコツを踏まえた上で，以下の簡単な説明で満足できない読者のために，認知科学者や意識研究者が圏論を応用したいと思った時のための入門論文として，Tsuchiya & Saigo (2021)，土谷・西郷 (2019) を挙げておく．基礎知識が

---

7)　note・blog にいくつかの概念に関して書き順を示した（https://note.com/nao_tsuchiya/n/nfd406d6d530a）.

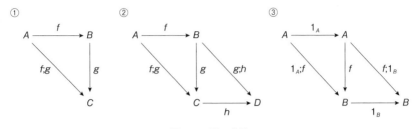

図 6-2　圏の定義

圏の対象と射が満たすべき要件は，① domain（矢印の末端）と codomain（矢印の行き先）が同じ場合，二つの射は合成できる（e. g., f, g），②（f, g）; $h=f$;（g; h），つまり，射の合成は順番によらない，③各対象には恒等射があり（e. g., 1_A），恒等射と射が合成されても同じものができ上がる（e. g., 1_A; $f=f=f$; 1_B），の三つ（Tsuchiya & Saigo, 2021）.

なくても読めるように書いたものなのでわかりやすいと思われる．テキストとしては，西郷・能美（2019），圏論の歩き方委員会（2015），Spivak & 川辺（2021），Lawvere & Schanuel（2009）がある．タイ・ダナエ・ブラッドリーによる 'math3ma.com' は秀逸な圏論入門ブログであり（https://www.math3ma.com），直感的に圏論の概念を説明する図と，わかりやすい解説が素晴らしい．米田の補題に関するエントリーは特にわかりやすい．

圏とは何か　圏論では，ある物事のまとまりを「対象」と呼ぶ．対象は数学的な概念である必要はない．そしてその対象の間に何らかの関係性を考える．その関係性を「射」と呼び，矢印で表す．対象と射の集まりが圏と見なせるための条件とは，その圏の「対象」A, B, C, D と「射」f, g, h があった時に，$f: A{\to}B$, $g: B{\to}C$, $h: C{\to}D$ ならば，図 6-2 ①〜③の三つの条件を満たす必要がある．

圏の例としては，色クオリアを対象とし，その間の射として「見分けがつかないほど似ている」という圏 Q が考えられる（土谷・西郷，2019; Tsuchiya & Saigo, 2021; Tsuchiya et al., 2022a）．この場合，図 6-2 ①〜③の条件を満たすことが確認できる．

関手とは何か　関手 F とは，ある圏 C の対象と射を，他の圏の対象と射に，「つじつまが合う」ように移すようなものである（図 6-3）．具体的には，関手

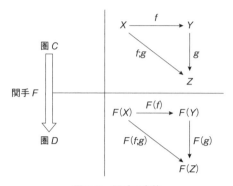

図6-3　関手の定義

① $F(f); F(g)=F(f; g)$．二つの射は関手で移した後に合成しても，合成した後にその射を関手で移しても結果が変わらない．②恒等射を恒等射に移すについては省略．

Fは二つの条件を満たす必要がある．① $F(f); F(g)=F(f; g)$，つまり，二つの射を「関手で移した後」に合成しても（$F(f); F(g)$），「合成した後」にその射を関手で移しても（$F(f; g)$），結果が変わらない．②恒等射を恒等射に移す（$F(1X)=1F(X)$）．この二つだ．

自然変換とは何か　自然変換とは，関手Fを関手Gへと「整合的」に移すようなマッピングである．

　一見，簡単な定義なのだが，筆者は，この自然変換という概念が腑に落ちるまでには時間がかかった．また，一般に，圏論の入門書を読んだ初学者がつまずくのが自然変換だと言われる．もし読者が自然変換でつまずいたならば，この論説を読むのを諦めないでほしい（！）．第4節の随伴の説明を読み終えてから自然変換の定義に戻ってくると，その説明や定義が腑に落ちるかもしれない．

　ここまで，圏，関手，自然変換の説明には，それぞれ下位のものを移す仕組みが上位のマッピングであると説明してきた．すなわち，関手Fとは圏Aを圏Bに移す，自然変換tは関手Fを関手Gに移す．しかし，このような構造は一度自然変換のレベルで閉じる．図6-4は自然変換を定義した図である．注目してほしいのは図6-4②だ．

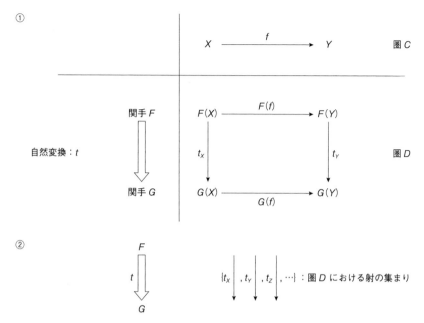

図6-4　自然変換の定義

①自然変換 t は，関手 F を関手 G に整合的に移す．関手 F と関手 G は両方とも，圏 C を圏 D に移す．たとえば，圏 C の対象 X は，F によって $F(X)$ に，G によって $G(X)$ に移る．一方，圏 C の射 f は，F によって射 $F(f)$ に，G によって射 $G(f)$ に移る（この部分は，自分で一つずつ紙に書いてみるとわかりやすい）．t が自然変換であるためには，$F(X)$ から $G(Y)$ への道筋が右上（$F(f)$; t_Y）を通っても，左下（t_X; $G(f)$）を通っても同じでなければならない．②自然変換 t の正体は，圏 D における射の集まり（$t_X, t_Y, \cdots\cdots$）である！

　図6-4は，関手 F を関手 G に移す自然変換 t を表す．関手 F と関手 G は，それぞれが圏 C を圏 D に移す関手である．この時の自然変換 t の正体とは，圏 D における射の集まりだ（図6-4②）．この，一つの概念である「自然変換」というのが得体の知れない「射の集まり」だという定義が，非常に圏論的だろう．本項の冒頭で述べた，初学者にとってのとっつきにくさがここに垣間見える．しかし，扱う相手が「構造」である以上，単純な道具立てでは立ち行かないのだと理解し，一つの概念が様々なパーツから成り立つのが圏論の特徴だと理解するとよいだろう．

　この圏 D における射の集まりとしての自然変換 t は，圏 C のそれぞれの対象によって紐づけられている．たとえば，圏 C の対象が X, Y, Z であるならば，自然変換 t の正体は，圏 D における t_X, t_Y, t_Z という射の集まりというこ

とになる.

そして, この集まりが自然変換の条件を満たさなければならない. それが図6-4 ①で示されている,

$$F(f); t_Y = t_X; G(f)$$

という関係性だ. これを日本語で説明してみよう. 圏 C の対象 X と対象 Y を, 圏 D に二つの関手 F と関手 G で移す. この時, 圏 D の対象 $F(X)$ と対象 $G(Y)$ にはある一定の関係性がある. その関係性とは, 図6-4 ①で言うところの右上を通る経路と左下を通る経路が一致するという関係性だ. 対象 $F(X)$ から圏 D における射 $F(f)$ で対象 $F(Y)$ に移り, その後, 射 t_Y によって対象 $G(Y)$ へと移るという経路, それが $F(f); t_Y$ だ. これと, 対象 $F(X)$ から対象 $G(X)$ に射 t_X で移ってから, 射 $G(f)$ によって対象 $G(Y)$ へと移るという経路, $t_X; G(f)$, これが一致するという条件だ.

ホム関手とは何か　圏・関手・自然変換という基礎に加えて, ホム関手というある特殊な関手を理解すると米田の補題がわかりやすくなる.

ホム関手 hX とは, 圏 C における対象 X を固定した時に, 圏 C の各対象 A を「集合の圏 Set」の対象 $\mathrm{Hom}(X, A)$ に移し, 圏 C の射 f を集合の圏における射に移す (後者の説明については話が少しややこしくなるので, 参考文献を参照してほしい). つまり, hX は, ある圏 C の対象と射を, 集合の圏 Set の対象と射へ整合的に移す関手ということだ. 関手 hX は, 圏 C において X から見た世界と解釈することもできる. さて, 圏 C における他の対象 Y を固定すれば, 異なる関手 hY が得られる. この時, 関手 hX と hY を対象と見なせば (圏論においてはこのような視点の変更が自由に, かつ整合的に行える), hX から hY への関係性は hX と hY という対象をつなぐ射だと思うことができる. これは, 「視点」を変えて見直せば, 二つの関手 hX と関手 hY が自然変換によってつながれているということでもある.

この「視点」の変更とそれに伴うシステマティックな数学的整合性は, 圏論の魅力でもあり, 理解が難しいところでもある. こういった整合的な「視点の変更」は, 圏論以外の場面で出会うことは滅多にないのではないだろうか. そのため, 視点の変更に慣れるには, 圏論の師匠に指導してもらうと, 特に序盤

で混乱した時に助けてもらえる可能性が高い[8].

米田の補題からインスパイアされた色クオリア精神物理実験

　圏・関手・自然変換・ホム関手を理解すると，米田の補題を説明することができる．米田の補題とは次のようなものだ．米田の補題自体は難しいので，理解せずに先へ進んでもらってもかまわない．

　　圏 C[9] における対象 A に対して，ホム関手 hA から他の関手 F への自然変換を考える（hA も F も圏 C から集合の圏 Set への関手）．そのような自然変換はたくさんあるので，その自然変換の集まりを考える．関手 F で移した集合の圏の対象 $F(A)$ を考える．この時，なんと，自然変換の集まりと $F(A)$ の要素を全単射で対応させる写像，「米田写像」が存在する．

この補題自体を完全に理解するのは難しい．しかし，そこから得られる結論の一つがわれわれにとっては非常に大事である[10]．その結論を一言で表すと，

　　「クオリア q と，他のクオリア q' が『同じ』であること」と，「クオリア q と他のすべてのクオリアの関係性が，q' と他のすべてのクオリアの関係性と『同じ』である」こと，この二つが同値である，

ということだ．ホム関手を使った数式で表すと，

$$q \simeq q' \Leftrightarrow hq \simeq hq'$$

となる．米田の補題自体は，圏をなしている対象と射の集まりについて常に成り立つ．なので，米田の補題をクオリアの特徴づけに応用するならば，クオリアの集まりとその関係性（射）が圏をなすのかどうかを検証する必要がある．

　たとえば，N 種類の色のパッチを中心視野で見た時のクオリア Q という対象を考える．そして射として，パッチの間に「区別がつかないほど似ている」

8)　第 6 節でもう一度この問題に触れるが，「整合的な視点の変更」という思考の道具立ては，意識研究，認知科学の枠を超えて，日常の諸問題（家庭内での問題や，地域社会などでの人間関係）やより大きな社会問題を考える上でも重要な示唆に富んでいるのではないだろうか．

9)　数学的には正しくは「局所的に小さい圏 C」という条件がつくが，われわれの議論には影響がない．

10)　他の結論に興味がある読者には，https://www.math3ma.com/blog/the-yoneda-lemma における非常にわかりやすい解説をおすすめする．

という関係性を考える（Tsuchiya & Saigo, 2021; 土谷・西郷, 2019）．この場合，この対象と射の集まりは，「圏」をなす条件を満たすだろうか．もし，これらが圏をなすならば，米田の補題は常に成り立つ．よって，関係性からクオリアを特徴づけるということが可能になる．

　ここで取り上げた「区別がつかないほど似ている」以外の関係性を使っても，それによって圏が作れるのであれば，クオリアを特徴づけることはできる．

　たとえば，二つの色，R(red) と G(green) の色としての類似度を，$d(R, G)$ と表すとしよう．さらに，三つ目の色として O(orange) を考える．この時，ほとんどの実験参加者の間に，$d(R, G) > d(R, O)$ が成り立つ．

　心理学では，類似度は，間隔尺度（interval scale）や比率スケール（ratio scale）と呼ばれる．これらの尺度を扱うには「豊穣圏」と呼ばれる考え方を導入する必要がある．

　豊穣圏では，射（の集まり）の代わりに「射対象」というものを考える．射対象では，二つのクオリアの間の類似度などの連続値をとる．そのため，実際の実験で得られた類似度行列などを，豊穣圏の論の土台で考えられるようになる（Tsuchiya et al., 2021）．

　豊穣圏の数学は，通常の圏論よりも一般的である．そのため圏論の初学者にはとっつきにくい（少なくとも筆者には理解に時間がかかった）．豊穣圏論については，Fong & Spivak（2019），Lawvere（1973）を参照されたい．ありがたいことに本章で扱う圏論の概念は，豊穣圏においてもほぼそのまま成り立つ．本章では通常の圏論に馴染みが薄い読者を想定し，状況を単純化した例を用いて，通常の圏論の枠内での説明を行う．

色クオリアの圏 Q に関する精神物理実験データ

　具体的な実験データをもとに，色のクオリアの集まりとその関係性が「圏」を作るかを考えてみよう．この場合，対象として中心視野（center）か周辺視野（periphery）に提示した9色のパッチ（赤，橙，黄緑，緑，青緑，水色，青，紫，桃）を考えよう．この状況において，中心で見た「赤」と周辺で見た「赤」のクオリアが同じであるか，ということを考えよう．

　周辺視野では，色情報を伝える錐体視細胞の密度が非常に低い（Curcio et

al., 1990)．この生理学的事実から，われわれが主観的に周辺で見えている色の
クオリアは思い込みであり，記憶や期待で補完されて感じている気がしている
だけの錯視の一種であるという主張がなされている（Carroll & Dennett, 2020;
Cohen *et al*., 2020; Cohen & Rubenstein, 2020; Giron *et al*., 2018）．果たして，この
周辺で見える色クオリアは本当に錯覚なのだろうか．

　この問題に答えるために，周辺で見える色クオリアの類似度をもとにしたク
オリア構造と，中心におけるクオリア構造とを比べる，という実験を考えるこ
とができる．つまり，米田の補題の考えからすれば，もし中心と周辺視野にお
ける色クオリアが圏をなすのであれば，ある色クオリアの同じさは，それらが
他の色クオリアと同じ関係性があるかどうかという問題に置き換えることがで
きるのだ．

　すでに，われわれは概念的にはそのような実験を行い，予備的な結果を得て
いる．結論としては，周辺視野で見ることそのものが難しいほど小さい色のパ
ッチを使わなければ，色の関係性は中心と周辺で同じであった．実験では，各
試行で，パッチは予想のつかない視野角に予想のつかない順序で短い時間
（0.2 秒）しか提示されないため，目を動かして中心視野で直接にそれぞれのパ
ッチを見ることはできない．つまり，記憶や予測による色のクオリアの錯視と
いう可能性を極限まで排除した．

　この実験結果は，周辺視野における錐体視細胞の密度の減少という生理学的
な事実と，整合性がつかないように思える．しかし，周辺視野に受容野を持つ
神経細胞は，樹状突起を広く伸ばしているために受容野が広い．さらに，この
影響は高次視覚野に行くほど強くなる．この受容野の大きさの影響を考慮に入
れると，中心でも周辺でも同じ色クオリア構造が経験できることに合理的な説
明ができる（Tyler, 2015; Haun, 2021）．

　このような実験を色クオリア以外で行うことは可能だろうか．われわれは可
能だと考えている．ここでの実践的な実験フレームワークのレシピを振り返っ
てみよう．まず，検査すべき「対象」を決める必要がある．たとえば，様々な
種類の感情を引き起こす 15 秒ほどの動画を考えよう（Cowen & Keltner, 2017）．

　そして，「○○の点で区別がつかないほど似ている」という関係性を手始め
に採用してみる．映画の例で言えば，「見た時に引き起こされる『楽しさ』の

175

感情という点で，二つの映画は区別がつかないほど似ている」というものを採用してみる．そのような関係性が射の合成性の公理を満たすとしよう．その場合，「楽しさ感情クオリア」という対象と，その間の「区別がつかないほど似ている」という射は圏[11]をなす．そして，米田の補題により，それぞれの「楽しさ感情クオリア」を「他の楽しさ感情クオリアとの関係性」によって完全に特徴づけることができる．

映画を対象として使うのであれば，楽しさ感情クオリア以外にも，恐怖感情クオリアやその他の「射」を考えることも視野に入ってくる．実は，米田の補題が数学的により強力な効果を持ってくるのは，このように二つの対象の間にある複数の射を考える場合に生じてくる．

これらの実験パラダイムは，これまで思索に始まり思索に終わっていた哲学的なクオリア研究を，実証的な科学研究に落とし込む具体的なレシピ作成への第一歩だ．このレシピに従い実験データを集めれば，これまでは曖昧だったクオリア構造というものが，数理的に定式化され，その構造は数理的に解析しうる対象として見えてくる．

4　クオリアと報告の関係性は「随伴」ととらえられるか

第3節では，圏論における重要な結論である米田の補題と，それにインスパイアされてデザインした精神物理実験として考えられる例を紹介した．

第4節では，圏論が明らかにしたもう一つの重要概念である「随伴関係」を意識研究者や認知科学者に紹介する．「随伴」とは，二つの圏の間にある関係性である．圏論で正式に定義される他の圏の間の「同じさ」に比べると，条件がゆるい分，応用範囲は広い．ただし，「ゆるい」と言っても曖昧というわけではない．そこが圏論という数学を用いた形式化の強みである．筆者は，意識研究・認知科学に随伴関係の概念を導入することで，概念的な整理とそれに伴う新たな研究パラダイムの創出が，米田の補題，いやそれ以上に行われると考えている．

11）ここでも，必要であれば感情の強度を数値化し，豊穣圏を用いた議論ができる．

　さて，第 1 節で見たように，歴史的に様々な哲学者や科学者が，内観報告による認知アクセスの「不確定性」を指摘してきた．内観報告に対しての不信と，それをどのようにして正確なものへと改善していくべきかは，意識研究における中心問題である．果たして，クオリアはアクセスによってどれだけ客観的に報告できるのか．この疑問に対し，数理的なアプローチを可能にする手立てだと筆者が考えているのが「随伴関係」である．

　以下では，まず，クオリアとアクセスの関係性における議論の中心の役割を果たしてきた「スパーリング課題」を紹介する．スパーリング課題では，「すべてがはっきりと見えた」というクオリアの印象とともに，「アクセスして報告できるのはその一部」という行動学的な事実が明らかされた．

　次に，このクオリアとアクセスの関係性は，連続的に数を表現する「実数」とそれをより直感的に取り出す「整数」の関係性に近いのではないか，という筆者の直感を紹介する．圏論での俎上に載せるために，クオリア圏とアクセス圏には「区別がつかないほど似ている」という射を考える．実数・整数の圏では，「≤」を考え，まずは読者に随伴関係の直感的な理解を養ってもらう．

スパーリング課題

　クオリアと報告の関係性を考えるのに中心的な役割を果たしてきたのは，図 6-5 に示すような刺激を用いた課題だ (Sperling, 1960)．この課題の発案者の名前をとって，スパーリング課題とも呼ばれる．

　スパーリング課題では，ほんの一瞬だけ 12 個のアルファベットが画面上に提示される．その時，意識に上る「広い意味でのクオリア」，すなわち一瞬の意識としては，「12 個の文字が見えた」という感じが経験される．しかし，「どんな文字がどの場所に見えたのか」に認知的にアクセスし報告しようとすると，せいぜい 4 文字ほどしか正解できない．

　ここまでの説明は，どれほど「クオリア」は不正確なものかという議論をサポートするような結果だと言える．12 文字見えた気がするが，4 文字しか正確に報告できないというのである．

　ところが，文字が画面から「消えた後」で，上の段に見えた 4 文字を答えてくれと言われると，それはできる．また，別の試行で，また「文字が消えた後

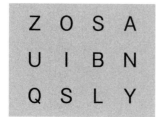

図6-5　スパーリング課題で使われる刺激の一例

に」真ん中の4文字を答えてくれと言われれば，それもできる．下の4文字についても同様である．

　ということは，最初の「12個の文字が見えた」というクオリアをサポートするだけの脳活動は，おそらく生じていたと考えるのが自然ではないだろうか．ところが，それに情報としてアクセスしようとすると，4文字にアクセスしている間に残りの8文字がアクセス不能になってしまうのだ．

　しかし，そのような解釈が広く受け入れられているわけではない．研究者の中には，クオリアはあくまで実体のないもので，実験参加者が経験したと思い込んでいるだけだと考えている人もいる．アクセスされた4文字をもとに12文字を見たという意識を後から再構成しているのだ，という解釈だ．他にも，12文字のほとんどは部分的なクオリアしか形成せず，アクセスが起きる時に初めてそれがかたちになるという解釈もある（Kouider *et al*., 2010）．

　このスパーリング課題が提示した問題は，意識研究において「現象的な意識」と「アクセス意識」と呼ばれる概念的区別にまつわる（Block, 2005）．現象的な意識は，本章で言うところの「広い意味でのクオリア」ととらえてもらってよい．「アクセス意識」が指すのは，クオリアへの注意・アクセス・記憶・報告など，クオリアをもとに人間が起こすことができる行動や行動の準備として観測される認知活動だと考えられる．つまり，報告できるものは「アクセス可能な」意識の側面，という意味だ．スパーリング課題には様々な側面がある．現在的な解釈や，神経科学的な研究の総説とその意識研究における解釈は，以下を参照されたい（Haun *et al*., 2017; Block, 2007; Cohen *et al*., 2016; Lau & Rosenthal, 2011; Vandenbroucke *et al*., 2014）．

　本節の残りでは，スパーリング課題と色クオリア類似実験をモデルとして，クオリアと報告の関係性を随伴関係ととらえられるかどうかを論じる．

クオリアとアクセスの関係性

　随伴の説明に入る前に，スパーリング課題と色の類似度判断課題における，

クオリアとアクセスにまつわる実験事実を整理しておこう.

　まず, 一瞬に経験される広い意味でのクオリアの「一部」が正確に報告できる, という側面だ. 他方, 報告された内容から, 実験参加者が感じていたクオリアの「一部」を正確に推測することができる. たとえば, 実験参加者Ａが, 「4×3のアルファベットが見え, 少なくともＺがはっきり見えた」という報告をしたとしよう. この時, 文字の並びやそれがアルファベットであったこと, 一つの文字はＺであるように経験されたことは正確に報告できている. だが, 「他のアルファベットが何であったかは報告できない」となれば, それ以上のクオリア推測は不可能になる. 実験参加者Ｂが, Ａが経験したであろう一瞬のクオリアを, Ａの報告をもとに再構成しようとしても, 不正確な再構成しかできない.

　クオリアの一部だけが正確に報告できるという関係性は, 色クオリア実験においても当てはまるだろうか. たとえば, 一瞬だけ色のパッチを実験参加者Ａに見せる. その時のクオリアの感じをできるかぎり報告してもらう. もしＡが「ワインの赤よりはもう少し鮮やかな赤だった」と報告するとしよう. この時, もし他の実験参加者Ｂが, 9色のパッチ（赤, 橙, 黄緑, 緑, 青緑, 水色, 青, 紫, 桃）の中から, 実際にどの色のパッチをＡが見たのかということを推測するとしよう. Ｂは「赤」を選び, Ａがそのパッチと先ほど見たパッチが一致するか, 答え合わせをする. ここで答え合わせに何らかの「ズレ」がある場合, クオリアの推測が「不正確」だということになる.

　以上の二つの例で共通なのは, 実験参加者Ａの報告が不正確だったとしても, 実験参加者ＢによるＡのクオリアの推測や再構成は「ある程度可能」だということだ. Ａに, Ｂによるクオリア再構成の正確さを評価してもらえば, 「ＡとＢの間にコミュニケーションが成立している」ならば, 「ズレ」はある一定の範囲内に収まる. ＡとＢがお互いの言語を理解し, 真面目にこの課題に取り組んだのであれば, スパーリング課題の再構成で, Ａが12個の文字を見たと報告したのに, Ｂが「お花畑」のクオリア再構成をする可能性はない. 色クオリアの課題で, Ａが「赤クオリア」を感じたのに, Ｂが「黒」を再構成することはない.

　しかし, 実験参加者Ａが経験したクオリアのいくつかの側面については,

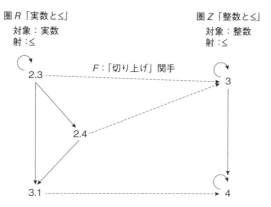

図6-6 「実数と≤」の圏Rと「整数と≤」の圏Zの関係性,
そしてRからZへの「切り上げ」関手

報告によって失われてしまう. そのため, 実験参加者BがAのクオリアを完全に再構成するのは難しい. 再構成されたクオリアには「ズレ」がつきまとう.

このズレが「整合的なルール」によって説明できる時に, クオリアとアクセスの間にはただならない関係があるはずだ. これをより正確に言うことができるのが圏論の言葉だ. クオリアの圏Qとアクセスの圏Aの間に, クオリアへのアクセス関手 $F: Q \Rightarrow A$ と, アクセスからのクオリア再構成関手 $G: A \Rightarrow Q$, さらに, QからAへとFで行って, そこからAからQへとGによって戻った時の「ズレ」を表す自然変換tが存在する. この「二つの関手F, Gと一つの自然変換t」の組を指して「随伴」と呼ぶ. 次に, 「実数と≤」の圏Rと, 「整数と≤」の圏Zを用いて随伴を説明する. 随伴のより正確な定義と具体例に触れることで, 随伴を直感的に理解してもらえると思う.

まず, 「実数と≤」の組が圏になっていることを確かめよう. 対象(どんな実数でもよい)と射(二つの実数の間の≤の関係性)が圏をなすためには, 図6-2で示した三つの条件(①合成, ②結合律, ③恒等律)を満たさなければならない. これが成立しているのは明らかだろう. 同様に, 「整数と≤」の組も圏になっていることが簡単に確かめられる.

図6-6で言うと, 左に示したように, 二つの実数を持ってくれば, "≤"という関係が成り立つか成り立たないかの2通りしかない. 2.3から2.4への射

は存在するが，2.4 から 2.3 への射は存在しない．

　次に，これらの二つの圏の間に「関手」があることも確かめよう．関手の候補は無限にある．ここでは，「実数と ≤」の圏の対象を「整数に繰り上げ」，「≤」という射をそのまま整数における「≤」に移すという関手を考えよう．これが図 6-3 で示した二つの関手の条件を満たすことも簡単に確認できる．

　図 6-6 で言うと，大小関係 2.3≤2.4 と 2.4≤3.1 を合成して，2.3≤3.1 を得てから，それを F で「整数と ≤」の圏 Z に移すと，3≤4 が得られる．一方で，大小関係 2.3≤2.4 を F で移せば，3≤3 が得られ，2.4≤3.1 は F によって 3≤4 に移る．3≤3 と 3≤4 を合成すれば 3≤4 が得られる．よって，このマッピングは整合的な関手になっている．関手が無限にあるとは言え，その順序構造を壊すようなマッピング（たとえば，3 だけを 0 に移すなど）を考えると，そういうマッピングは関手にならない．

　逆に，圏 Z から圏 R には，対象を「そのまま」移すというマッピングを考える．これも関手になっていることは簡単にわかるだろう．

　このように二つの圏をつなぐ関手が両方向に存在する場合，これら二つの圏の構造の間には，何か重大な関係性がある可能性がある．

　意識の研究の文脈でよく取り沙汰されるのが，「同型（isomorphism）」という考え方だ（Fink *et al.*, 2021; Lee, 2021）．実は，第 3 節で取り上げた米田の補題で出てきた

　　$q \simeq q' \Leftrightarrow hq \simeq hq'$

の「≃」という記号は，同型を表す．圏論には，構造の同じさを表すレベルがあり，同型は，かなり強い意味での同じさになる．図 6-7 で示すように，同一（identity）よりは弱いのが圏同型だ．随伴（adjunction）の存在は，関手の存在より強い．一方，随伴は圏同型より弱い圏同値[12]よりもさらに弱い同じさだ．

　では，具体的にどのようなやり方で，圏論は同じさに「強い・弱い」のランクづけをしているのか．これは随伴を理解するのに大事な考えなので，少し脇道にそれるが次項で説明しよう．

---

[12]　圏同値については，Tsuchiya & Saigo（2021），土谷・西郷（2019）における解説を参考．本章の議論には関係がない．

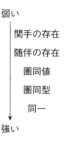

図6-7　圏論における異なるレベルの同じさ（Tsuchiya *et al.*, 2016）

圏論における異なるレベルの同じさとは

　二つの圏 R と圏 Z が同型であるならば，圏 R を圏 Z に移す関手 F と，圏 Z を圏 R に移す関手 G があり，圏 R のどんな対象についても，関手 F で行って関手 G で帰ってきたものが，元の対象に移らなければならない．

　ということは，先の実数 R と整数 Z の圏は明らかに同型ではない．2.3 は 3 に移り，3 は 3.0 に帰ってくるからだ．どんな関手を考えても実数のほうがより細かいため，どうしても「同型」の関係を満たすような二つの関手を見つけることはできない．

　同型という概念を説明するのに，集合を思い出してほしい．圏論に馴染みがない読者も，中学や高校の数学で集合について習ったはずだ．圏の同型は，集合間の「全単射」に対応している．集合 X の a という要素を持ってきて，それが集合 Y の b に対応するとしよう．その時に，集合 Y の b からは，唯一，集合 X の a が対応する，という状況だ．これが X と Y のどんな要素にも成り立つ時に，全単射という．つまり，行って帰って同じところに戻れるということだ．

　集合 Y のどんな要素をとってきても，それに対応する集合 X の要素がある時は，X から Y への対応は全射である．X から Y への対応が単射であるとは，X の二つの違う要素をとってくると，それに対応する Y の要素も異なっている，という状況だ．全射，単射は，ともに関手の一種と見なせる．ただし，集合の要素の間に何らかの関係性がある場合，それを整合的に移さないと，関手とは見なせない．

　次に，グラフどうしの同型を考えてみよう．この場合，頂点と頂点をつなぐ「辺」という関係性も考えなければならない．そのため，グラフ X とグラフ Y が同型であるという時には，頂点についても辺についても，グラフ X からグラフ Y に行って戻ってくることが，整合的に言えなければならない．たとえば，グラフ X における頂点 A と頂点 B，そしてそれを結ぶ辺 a があったとしよう．この時，X の頂点 A と B が，Y の頂点 C と D に移るとしよう．もし A と B の間に辺 a があるならば，移った先のグラフ Y の C と D を結ぶ辺 c がなければならない．これが，グラフ間の同型の定義である．圏の間の同型と同じ「行って帰って戻れる」というのが同型の本質だということがわかるだろう．

　集合どうしの同じさは，要素の数だけをもとに，「同じさ」を考えることができた．しかし，グラフのように，「つながり」の構造を持つものどうしの「同じさ」は，やや複雑な条件が必要になった．これを一般化して整理してくれるのが，「構造」を扱うために生まれた数学，圏論だ．先に見たように，圏論の定義は，一見抽象的に思えるかもしれない．しかし，同じことを言葉で定義しようとすると，事態は恐ろしく複雑になる．慣れてしまうと圏論の定義は，圧倒的に簡潔で，緻密であることがわかる．先に見たように，圏論での定義は，集合にもグラフにも，普遍的に使える定義だということがわかる．

　圏 C における対象 A と対象 B が同型だということを，数式を使って表現しよう．$f: A \to B$, $g: B \to A$ という二つの射があって，A, B, それぞれの自分自身に向かう射（恒等射）1_A, 1_B に関して，$1_A = f; g$, そして，$1_B = g; f$ を満たしている，というのが同型の定義だ．

　さて，「整数と ≤」の圏 Z と「実数と ≤」の圏 R に話を戻そう．先の説明でわかると思うが，どんな実数に対しても，圏 R から圏 Z に行って，そこから同じ場所に戻ってこれるような関手の組はない．つまり，圏 R と圏 Z は同型ではない．

　しかし，ここであきらめてしまうのは，まだ早い．直感的にも，実数と整数はある意味似ている．この感覚を何とか数理的に特徴づけることはできないだろうか．

　そこで出てくるのが，まさに「随伴関係」だ（ただし，この場合は随伴のあり

がたみがわかるようなおもしろい例ではないことに注意）．圏論において重要な役割を果たしてきた「同じさ」だ．

実数と整数の間の随伴関係とは

随伴を表すには，二つの関手があるだけでは足りない．その関手の間の整合的な関係性を表す「自然変換」がそろった時に，この三つで随伴が表せる．非常に圏論的な定義であるため，これも圏論の初心者にはとっつきにくいだろう．

ある対象 X が，F で行って G で帰ってくる．その結果，$G(F(X))$ が，X とある特定の関係性を常に持たなければならない．その条件を示したのが図6-8だ．順を追って説明しよう．

まず，圏 R における対象 X（実数）を，どんなものでもよいから一つ持ってくる．たとえば，$X=2.3$.

次に，$f: X \to G(Y)$ という射を考える．この場合，$G(Y)$ とは，圏 Z の対象である整数 Y を G で移したものだ．そして，圏 Z における射とは「$\leq$」であった．なので，実数 $X=2.3$ よりも大きな実数に移るような整数 Y を持ってくる必要がある．今，G は整数をそのまま実数に移すという関手を考えているので，たとえば，Y として4を採用しよう（別に3でも5でもよい）．

この時に，$g: F(X) \to Y$ という射がただ一つ決まるというのである．しかも，この g には一つの制限がある．それが，$f=t_x; G(g)$ という条件だ．

ここで，突然出てきた t_x．これが，図6-4で説明した自然変換である．正確には，圏 R を圏 R にそのまま移すという，1_R という関手を考える．そして，もう一つ，圏 R を圏 R に移す，$F; G$ という関手を考える．ただし，$F; G$ という関手は，行って帰ってくるとオリジナルの対象からはズレてしまってよい．この関手 $F; G$ を，関手 1_R に「整合的に」移すのが自然変換 t だ．この時，t の X 成分というのは，圏 R の対象 X から，X がズレた移り先，$G(F(X))$ の間を関係づける「射」になっている．

これを踏まえてもう一度，g の条件に戻ろう．$g: F(X) \to Y$ というのは，F で X を移した後の，$(F(X)=3)$ の圏 Z における射だ．圏 Z における射とは「$\leq$」のことであった．そして，Y として上で4を採用した．たしかに，$F(X)=3 \leq 4 = Y$ となっている．g は $\leq$ のことだ．

関手（たとえば，F；G）と$t:F$；$G\to1_R$の組からなる随伴

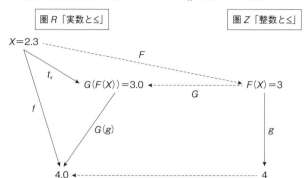

どの実数（たとえば，2.3）とどの$f:X\to G(Y)$（たとえば，2.3 "≤" 4.0）にとっても，
$f=t_x$；$G(g)$のような，ただ一つの$g:F(X)\to Y$（たとえば，3≤4）が存在する．

図6-8　「実数と≤」の圏Rと「整数と≤」の圏Zは随伴関係にある

では，Gでgを移すとどうなるか．それは≤に移るはずだ．ということは，$f=t_x$；$G(g)$が表す関係式とは，$f: X=2.3≤4.0=G(Y)$が，$t_x: 2.3≤3.0$，$G(g): 3.0≤4.0$という二つの射を合成したものと同じだということだ．たしかに，そうなっている．

まとめると，「実数と≤」の圏Rと，「整数と≤」の圏Zは，「同型」ほどに強い意味で同じではないが，二つの関手で行って帰ってきた時のズレが「自然変換」として表せる．それが圏Rと圏Zが随伴関係にあるということの中身だ．

では，本章後半の肝に戻ろう．随伴関係は，クオリアと報告の間に成り立っているのか．筆者は成り立っていると考えている．それを次項で説明しよう．

色クオリアのカテゴリタスクで随伴関係を考える

クオリアとアクセスの関係が，実数と整数の関係のように，随伴関係にあるのではないかと提案した．これをより詳しく図6-9を使って説明してみよう．

まず，前提としてクオリアの圏Qとアクセスの圏Aを考えなければならない．ここでは，第3節で導入した，色クオリアの圏を考えよう．色クオリアを対象とし，その間の関係性を「区別がつかないほど似ている，～」という射だ

とする[13].

そして，アクセスの圏 A として，二つのカテゴリ報告を準備する．たとえば，「暖色系」というレスポンスと，「寒色系」というレスポンスを考える．そしてこの場合も射としては，「区別がつかないほど似ている，〜」という射を考える．

この場合，圏 Q から圏 A には，色のクオリアという対象を，暖色・寒色という対象へ移す関手 F が考えられる．また，圏 A から圏 Q には，代表的な色クオリア推測関手 G を考えることができる．推測関手 G は，暖色系のクオリアの代表として常に赤クオリアを，寒色系の代表として水色クオリアを対応させるとする．

この時に，三つ目の色として，オレンジのクオリアを考える．ここで，ある実験参加者Pにとって，オレンジと赤のクオリアは「区別がつかないほど似ている，〜」としよう．この場合，圏 Q と圏 A の間に随伴関係が成り立つ．

確認しよう．$X=$オレンジクオリアを考える．そして実験参加者Pにとって，$X=$オレンジと赤が区別がつかないのであった．赤は，圏 A における「暖色系」という報告 Y を，関手 G で移した代表的クオリアに対応するので，赤$=G(Y)$ である．つまり，$f: X{\rightarrow}G(Y)$ が成立している．

この時に，常に，ユニークな射 $g: F(X) \rightarrow Y$ が圏 A で存在する．その正体は，「暖色系」という報告から，「暖色系」という「区別がつかないほど似ている，〜」射だ．その g を G で移すと，$f=t_X; G(g)$ が成り立っている．つまり，オレンジから赤へのズレ (t_X) が「区別がつかないほど似ている，〜」射であり，そこから $G(g)$ の「区別がつかないほど似ている，〜」射で $G(Y)$ に行くのと，直接 x から $G(Y)$ に行くのが同じになるということだ．

この場合だと，あまりに状況が単純過ぎて随伴関係の利点が見えにくいかもしれない．もう少し複雑な例を考えてみよう．

先の実験を変更し，100色の色のパッチを使って，それを実験参加者に9色のカテゴリの中から選んでもらう，という課題を考えてみよう[14]．このよう

---

13) この射を，類似度の射対象に置き換え，豊穣圏を考えても以下の議論は成り立つ．

14) このような実験は実際，人間でもチンパンジー（Matsuno *et al.*, 2004）でも行われている．

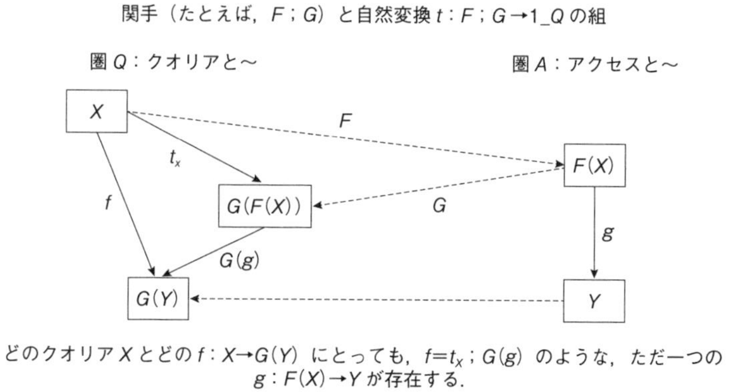
関手（たとえば，F；G）と自然変換 t：F；G→1_Q の組
圏 Q：クオリアと〜
圏 A：アクセスと〜
X
F
t_x
F(X)
f
G(F(X))
G
g
G(g)
G(Y)
Y
どのクオリア X とどの f：X→G(Y) にとっても，f=t_X；G(g) のような，ただ一つの g：F(X)→Y が存在する．

図6-9　色クオリアの圏（Q，〜）とアクセスの圏（A，〜）の随伴関係
二つの圏をつなぐ，{色クオリアのカテゴリ報告課題関手 F と，クオリア推測関手 G，そして自然変換 t} の三つの組は，随伴関係を満たすだろう．

な状況だと，随伴関係のありがたみがよりわかりやすいかもしれない．そのような状況で，実際に「区別がつかないほど似ている，〜」という射を考えることで，実際に随伴関係が得られるだろうか．概念としては複雑になるが，実験の手続きとしては，類似度を射集合ととらえて豊穣圏を用いることで，検証の意義がわかりやすくなるかもしれない．

意識研究に随伴関係を導入する利点とは一体何か

ここまで，随伴という概念を導入し，それがクオリアと報告の関係性をとらえているのではないかという推測を裏づける論拠を示してきた．

随伴関係の概念の導入は，果たして意識研究にどのような役に立つのだろうか．

筆者は少なくとも二つの効用があると考えている．第一に，クオリアは完全にアクセスできないので研究のしようがないという考えを見直すという効用だ．第二に，クオリア研究を実証的科学研究の枠組みで議論するための様々な新しい実験パラダイムを思いつくという効用だ．

第一の効用を噛み砕いて説明しよう．本章の第1節で見たように，今までクオリアが研究できないと思われていた一つの要因は，それを測定するための方法である内観報告が正確性に欠けるというものであった．しかし，一度，クオ

リアとアクセスの関係が随伴関係であるととらえられると，この考えを見直すことができる．スパーリング課題や他の意識にまつわる現象と報告の関係性を考えると，おそらく，クオリア圏とアクセス圏の間に同型のような関係性はない．しかし，そこで話は終わりではない．厳密な対応をつけることができなくても，クオリア圏とアクセス圏の間に複数の随伴関係が見つかると，それによって相当な精度でクオリア圏の構造を特徴づけられる可能性がある．

筆者が知る限り，このような考えをもとに，クオリアとアクセスの関係性が論じられたことは，過去にない（Tsuchiya *et al.*, 2022b）．

もちろん，クオリア圏，アクセス圏という考えがすでに定着したものでない以上，それは当たり前といえば当たり前だ．そういう意味では，随伴関係があるかどうかを検証しようという実験パラダイム自体がこれまでにない新しいアイデアである．

随伴関係の検証，というアイデアの本質を，クオリアからアクセス，そしてアクセスからクオリア，という「行って戻ってくる」ものと考え，その時の「ズレが整合的」であるか，ということを問うパラダイムととらえることも可能だ．これならば，難しく理論的なことを考えなくても，現実的に実施可能だ．

色クオリア実験で考えてみよう．ある実験参加者Aが何らかの色のクオリアを感じ，それを，たとえば，言語的にどのように見えたかを表現する．それを実験参加者Bが見て，それをもとにどのような色クオリアをAが感じていたかを再構成する．そしてAがオリジナルの自分のクオリア（X）と，再構成されたクオリア（$G(F(X))$）を再評価する．そして，そのズレの度合いを類似度で計測する．このズレが整合的であれば，自然変換のような状況になっていると考えることができる．これは，豊穣圏の枠組みで類似度を計測することで可能だろう．

また，スパーリング課題でも同じようなことが可能だ．実験参加者Aが12個の文字がどのように見えたかをできる限りにおいてアクセスし，報告する．それをもとに，実験参加者BがAのクオリアを再構成する．Aは，Xと$G(F(X))$の間のズレを再評価する[15]．

---

15) このようなアイデアに基づく実験の第一段階として，われわれは一瞬だけ自然画像を見

このように，随伴関係の検証というアイデアをもとに，クオリア構造を特徴づけるための新しいタスクを考えつくことはたやすい．実験参加者集団を子どもと大人とすれば，子どもは大人と同じ世界を経験しているのかという，クオリアの面から言うと今まではほぼ手つかずになっていた根本的な疑問への第一歩が踏めるはずだ．

そのような疑問に限らず，クオリアとアクセスの関係性は，それこそ「主観的に」様々な研究者が枠組みを提示してきた．しかし，それらの依拠する数理的な枠組みがないために，その議論は非常に曖昧なままに終始してきた．新しい実験課題が考案され，その結論が得られても，その解釈のレベルでの曖昧さのおかげで議論がいつまでも平行線をたどってきた，という歴史がある．この歴史に終止符を打つことができるかもしれない．

このように，クオリアとアクセスはズレている，しかし，そのズレには整合性があるのでは？と考えることで，やるべき実験課題をたくさん考えつく．実験的検証とはパラレルに，理論的にスパーリング課題での広い意味でのクオリアを圏としてとらえたり，その時の関手を定式化したりするなど，数学的な枠組みの構築においても，やるべきことはまだまだたくさんある．

5　まとめ

本章では，まず，過去の哲学者・科学者が，意識と脳の関係性を科学的に研究することは不可能だ，と論じるに至った原因のいくつかを指摘した．中でも，クオリアの内観報告の困難性の二つを指摘した．

①クオリアは他のクオリアとの比較なしに特徴づけることは不可能である．

②クオリアの内観報告は，どこまで行っても不正確であるため，それをもとに科学を積み上げることはできない．

といったものである．

た時に，五つの単語を使ってどれだけ実験参加者がクオリアを報告できるかを検証した（Chuyin *et al.*, 2022）．報告をもとに元の自然画像再構成を試みるという課題は現在検討中である．

そして，それらの問題を避けつつも発展してきた 1990 年以降の意識研究を概観した．その流れの中で，われわれが近年提案している新しいクオリア構造アプローチの要点を説明したのが第 3 節と第 4 節だ．これらの節では，数学の圏論における二つの重大なアイデアを紹介した．

　第 3 節では，①についての対策として，「米田の補題」を紹介した．クオリアが他のクオリアとの比較しかできないなら，それを逆手にとってやろうというアイデアだ．われわれは現在，米田の補題のアイデアにインスパイアされるかたちで，クオリアどうしの比較を大規模に徹底化することでクオリアを同定・特徴づけようというプロジェクトを進めている．また，観測されたデータが本当に（豊穣）圏になっているかという実証的・数理的なプロジェクトも進めている．

　第 4 節では，②について，クオリアの圏とアクセスの圏が「随伴関係」にある可能性を論じた．たとえクオリアとアクセスが正確に対応しなくても，あきらめる必要はない．様々な随伴関係を積み上げることで，得体の知れないクオリア圏の構造は，かなりの程度明らかになる可能性がある．

　第 3 節と第 4 節に共通する目的は，第 3 節の終わりでも述べたように，思索に始まり思索に終わっていた哲学的なクオリア研究を，実証的な科学研究，さらにそれを数理的な構造解析にまで高める可能性を提示することである．その達成のための手立てとして，われわれは，意識研究に圏論（Tsuchiya *et al.*, 2016）を，特に米田の補題（Tsuchiya & Saigo, 2021; 土谷・西郷, 2019）と，本章では随伴を導入してきた．これらの理論的な枠組みをもとに，クオリアの構造，そして脳の構造，そしてこれらの構造の間の関係性を明らかにしようというのがクオリア構造アプローチである．

　それを踏まえ，意識研究の枠組みを超えて，米田の補題や随伴関係などの圏論的な概念が，認知科学，科学一般，そして社会に与えうるインパクトについて考察してみたい．

　クオリアとアクセス・報告が随伴関係にあるならば，これまでに行われてきた哲学での議論にも数理的な解釈を与えられる．クオリアは言語に尽くすことができないという議論は，二つの圏が同型でないこととも解釈できる．われわれが日常で感じるように，「私の気持ち・経験は到底言葉にはできない」とい

うのは，たしかに正しい部分がある．しかし，本当に「到底」なのだろうか．これを厳密化する手立てはないのだろうか．

　もし本当に，自分のクオリアを他人に伝えることが根本的に不可能だとすると，つじつまが合わないと思われる事実はたくさんある．

　たとえば，われわれは現時点で，人類には一定の割合で色覚に関しての非定型者がおり，彼らの中には赤と緑の色の区別がつかない人がいることを知っている．しかし，これは考えてみると不思議な話だ．そもそも，一体誰がどうやって，非定型な色覚があることに気づいたのか（川端，2020）．同じようなことは，共感覚にも言える（Ramachandran & Hirstein, 1997）．生まれてから常に数字や文字を見た時に色を感じていた人にとってはそれが普通であるし，それがない人にとってはないのが普通なわけだ．もし本当にわれわれがクオリアを他人に伝えることができないのであれば，どうして非定型の色覚や共感覚の存在が科学者の認める事実にまで高められてきたのだろうか．

　ここで，クオリアは米田の補題的に特徴づけることができ，また，クオリアと報告には随伴関係があると考えると，なぜ人類がこれまで同型でないクオリアとアクセスの間の関係性を理解できてきたかに整合的な説明を与えることができる．

　「米田の補題」的にこの問題を考えてみる．非定型と定型の色覚を持つ人の間で，様々なクオリアどうしの関係性について，お互いが不完全ながらもコミュニケーションを取り続けた結果，クオリアそのものが異なっていることに気がついたという可能性はないか．

　「随伴」的にこの問題を考えることも可能だ．1 回のコミュニケーションや報告では，われわれは自分のクオリアのある側面しか伝えられない．しかし，様々な随伴関係にある関手，すなわち，行って帰ってきた時の「ズレ」を，たくさんのコミュニケーションを通じて発見することが可能ではないだろうか．たとえば，対人関係において，「大げさな」人だとわかっている相手が表現するクオリアは，抑えめに推測して再構成できる．まだ語彙の発達していない子どもと話す時も，子ども特有の表現の「ズレ」がわかるまで忍耐強く彼らの言うことを聞くと，彼らが何を感じているのかがはっきりとわかることもある．

6 今後の展望——クオリア構造・情報構造・その間の関係性

「クオリア構造と情報構造の関係性を圏論的に理解する」，という本章の副題は，クオリア構造アプローチが目指すべき研究のゴールである．それを達成するためには，

①クオリア構造を明らかにする，

②情報構造そのものを明らかにする，そして，

③クオリア構造と情報構造の関係性を明らかにする，

という三つのステップを踏まなければならない．本章では，主に①について論じた．残り二つのステップについても，米田の補題と随伴の概念は重要な役割を果たすだろうと筆者は考えている．

私が「赤い色のクオリア」を感じる時，それに対応してどのような脳活動が生じているのか．神経のネットワークが作る「活動状態」は，それを生み出しているネットワークの解剖学的・生理学的なルールに基づいた「制約」のもとで生じる，「情報構造」として理解できるはずだ．ということは，クオリアの構造と情報構造の間にあるはずの対応関係を理解することが，筆者らが目指す研究の方向性ということになる．

この三つのステップすべてにおいて，「同じ」という概念は，再評価されなければならない．われわれが「同じ」という言葉を使う時に，それを「構造」のレベルで考えようとすると，様々なレベルでの「同じさ」を考える必要がある（前掲図 6-7）．

特に，同型よりも弱い同じさ，「随伴関係」が成り立つ場面は，数学においては非常に広範にわたることが知られている（Mac Lane, 2013）．本章で伝えたかった一つのメッセージとは，「クオリアとアクセスの間に随伴関係があるかどうかの検証は，具体的な科学実験として検証可能なものだ」というアイデアだ．

随伴という考えは，クオリアとアクセス以外にも，一般に「未知」の測定したい対象と，「既知」の測定結果の関係性のことだと考えることも可能だ（小嶋，2004）．

　たとえば，脳の構造と活動状態から情報構造を取り出す，という状況を考えてみよう．脳の構造と活動状態は常に変化している．そのため，何らかの統計的な処理を行わない限り，情報構造を取り出すことは難しい．その時に，どうしても細かいレベルでの「違い」は無視しなければならない．そうなると，脳構造と情報構造の間に同型が成り立たなくなる．しかし，脳構造から情報構造に「行って戻ってくる」時のズレが一定のレベルである，という条件を探すことは可能だ．ここで，測定技術の精度を上げることだけに集中するというアプローチだけでは，当初理解したかった現象を，バラバラに解体するだけに終わってしまう危険性を孕む．解体することで手に入れたその知識を総合するには，各パーツを足のついた原子模型のように扱い，それを組み立て直し，再構成することで理解するような枠組みが必要だ．まさに，それがモデリングや構成論と呼ばれるアプローチに当たるのだろう．そのような構成的なアプローチと，圏論が基礎とする射の合成という考えは，非常に相性がよいのではないだろうか．

　クオリア構造と情報構造の間の関係性についての今後の見通しはどうだろうか．最初からこの二つの構造の間には，同型的な関係があるはずだ，と決めつけてそれを探すというのはおそらく難しい．それよりも，まずは，二者の間に何らかの随伴関係が成り立っているかを考えるほうが，実証可能性が高いだろう [16]．随伴であれば，実際の科学的な計測に伴うノイズ，主観報告につきまとう曖昧さ，個人差などの問題を現実的にとらえて，それを乗り越えることが可能だろう．

　随伴関係の考え方は，クオリア研究以外の認知科学研究や，さらに実生活における様々な局面でも応用が利く可能性がある．たしかに，他人のクオリアや考え方をそのままに理解することは不可能だ．個々人の経験するクオリア圏は，それがあったとしても同型であるはずがない．意識・クオリアを支える脳にはある程度の差異があるから，同型を仮定するのは無理がある．発達・文化の影響も考えると，特に無理だろう．

---

16) 意識の統合情報理論（Oizumi *et al.*, 2014）では，同型よりもさらに強い同一（identity）を最初から想定するため，様々なレベルで理論の検証が難しいことを指摘しておく．

しかし，随伴関係をもとにしたコミュニケーションという考え方をとると，この世界観すら変わってくる．人の差異や違いはむしろ，そのズレを理解しさえすれば，異なる「視点」を与えてくれる．異なる視点，異なる関手を通してたくさんの随伴関係を構築することで，得体の知れない対象の特徴が明らかになることがある．

　この考えのもとでは，随伴関係と考えることができるような様々な質のよい関手，すなわち質問を，手を代え品を代えて試すことが必要になる．コミュニケーションの試行錯誤を繰り返すことが大事なのである．話し手と聞き手，実験参加者と実験者とが，様々な関手でコミュニケーションを試みる．その繰り返しの結果，行って帰ってくる時に生じてくる「ズレ」が整合的に理解可能になる時がくるだろう．それが「自然変換を見つけ出す」ということの実践的なコミュニケーションだ．自然変換をとらえることができれば，お互いの「違い」を認めた上で，「同じ」経験を発見するために，効果的に「聴く」ことが可能になるのではないだろうか．このような態度は，意識研究・認知科学・脳科学・心理学を超えて，社会科学や人文学，実際の人間関係・家庭・共同体・社会・世界のレベルで有用な考え方だと見なされる日が，いつか来るかもしれない．

謝　辞　本章を書くに当たって，随伴に関する部分のチェックをしていただいた西郷甲矢人氏に感謝したい．

引用文献

Andrillon, T., Burns, A., Mackay, T., Windt, J., & Tsuchiya, N. (2021). Predicting lapses of attention with sleep-like slow waves. *Nature Communications, 12(1)*, 3657.

Aru, J., Bachmann, T., Singer, W., & Melloni, L. (2012). Distilling the neural correlates of consciousness. *Neuroscience & Biobehavioral Reviews, 36(2)*, 737–746.

Balduzzi, D., & Tononi, G. (2009). Qualia: The geometry of integrated information. *PLOS Computational Biology, 5(8)*, e1000462. doi: 10.1371/journal.pcbi.1000462

Bayne, T. (2018). On the axiomatic foundations of the integrated information theory of consciousness. *Neuroscience of Consciousness, 2018(1)*. doi: 10.1093/nc/niy007

Block, N. (2005). Two neural correlates of consciousness. *Trends in Cognitive Sciences, 9(2)*, 46–52.

Block, N. (2007). Consciousness, accessibility, and the mesh between psychology and neuroscience. *Behavioral and Brain Sciences, 30(5–6)*, 481–499; discussion 499–548.

Boly, M., *et al.* (2013). Consciousness in humans and non-human animals: Recent outstanding advances, and possible future directions. *Frontiers in Psychology, 4*, 1–20.

Boly, M., *et al.* (2015). Stimulus set meaningfulness and neurophysiological differentiation: A functional magnetic resonance imaging study. *PLoS ONE, 10(5)*, e0125337. doi: 10.1371/journal.pone.0125337

Borg, I., & Groenen, P. J. F. (2005). *Modern multidimensional scaling: Theory and applications (2nd ed.)*. Springer.

Carroll, S., & Dennett, D. C. (2020). *Minds, Patterns, and the Scientific Image* (No. 78). https://www.preposterousuniverse.com/podcast/2020/01/06/78-daniel-dennett-on-minds-patterns-and-the-scientific-image/

Casarotto, S., *et al.* (2016). Stratification of unresponsive patients by an independently validated index of brain complexity. *Annals of Neurology, 80(5)*, 718–729.

Chuyin, Z., Koh, Z. H., Gallagher, R., Nishimoto, S., & Tsuchiya, N. (2022). What can we experience and report on a rapidly presented image? Intersubjective measures of specificity of freely reported contents of consciousness. *F1000Research, 11*, 69. doi: 10.12688/f1000research.75364.1

Cohen, M. A., Botch, T. L., & Robertson, C. E. (2020). The limits of color awareness during active, real-world vision. *Proceedings of the National Academy of Sciences, 117(24)*, 13821–13827.

Cohen, M. A., Dennett, D. C., & Kanwisher, N. (2016). What is the bandwidth of perceptual experience? *Trends in Cognitive Sciences, 20(5)*, 324–335.

Cohen, M. A., & Rubenstein, J. (2020). How much color do we see in the blink of an eye? *Cognition, 200*, 104268. doi: 10.1016/j.cognition.2020.104268

Cowen, A. S., & Keltner, D. (2017). Self-report captures 27 distinct categories of emotion bridged by continuous gradients. *Proceedings of the National Academy of Sciences, 114(38)*, E7900–E7909. doi: 10.1073/pnas.1702247114

Crick, F. (1994). *Astonishing hypothesis: The scientific search for the soul*. Scribner.

Curcio, C. A., Sloan, K. R., Kalina, R. E., & Hendrickson, A. E. (1990). Human photoreceptor topography. *The Journal of Comparative Neurology, 292(4)*, 497–523.

Del Pin, S. H., Skóra, Z., Sandberg, K., Overgaard, M., & Wierzchoń, M. (2021). Comparing theories of consciousness: Why it matters and how to do it. *Neuroscience of Consciousness, 2021(2)*. doi: 10.1093/nc/niab019

デカルト, R.　桂寿一（訳）（1964）. 哲学原理　岩波書店

Doerig, A., Schurger, A., & Herzog, M. H. (2021). Hard criteria for empirical theories of consciousness. *Cognitive Neuroscience, 12(2)*, 41–62.

Ffytche, D. H., *et al.* (1998). The anatomy of conscious vision: An fMRI study of visual hallucinations. *Nature Neuroscience, 1(8)*, 738–742.

Fink, S. B., Kob, L., & Lyre, H. (2021). A structural constraint on neural correlates of consciousness. *Philosophy and the Mind Sciences, 2*. doi: 10.33735/phimisci.2021.79

Fong, B., & Spivak, D. I. (2019). *An invitation to applied category theory: Seven sketches in compositionality* (*1st ed.*). Cambridge University Press.

Frässle, S., Sommer, J., Jansen, A., Naber, M., & Einhäuser, W. (2014). Binocular rivalry: Frontal activity relates to introspection and action but not to perception. *Journal of Neuroscience, 34(5)*, 1738-1747.

Frith, C., Perry, R., & Lumer, E. (1999). The neural correlates of conscious experience: An experimental framework. *Trends in Cognitive Sciences, 3(3)*, 105-114.

Giron, C., Lau, H., & Knotts, J. D. (2018). *Are open interviews superior to button presses? A Commentary on Haun et al. (2017)*. https://philosophyofbrains.com/2018/04/13/symposium-on-haun-tononi-koch-and-tsuchiya-are-we-underestimating-the-richness-of-visual-experience.aspx

Goff, P. (2019). *Galileo's Error*. PenguinRandomHouse.com. https://www.penguinrandomhouse.com/books/599229/galileos-error-by-philip-goff/

橋爪大三郎 (1988). はじめての構造主義 講談社

Hasson, U., Nir, Y., Levy, I., Fuhrmann, G., & Malach, R. (2004). Intersubject synchronization of cortical activity during natural vision. *Science, 303(5664)*, 1634-1640.

Haun, A. M. (2021). What is visible across the visual field? *Neuroscience of Consciousness, 2021(1)*. doi: 10.1093/nc/niab006

Haun, A. M., & Tononi, G. (2019). Why does space feel the way it does? Towards a principled account of spatial experience. *Entropy, 21(12)*, 1160.

Haun, A. M., Tononi, G., Koch, C., & Tsuchiya, N. (2017). Are we underestimating the richness of visual experience? *Neuroscience of Consciousness, 2017(1)*. doi: 10.1093/nc/niw023

Hebart, M. N., Zheng, C. Y., Pereira, F., & Baker, C. I. (2020). Revealing the multidimensional mental representations of natural objects underlying human similarity judgements. *Nature Human Behaviour, 4(11)*, 1173-1185.

Horikawa, T., Cowen, A. S., Keltner, D., & Kamitani, Y. (2020). The neural representation of visually evoked emotion is high-dimensional, categorical, and distributed across transmodal brain regions. *iScience, 23(5)*, 101060. doi: 10.1016/j.isci.2020.101060

Horikawa, T., Tamaki, M., Miyawaki, Y., & Kamitani, Y. (2013). Neural decoding of visual imagery during sleep. *Science, 340(6132)*, 639-642. doi: 10.1126/science.1234330

Hubel, D. H., & Wiesel, T. N. (1959). Receptive fields of single neurones in the cat's striate cortex. *The Journal of Physiology, 148(3)*, 574-591.

今井むつみ (2013). ことばの発達の謎を解く 筑摩書房

Kanai, R., & Tsuchiya, N. (2012). Qualia. *Current Biology, 22(10)*, R392-396.

コイファー, S., チェメロ, A. 田中彰吾・宮原克典 (訳) (2018). 現象学入門──新しい心の科学と哲学のために 勁草書房

川端裕人 (2020).「色のふしぎ」と不思議な社会──2020年代の「色覚」原論 筑摩書房

圏論の歩き方委員会 (編) (2015). 圏論の歩き方 日本評論社

Kleiner, J. (2020). Mathematical models of consciousness. *Entropy, 22(6)*, 609.

Koch, C. (2004). *The quest for consciousness: A neurobiological approach*. Roberts &

Company Publishers.（土谷尚嗣・金井良太（訳）（2006）. 意識の探求──神経科学からのアプローチ（上・下）岩波書店）

小嶋泉（2004）. だれが量子場を見たか　中村孔一・中村徹・渡辺敬二（編），だれが量子場をみたか（pp. 65-107）日本評論社

Kouider, S., de Gardelle, V., Sackur, J., & Dupoux, E. (2010). How rich is consciousness? The partial awareness hypothesis. *Trends in Cognitive Sciences, 14*(7), 301-307.

Kriegeskorte, N., & Kievit, R. A. (2013). Representational geometry: Integrating cognition, computation, and the brain. *Trends in Cognitive Sciences, 17*(8), 401-412.

Lau, H., & Rosenthal, D. (2011). Empirical support for higher-order theories of conscious awareness. *Trends in Cognitive Sciences, 15*(8), 365-373.

Lawvere, F. W. (1973). Metric spaces, generalized logic, and closed categories. *Rendiconti Del Seminario Matématico e Fisico Di Milano, 43*(1), 135-166.

Lawvere, F. W., & Schanuel, S. H. (2009). *Conceptual mathematics (2nd ed.)*. Cambridge University Press.

Lee, A. Y. (2021). Modeling mental qualities. *The Philosophical Review, 130*(2), 263-298.

Logothetis, N. K. (1998). Single units and conscious vision. *Philosophical transactions of the Royal Society of London B, 353*, 1801-1818.

Mac Lane, S. (2013). *Categories for the working mathematician (Vol. 5)*. Springer Science & Business Media.

Massimini, M. *et al.* (2005). Breakdown of cortical effective connectivity during sleep. *Science, 309*, 2228-2232.

マッスィミーニ, M., トノーニ, G. 花本知子（訳）（2015）. 意識はいつ生まれるのか──脳の謎に挑む統合情報理論　亜紀書房

Matsuno, T., Kawai, N., & Matsuzawa, T. (2004). Color classification by chimpanzees (*Pan troglodytes*) in a matching-to-sample task. *Behavioural Brain Research, 148*(1-2), 157-165.

Monti, M. M., *et al.* (2010). Willful modulation of brain activity in disorders of consciousness. *The New England Journal of Medicine, 362*(7), 579-589.

Nishimoto, S., *et al.* (2011). Reconstructing visual experiences from brain activity evoked by natural movies. *Current Biology, 21*(19), 1641-1646.

Nummenmaa, L., Glerean, E., Hari, R., & Hietanen, J. K. (2014). Bodily maps of emotions. *Proceedings of the National Academy of Sciences, 111*(2), 646-651.

Oizumi, M., Albantakis, L., & Tononi, G. (2014). From the phenomenology to the mechanisms of consciousness: Integrated Information Theory 3.0. *PLoS Computational Biology, 10*(5), e1003588. doi: 10.1371/journal.pcbi.1003588

Owen, A. M., *et al.* (2006). Detecting awareness in the vegetative state. *Science, 313*, 1402.

Prentner, R. (2019). Consciousness and topologically structured phenomenal spaces. *Consciousness and Cognition, 70*, 25-38.

Ramachandran, V. S., & Hirstein, W. (1997). Three laws of qualia: What neurology tells us about the biological functions of consciousness. *Journal of Consciousness Studies, 4(5–6)*, 429–457.

Reddy, L., Tsuchiya, N., & Serre, T. (2010). Reading the mind's eye: Decoding category information during mental imagery. *NeuroImage, 50(2)*, 818–825.

西郷甲矢人・能美十三 (2019). 圏論の道案内——矢印でえがく数学の世界　技術評論社

Shepard, R. N. (1987). Toward a universal law of generalization for psychological science. *Science, 237*, 1317–1323.

Siclari, F., *et al.* (2017). The neural correlates of dreaming. *Nature Neuroscience, 20(6)*, 872–878.

Skinner, B. F. (1965). *Science and human behavior*. Free Press.

Sperling, G. (1960). The information available in brief visual presentations. *Psychological Monographs, 74(11)*, 1–29.

Spivak, D.　川辺治之 (訳) (2021). みんなの圏論——演習中心アプローチ　共立出版

Stevens, S. S. (1957). On the psychophysical law. *Psychological Review, 64(3)*, 153–181.

土谷尚嗣 (2021). クオリアはどこからくるのか？——統合情報理論のその先へ　岩波書店

土谷尚嗣・西郷甲矢人 (2019). 圏論による意識の理解　認知科学, *26(4)*, 462–477.

Tsuchiya, N., & Saigo, H. (2022). A relational approach to consciousness: Categories of level and contents of consciousness. *Neuroscience of Consciousness, 2021(2)*. doi: 10.1093/nc/niab034

Tsuchiya, N., Saigo, H., & Phillips, S. (2022a). *Enriched category as a model of qualia structure based on similarity judgements*. OSF. doi: 10.31219/osf.io/ucjmz

Tsuchiya, N., Saigo, H., & Phillips, S. (2022b). An adjunction hypothesis between qualia and reports. doi: 10.31234/osf.io/q8ndj

Tsuchiya, N., Taguchi, S., & Saigo, H. (2016). Using category theory to assess the relationship between consciousness and integrated information theory. *Neuroscience Research, 107*, 1–7.

Tsuchiya, N., Wilke, M., Frässle, S., & Lamme, V. A. (2015). No-report paradigms: Extracting the true neural correlates of consciousness. *Trends in Cognitive Sciences, 19(12)*, 757–770.

Tyler, C. W. (2015). Peripheral color demo. *I-Perception, 6(6)*, 2041669515613671. doi: 10.1177/2041669515613671

Vandenbroucke, A. R. E., *et al.* (2014). Accurate metacognition for visual sensory memory representations. *Psychological Science, 25(4)*, 861–873.

Varela, F. J. (1996). A methodological remedy for the hard problem. *Journal of Consciousness Studies, 3(4)*, 330–349.

Wilke, M., Mueller, K. M., & Leopold, D. A. (2009). Neural activity in the visual thalamus reflects perceptual suppression. *Proceedings of the National Academy of Sciences of the United States of America, 106(23)*, 9465–9470.

第 7 章　心の自然化

◆

鈴木貴之

　古代ギリシア時代以来，人間の心について体系的に考察することは，主に哲学者の仕事だった．しかし，19世紀後半における心理学の誕生以来，心に関する実証的な研究が行われるようになり，心やその物質的基盤である脳に関するわれわれの知識は飛躍的に増大した．このような変化を背景として，心に関する現代の哲学的研究は，心もまた自然的な現象の一つであるという作業仮説から出発し，心の様々な側面を理解することを目指すものとなっている．本章では，心に関するこのような哲学的リサーチ・プログラム，すなわち心の自然化について概観したい．

1　哲学的自然主義

　心の自然化について論じる前に，その背景となる哲学的自然主義（philosophical naturalism: 以下では単に自然主義と呼ぶ）という立場を説明しておこう．自然主義とは，大まかに言えば，自然科学に代表される経験的な方法によって知識を獲得し，その結果得られた枠組みの中で様々な現象を理解しようという立場で，方法論的自然主義（methodological naturalism）と存在論的自然主義（ontological naturalism）という二つの要素からなる．これらについて順に見ていこう（詳しくは，井頭，2010 を参照）．

方法論的自然主義——全体論的知識観
　まず，方法論的自然主義について見ていこう．古来，哲学者が関心を抱いてきた問題の一つは，世界に関する確実な知識を獲得することだった．そして，そのための有望な戦略と考えられてきたのは，絶対確実な知識を発見し，他の

知識をこの知識によって何らかの仕方で基礎づけることだった．たとえば，ル
ネ・デカルトが『省察』（Descartes, 1641）で取り組んだのはこのような試みで
ある．20 世紀前半に論理経験主義者（logical empiricists）（論理実証主義者（logi-
cal positivists）とも呼ばれる）が取り組んだのも同様の試みである．論理経験主
義者は，自らの経験に現れるものに関する知識，たとえば「視野の中心に赤い
円がある」というようないわゆる感覚与件（sense data）に関する知識を基礎
として，日常的な事物に関する知識や科学的知識をそれによって基礎づけるこ
とを目指した．彼らに共通するのは，われわれの知識体系は，最も確実な知識
からある知識が導き出され，そこからさらに別の知識が導き出されるというよ
うな，一方向的な依存関係にあるという考え方である．このような考え方は基
礎づけ主義（foundationalism）と呼ばれる．

　基礎づけ主義のもとで確実な知識の体系を獲得することは，哲学者にとって
長年の野望だった．しかし，20 世紀後半になると，基礎づけ主義の問題が明
らかになり始めた．たとえば，地動説を支持する天文学者が天体観測をした時，
地動説と合致しない観測データが得られたとしよう．このことは，地動説が誤
りであることを示しているだろうか．必ずしもそうではない．望遠鏡の精度に
問題があり，観測データが不正確であるのかもしれないし，未知の天体の影響
で軌道が予測とは異なっているのかもしれないからである．このような事例か
ら明らかになることは，自然科学の営みにおいては，ある仮説が単独でデータ
と照らし合わされるのではなく，様々な補助仮説を含む理論の全体がデータに
よって検証されるということである．

　この洞察は，われわれの知識全体に拡張可能であるように思われる．そうだ
とすれば，原理的には，経験によってテストされるのはわれわれの知識の総体
だということになる．経験とわれわれの知識体系が合致しない場合には，われ
われは知識体系のどの部分を修正することで対処してもよいのである．このよ
うな見方は，確証に関する全体論（confirmation holism）と呼ばれる．

　全体論的な知識観によれば，われわれの知識は一つの巨大なネットワークを
構成しており，われわれは，経験に応じてこの体系を絶えず調整していく．ネ
ットワークの中心部分には，数学や論理学の知識のように，個別的な経験によ
って修正される可能性が低い知識があり，周辺部分には，あの部屋には誰もい

ないというような，知覚経験によってただちに修正されうる知識がある．しかし，どの知識も経験によって修正される可能性を有しているのである（詳しくは，飯田，1989；丹治，2009 を参照）．

方法論的自然主義──伝統的知識観の否定

　このような知識観は，哲学における伝統的な知識観を否定するものである．伝統的な見方によれば，われわれの知識はアプリオリな知識（*a priori* knowledge）とアポステリオリな知識（*a posteriori* knowledge）に二分される．アプリオリな知識とは，それが真であることを知るために特定の経験を必要としない知識である．数学的知識や，言葉の意味に基づく知識（「叔父は父母の弟である」など）がその典型である．アポステリオリな知識とは，それが真であることを知るために特定の経験が必要な知識であり，日常的な知識や自然科学的な知識のほとんどはこちらに分類される．伝統的な見方によれば，哲学的な知識はアプリオリな知識であり，自然科学的な知識はアポステリオリな知識である．哲学は自然科学とは根本的に異質な営みであり，哲学的真理を明らかにするには，世界のあり方を経験的に探究する必要はなく，理性を働かせるだけでよいのである．

　全体論的な知識観は，アプリオリな知識とアポステリオリな知識の区別を否定する．すべての知識は一つの体系を形成し，そこには，アプリオリな知識とアポステリオリな知識という区別は存在しないのである．このことは，哲学と自然科学の関係についても重大な帰結をもたらす．哲学も自然科学も一つの知識体系の構築にかかわる営みであり，両者は連続的だということになるのである．

　まとめれば，方法論的自然主義の基本的な主張は以下のようになる．第一に，われわれの知識は一つの巨大な体系を構成する（全体論的知識観）．第二に，この知識の体系は経験によって修正を受ける（経験主義）．第三に，哲学と自然科学は連続的な営みである．

存在論的自然主義──基本的発想

　さて，方法論的自然主義を受け入れるならば，具体的にはどのような知識体

系が得られることになるだろうか．ここで最も有望な仮説と考えられるのが，存在論的自然主義である（より詳しくは，鈴木，2015，第2章を参照）．

　自然科学は，経験に基づく知識体系の修正を最も洗練されたかたちで実践してきた．では，そこで明らかになる世界のあり方はどのようなものだろうか．それは，以下のようなものだと考えられる．自然科学的世界観によれば，世界はマクロなレベルからミクロなレベルまで，様々な尺度で記述できる．その中で，最もミクロなレベルに関する物理学の記述が，世界の基礎的な構成要素（たとえばクォーク）を明らかにする．マクロレベルの事物は，この基礎的な構成要素によって何らかの仕方で説明されることによって，自然科学的世界観の一部となる．このようなあり方である．

　ミクロレベルの基礎的な構成要素とマクロレベルの事物の関係としては，2種類のものがある．第一の関係は構成（constitution）である．構成関係においては，然るべき種類のミクロレベルの要素が然るべき仕方で集まることによって，マクロレベルの事物が成立する．たとえば，酸素原子は，八つの陽子と八つの中性子，そしてそれらの周囲を回る八つの電子から構成される（実際には同位体も存在するため，酸素原子は複数の仕方で構成可能である）．

　もう一つの関係は実現（realization）である．鍋を例に考えてみよう．世の中には様々な鍋があり，それらは素材もかたちも異なっている．したがって，鍋は特定の要素が特定の仕方で集まることで成り立つものではない．鍋にとって本質的なのはむしろ，熱を加えられると中のものに熱を伝えるという因果関係によって特定される機能（function）である．この機能を果たすものであれば，銅製の円筒形の物体も，鉄製の楕円柱形の物体も鍋なのである．このような場合には，鍋であるという性質は銅製で円筒形であるという性質，あるいは鉄製で楕円柱形であるという性質によって実現される，と言われる．一般に，ある機能は複数のものによって実現可能である．これは多重実現可能性（multiple realizability）と呼ばれる．実現関係による理解が可能なものは，人工物だけではない．たとえば遺伝子は，親の形質に関する情報を子に伝達するという機能によって定義可能である．多くの生物ではDNAがこの役割を果たすが，一部のウイルスではRNAがこの役割を果たす．ここでも多重実現が成立しているのである．

存在論的自然主義によれば，この世界に存在する多様な事物はすべて，構成による説明と実現による説明を繰り返すことで，最終的にはミクロレベルの基礎的な構成要素によって説明可能である．ある意味では，世界に存在するものは，無数のミクロレベルの基礎的な構成要素に尽きるのである．この見方と対立するのは，世界には自然科学的な探究の対象となりえないものが存在するという見方や，自然科学的な探究は可能だがミクロレベルの要素に関係づけることができないものが存在するという見方である．存在論的自然主義は，これらの見方を否定するのである．このような理由から，存在論的自然主義は，唯物論（materialism），物理主義（physicalism），物的一元論（materialistic monism）などと呼ばれることもある．

存在論的自然主義——注意点

存在論的自然主義に関しては，いくつかの点に注意が必要である．第一に，存在論的自然主義は，正しいことがすでに証明された理論ではなく，作業仮説，あるいはリサーチ・プログラムと考えるべきものである．のちに述べるように，存在論的自然主義者の支持者は，これまでの自然科学研究において様々な現象が自然主義的に理解可能となったことから，現在ではまだ十分に理解できない現象も最終的には同様に理解可能となるだろうと仮定し，この仮定の下で研究を進めているのである．

第二に，存在論的自然主義は，ミクロレベルの物理学だけですべての現象を理解できると主張するわけではない．無数の原子によって構成される気体のふるまいは，原理的には原子レベルの物理学によって記述できるとしても，一定の体積や圧力を持つ気体として記述されることで，われわれに理解可能なものとなる．また，遺伝子の働きを理解する時，特に，どのような形質がどのように遺伝するかが問題となる時には，遺伝子を実現するものが DNA なのか RNA なのかは無視できることである．存在論的自然主義は，ミクロレベルの構成要素が基礎的であることを認めつつ，化学や生物学といったマクロレベルの個別科学（special sciences）の自律性も同時に認めることができる立場なのである．

第三に，方法論的自然主義と存在論的自然主義は，論理的には独立の主張で

ある．方法論的自然主義の下で経験的な探求を続けていった結果，存在論的自然主義では理解できない現象が存在することが判明すれば，方法論的自然主義は維持しつつ，存在論的自然主義とは異なる立場を採用することになる．また，方法論的自然主義によらずに，完全な独断に基づいて存在論的自然主義を採用することも可能である．とは言え，方法論的自然主義を採用するならば，現時点で最も有望な仮説は存在論的自然主義であり，存在論的自然主義を採用する最も自然な根拠は，方法論的自然主義である．したがって，現在の多くの哲学者は，これら二つの立場をどちらも支持している．

心の自然化

現在の哲学において自然主義が多くの支持を集めている理由は，それが極めて有望な仮説だからである．これまでの自然科学の歴史を振り返ると，当初理解が困難であった多くの現象が，最終的には自然科学的な枠組みの中で理解可能なものとなった．たとえば，液体どうしの反応，腐敗，発酵といった物質変化は，長い間説明のできない現象だった．しかし，物質が様々な原子によって構成されていること，諸原子は一定の法則に従って結合することが明らかになることで，物質変化は自然科学的な枠組みの中で体系的に理解可能になった．生命も同様である．20世紀の初めまで，生命には固有の原理が存在し，無生物を理解するための自然科学的な枠組みだけでは生命を理解することは不可能であるという，生気論（vitalism）と呼ばれる考え方が有力だった．しかし，生命が自己複製や代謝といった機能を本質とし，それらがDNAやミトコンドリアなどの働きによって可能であることが明らかになると，生命もまた，自然科学的な世界観のもとで理解可能であることが明らかになった．ある現象を自然科学的な枠組みのもとで理解することは，自然化（naturalization）と呼ばれる．自然科学の歴史においては，様々な現象の自然化が達成されてきたのである．

もちろん，未だに自然化が達成されていない現象もある．本章の主題である心はその一つである．善や美といった規範的性質もまた，哲学においては自然化の可能性が重要な争点となる主題である．数学的対象などの抽象的な対象とそれに関する知識を自然科学的な世界観のもとでどう説明するかということも

また，重要な哲学的問題である．これまでの自然科学の成功を踏まえれば，自然主義は極めて有望な立場である．しかし，心や善，数といった現象を自然化する方法は，決して自明ではない．このような理由から，自然化は，現代の哲学において重要かつ挑戦的な課題となっているのである．

　以下では，心の自然化をめぐる議論状況を概観する．心を自然化する上で具体的に問題となるのは，志向性と意識という心の二つの特徴である．第 2 節と第 3 節では，志向性の自然化と意識の自然化をめぐる議論を概観する．これら二つの問題は，自然化の可能性自体が争点となるものであり，哲学的な性格の強い問題である．他方で，自然主義的な心の哲学においては，自然主義を前提とした上で，具体的にどのような自然主義的理論が正しいかということもしばしば重要な問題となる．このような問題は，認知諸科学とも密接に関連するものである．第 4 節では，認知を主題としたこのような論争についても概観しよう．

2　志向性の自然化

　本節では，心の自然化をめぐる主要な問題の一つである，志向性（intentionality）の自然化について見ていこう．

志向性

　今日は気温が高いという思考は，今日の気温の高さに関する心的状態である．同様に，明日は雨が降るだろうという思考は，明日の雨に関する心的状態であり，夏休みには沖縄旅行に行きたいという思考は，夏休みの沖縄旅行に関する心的状態である．このように，われわれの心的状態の多くは，それ自体とは別の何かに関する心的状態である．哲学では，何かを表す働きは志向性と呼ばれ，志向性を持つものは表象（representation）と呼ばれる．われわれの心的状態は，表象の一種なのである．

　志向性のいくつかの特徴について確認しておこう．まず，志向性を持つものは他の何かを表すが，それは現実に成り立っている必要はない．明日は雨が降るだろうという思考は明日の雨を表すが，まだ雨は降っていない．外は晴れて

いるとしても，今雨が降っていると誤って考えることは可能である．誤表象（misrepresentation）が可能であることは，志向性の重要な特徴の一つである．

　また，志向性を持つ心的状態は指示に関する不透明な文脈（referentially opaque context）を形成するという特徴を持つ．たとえば，目の前でコーヒーを飲んでいる中年男性が有名な作家である時には，「中年男性がコーヒーを飲んでいる」という文と，「有名な作家がコーヒーを飲んでいる」という文はともに真となる．このように，同一対象を指す表現を入れ替えても，文の真偽は通常変化しない．しかし，この男性が有名な作家であることを私が知らなければ，「中年男性がコーヒーを飲んでいると私は考えている」という文は真となるが，「有名な作家がコーヒーを飲んでいると私は考えている」という文は偽となる．志向性を持つ心的状態に関する文は，通常の文と異なるふるまい方をするのである．これは，志向性を持つ心的状態が何かを表す時には，それを常にある特定の仕方で表すからである．

志向性の自然化

　哲学においては，志向性は心的なものの目印（the mark of the mental）だと考えられてきた．一見したところ，これは奇妙な主張に感じられるかもしれない．紙に書かれた文や絵画は何かを表しているし，木の年輪も樹齢を表している．このように，心を持たないものも志向性を持つように思われるからである．

　しかし，心的状態とそれ以外のものでは，志向性のあり方に重要な違いがある．木の年輪が樹齢を表していると言えるのは，人間が年輪を見て，そこに樹齢を読み取るからである．ある絵画が初夏の海辺を表しているのは，画家がそのような意図でその絵を描いたから，あるいは，鑑賞者がその絵をそのような内容の絵として理解するからである．利用者である人間の存在なしには，年輪や文や絵画が何かを表すことはないように思われるのである．これに対して，人間の心的状態は，それ自体として志向性を持つように思われる．ある人の心的状態が沖縄旅行に関するものであるのは，他の誰かがそのように解釈するからではないのである．このような違いから，心的状態が持つ志向性は本来的志向性（original intentionality, intrinsic intentionality），年輪や文や絵画が持つ志向性は派生的志向性（derived intentionality）と呼ばれる．志向性は心的なもの

の目印であるという主張を，本来的志向性は心的なものの目印であるという主張だと解釈すれば，それはそれなりの説得力を持つように思われる．

　ただし，心的状態であれば必ず志向性を持つと言えるかどうかには，議論の余地がある．思考，すなわち哲学者が命題的態度（propositional attitudes）と呼ぶ心的状態は，志向性を持つ心的状態の典型である．その他にも，たとえば知覚経験は，目の前の世界がどのようであるかということを表していると言えるだろう．では，痛みの経験や不安の経験はどうだろうか．次節では，意識の自然化を論じる文脈でこの問題を改めて検討するが，心的状態は必ず志向性を持つということは，少なくとも自明なことではない．

　とは言え，志向性が心の重要な特徴であることは間違いない．では，志向性は自然化可能だろうか．自然主義によれば，世界をミクロレベルで見れば，そこに存在するのは無数の基礎的な構成要素であり，それらは一定の自然法則に従って相互作用しているだけである．このような世界の中で，あるものが別の何かを表すという働きを持つことは，いかにして可能になるのだろうか．また，あるものが志向性を持つ時，それが具体的に何を表すのかを，自然主義の枠内でどのように特定できるだろうか．これらが志向性の自然化に関する根本的な問いである（詳しくは，Cummins, 1989；戸田山，2014 を参照）．

因果理論

　志向性の自然化を試みる際にまず考えられるのは，志向性を因果関係によって説明するという戦略である．（因果性に関しては様々な哲学的問題があるものの）因果関係は自然科学的世界観における基本的な関係であり，また，一般に，志向性が成り立つ場合には，志向的状態とそれが表すものの間には因果関係が成立する．したがって，志向性を因果関係によって説明するという戦略は，ごく自然な発想であるように思われる．

　しかし，志向性を因果関係によって説明しようという試みには，様々な問題がある．

　第一に，志向性を持つ心的状態とそれが表すものの間には，因果関係が成立するとは限らないように思われる．たとえば，夏休みに沖縄旅行に行きたいと考える時，この思考は未来に生じる沖縄旅行によって引き起こされたわけでは

ない．ユニコーンについて考える時，実在しないユニコーンがこの思考を引き
起こすことはありえない．とはいえ，このような問題には対処が可能だろう．
沖縄旅行に関する私の思考は，沖縄や旅行といったいくつかの要素から構成さ
れており，沖縄を表す要素は，写真や映像を介して沖縄と因果関係を持つ．同
様に，ユニコーンに関する思考は，角や馬といった構成要素からなり，それぞ
れがサイの角や牧場で見た馬と因果関係を持つ．このように考えれば，未来の
出来事や存在しないものに関する志向性も，因果関係によって説明できるよう
に思われる．

　しかし，対処の難しい問題も存在する．第二に，因果関係はただちに本来的
志向性をもたらすわけではない．やかんに入った水を火にかけることは，水が
沸騰することを引き起こす．しかし，沸騰は，水が火にかけられたことを表す
わけではない．われわれが沸騰する水を見れば，それが火にかけられたことが
わかるかもしれないが，このような関係は派生的志向性に過ぎない．

　第三に，ある表象の原因は因果連鎖をなす．私のある脳状態が目の前にりん
ごがあることを表している時，その原因は，たとえば網膜における錐体細胞の
発火である．そして，網膜における錐体細胞の発火の原因は，網膜に光が当た
ったことである．網膜に光が当たったことの原因は，目の前にあるりんごの表
面で光が反射したことである．目の前にあるりんごの表面で光が反射したこと
の原因は，太陽からの光がりんごに到達したことである．この時，錐体細胞の
興奮は，何を表すのだろうか．因果関係だけからは，それが特定の物事を表す
ということは言えないように思われる．

共変化理論

　志向性を自然化するためには，単なる因果関係以上のものが必要であるよう
に思われる．一つの有望な提案は，共変化（covariation）関係に着目するとい
うものである．先の例において，私とりんごの位置関係が変化すれば，錐体細
胞の状態はそれに応じて変化するが，りんごで光が反射する時に問題の脳状態
が生じるという関係は変化しない．また，日中と夜間では，りんごで光が反射
することの原因は太陽から蛍光灯に変化するが，ここでも，りんごで光が反射
する時に問題の神経活動が生じるという関係は変化しない．他方で，目の前に

あるものがりんごからオレンジに変われば，最終的に生じる脳状態も変化するだろう．このように，ある脳状態と，そこに至る因果連鎖の中のある特定の項目の間には，共変化関係が成り立つ．この共変化関係が志向性の基盤となるというのが，この説の基本的な発想である．別の言い方をすれば，この説の基本的な発想は，志向性を持つ状態はそれが表すものを追跡（track）する，ということである．生物が表象を持つことの基本的な意義が，目の前にない対象，たとえば草むらに隠れている補食者に対して適切に行動することを可能にすることだとすれば，この考え方は自然なものだろう（詳しくは，Dretske, 1986 を参照）．

　しかし，共変化関係による説明にも問題がある．次のような例を考えてみよう．ある生物は，通常，オオカミとキツネを見分けることができるが，草むらに体が隠れている時には，両者を区別できない．見通しのよい場所でキツネを見た時に生じる脳状態 B_1 が，草むらの中にいるオオカミを見た時にも生じるのである．この時，脳状態 B_1 の成立は，「キツネがいることまたは草むらの中にオオカミがいること」と共変化することになる．したがって，共変化理論によれば，脳状態 B_1 は「キツネがいることまたは草むらの中にオオカミがいること」を表すということになってしまう（そして，草むらの中にいるオオカミを見た時にも，それは正しい知覚だということになってしまう）．これはおかしな帰結であるように思われる．このような場合には，誤表象が生じているように思われるからである．共変化理論によれば，誤表象が規則的に生じる場合には，それが誤表象であることをうまく説明できなくなってしまうのである．このような問題は，共変化理論によれば問題となる表象の内容が選言のかたちをとることになるということから，選言問題（the disjunction problem）と呼ばれる．ジュリー・フォーダー（Fodor, 1991）らがこの問題の解決を試みているが，現時点では説得的な解決は得られていない．

目的論的な志向性理論

　結局のところ，表象の形成過程だけで志向性を説明することは困難なのかもしれない．そうだとすれば，自然主義者は，他にどのような道具立てを利用できるだろうか．

　ここで手がかりとなるのは，進化である．生物の知覚メカニズムを例に考え

てみよう．ある生物においては，大きな物体が接近してきた時に，ある脳状態 B_2 が生じるとしよう．この時，大きな物体の接近と B_2 の成立の間には，（大まかな）共変化関係が成立する．それと同時に，このような共変化関係が成立することによって，この生物は，目の前に大きな物体が接近してきた時にそれを探知することが可能となり，捕食者から逃げることなどが可能になる．逆に，目の前に大きな物体が接近した時に B_2 が成立しなかったり，何も接近していないのに B_2 が成立したりすることは，生物の生存の妨げとなる．目の前に大きな物体が接近してきた時に生じることは，生物の生存を助ける上で B_2 が果たすべき役割，すなわち B_2 の目的論的機能（teleological function）なのである．目的論的機能を持つものの典型は，生物の身体器官である．心臓の目的論的機能は血液を全身に送ることであり，胃の目的論的機能は食物を消化することである．

　この目的論的機能という考え方を用いれば，ある生物の脳状態 B が表象であり，その表象内容がある事態 S であるということは，B と S の間に共変化関係が成立することが B の目的論的機能であるということに他ならない，と考えることができる（血液中の糖の濃度なども本来的志向性を持つ表象と見なすことができるとすれば，この分析は生物の内部状態一般に適用されることになる）．この説明には，選言問題を回避できるという利点がある．先の例で言えば，われわれの生存を助けるのは，キツネがいることまたは草むらの中にオオカミがいることと脳状態 B の間に共変化関係が成り立つことではなく，キツネがいることと B の間に共変化関係が成り立つことだからである（詳しくは Dretske, 1988 を参照）．

　目的論的機能を用いた志向性の分析には，もう少し複雑なものもある．複雑なタイプの説明では，生物体内で内部状態 B を利用するシステムの目的論的機能に着目する．先の例で言えば，B を利用するのは生物の意思決定システムである．そして，生物の意思決定システムがその目的論的機能を果たすためには，すなわち，生物の生存を促進する仕方で生物の行動を決定できるためには，大きな物体の接近と B の間に対応関係が成立している必要がある．このように，B を利用するシステムが目的論的機能を果たすための条件として，B と何らかの事態 S の間に対応関係が成り立つ必要がある時には，B は表象状態で

あり，その表象内容は S だということになる（詳しくは，Millikan, 1989 を参照）．

　しかし，目的論的機能による説明にも問題がある．一般に，B が目的論的機能を持つためには，B を一部とする生物体が自然選択を経ている必要がある．B がある機能を果たすことが生物の生存を実際に促進したことによって，B は特定の目的論的機能を獲得したのである．そうだとすれば，進化の歴史を持たない存在は，目的論的機能を持ちえないことになる．ここで，（現実にはまず起こりえないことだが）次のような状況を考えてみよう．様々な有機物を豊富に含む沼に雷が落ち，「スワンプマン」が突如誕生したとしよう．スワンプマンは，原子一つひとつに至るまで，私の厳密な複製となっている．目的論的理論によれば，スワンプマンは進化の歴史を経ていないため，スワンプマンの心臓は全身に血液を循環させる機能を持たず，スワンプマンの脳状態も何かを表象する機能を持たないことになる．しかし，スワンプマンの心臓は私の心臓と同じように全身に血液を送り，スワンプマンの脳状態は私の脳状態と同じように様々な行動を引き起こす．それにもかかわらず，スワンプマンの身体器官は目的論的機能を一切持たず，スワンプマンの脳状態は志向性を一切持たないということが目的論的理論から帰結するのだとすれば，このことは，目的論的理論が誤っていることを帰謬法的に示しているのではないだろうか．

　この問題の背景には，目的論的理論のより根本的な問題があるように思われる．生物進化の歴史において，ある構造を持つ心臓は，うまく全身に血液を循環させることができ，その結果，それを持つ個体の生存を促進した．別の構造を持つ心臓は，うまく全身に血液を循環させることができず，その結果，それを持つ個体の生存の妨げとなった．ここで，心臓が特定の構造を持つことは，全身に血液が循環することの近因（proximal cause）であり，自然選択はその遠因（distal cause）である．そして，特定の構造を持つ心臓が全身に血液を循環させることができるならば，その心臓は全身に血液を循環させる機能を持つと言ってよいように思われる．目的論的機能による説明は，遠因の役割と近因の役割を混同しているように思われるのである．

　以上のように，志向性の自然化に関する現在の提案は，いずれも決定的なものではない．志向性の自然化は，現在もなお議論が続く問題なのである．では，

この問題は認知科学にとってどのような意味を持つだろうか．行動主義のような極端な立場をとらないかぎり，志向性や表象について語ることは，認知科学に不可欠である．その意味で，志向性の自然化は認知科学の営みと無関係な問題ではない．他方で，認知科学の具体的な研究を進めるに当たっては，志向性や表象といった概念を用いることに原理的な問題はないということが保証されれば十分であり，具体的にどのような理論によって志向性が自然化されるかは重要ではない．その意味では，認知科学者はこの問題に対して中立的でありうると考えられる．

3　意識の自然化

　本節では，心の自然化におけるもう一つの問題である，意識の自然化について概観しよう．意識は覚醒，自己意識あるいは反省といった現象を意味することもある多義的な言葉だが，ここで問題となるのは，以下で現象的意識と呼ぶものである（意識の自然化に関しては，詳しくは，鈴木，2015 を参照）．

意識とクオリア

　なぜ意識の自然化が問題となるのかを理解するには，まず，心的状態の自然化が一般にどのように進められるのかを確認する必要がある．今日は雨が降るだろうという思考を例に考えてみよう．この思考の本質はどこにあるだろうか．それは，天気予報で今日は雨が降ると言っているのを見たり，友人から今日は雨が降ると聞いたりした時に生じて，ぬれたくないという思考や，傘を持って出かければ雨が降ってもぬれないという別の思考と一緒に，傘を持って出かけるという行動を引き起こすといったことにあると考えられる．すなわち，ある思考の本質は，感覚入力，他の心的状態，行動出力と一定の因果関係を形成することにあると考えられるのである．この因果的機能を実際に果たす脳状態を特定できれば，第 1 節で紹介した実現による説明が可能となる．このように，心的状態を因果的機能によって分析し，実現による説明によって自然化する立場は，機能主義（functionalism）と呼ばれる．機能主義は，心の自然化における標準的な立場である（詳しくは，金杉，2007 を参照）．

　では，意識的経験もこのような仕方で自然化が可能だろうか．問題は，意識的経験の本質はその因果的機能に尽きないように思われることである．具体例で考えてみよう．赤いりんごの視覚経験は，赤いりんごを見ることによって生じ，りんごをつかんだり，赤いりんごと緑のりんごを分類したり，「赤いりんごがある」と言語報告をしたりするといった行動を生じさせる．このように，意識的経験も因果的機能を有している．しかし，この視覚経験の本質はこれに尽きないように思われる．赤いりんごの視覚経験は，緑のりんごの視覚経験とも，赤いりんごの触覚経験や味覚経験とも異なる，独特な仕方で経験されることを本質とするように思われるからである．同じことは，視覚経験だけでなく，知覚経験，痛みの経験，恐怖の経験など，意識的な経験すべてについて言えるように思われる．意識的な心的状態は，経験の主体に，独特の感じを伴う仕方で経験されるのである．意識的経験の持つこの独特の感じは，クオリア（qualia）と呼ばれる．意識の自然化を困難なものとするのは，このクオリアである．

意識のハード・プロブレム

　なぜクオリアは意識の自然化を困難にするのだろうか．このことを端的に示すのが，ゾンビの思考実験である．（哲学的）ゾンビとは，原子一つひとつまで私と同じ状態にあり，それゆえ，脳状態やそれが実現する因果的機能が私と全く同じでありながら，クオリアを伴う意識的経験を持たない存在である．このような存在について考えることは，少なくとも，丸い四角を考えることのようには内的な矛盾や不整合を含んでいないように思われる．このことは何を意味するだろうか．

　比較のために生命について考えてみよう．生命ゾンビ，すなわち，生命を持つある存在と原子一つひとつのレベルまで同じであり，それゆえ，様々な器官の形状や働きがこの存在と全く同じでありながら，生命を持たない存在は思考可能だろうか．そのような存在は，そもそも考えることができないように思われる．現在では，生命は，自己複製や代謝といった因果的機能によって理解される．そして，生命を持つ存在と同一の物理的状態にある存在は，因果的機能も同一であるはずである．そうだとすれば，この存在もまた生命を持つことになる．

一般に，ある特徴Ｆが因果的機能によって分析できる場合には，その特徴に関するゾンビ，つまり，Ｆを持つものの物理的複製だがＦを持たないものは思考不可能である．物理的複製は，必然的に因果的機能の複製となり，Ｆの複製にもなるからである．そして，「特徴Ｆが因果的機能によって分析できるならば，Ｆに関するゾンビは思考不可能である」と「特徴Ｆに関するゾンビが思考可能であるならば，Ｆは因果的機能によって分析できない」は対偶関係にあり，論理的に同値なので，現象的意識に関するゾンビが思考可能であるということは，現象的意識は因果的機能によって分析できないということを意味する．第１節で見たように，自然主義者の標準的な武器は構成による説明と実現による説明である．そして，実現による説明が可能であるためには，説明対象を因果的機能によって分析できなければならない．ゾンビの思考可能性は，意識にはこのような標準的な自然化の戦略が適用できないことを示唆しているのである（同様の議論は，クオリア逆転（inverted qualia）の思考実験によっても展開できる．クオリア逆転とは，同一の物理的状態にある２人の主体において，クオリアが体系的に逆転している状況である）．

　意識の自然化が困難である事情は，次のような仕方で説明することもできる．赤さの視覚経験を例に考えてみよう．この視覚経験は，赤いものを見ることによって引き起こされ，赤いものと緑のものを識別する行動や「これは赤い」という言語報告を引き起こすといった因果的機能を持つ．この限りでは，意識的経験と思考に違いはなく，どちらも実現による説明によって自然化が可能であると考えられる．しかし，赤さの視覚経験はこれに尽きるものではない．このような因果的機能を持つ脳状態が生じる時，私は赤さのクオリアを主観的に経験するからである．では，ある因果的機能を持つ脳状態が生じる時，私はなぜゾンビのように何も経験しないのではなく，赤さのクオリアを経験するのだろうか．また，私はなぜ緑のクオリアを経験するのではなく，赤さのクオリアを経験するのだろうか．実現による説明を持ち出すだけでは，これらの問いに答えることはできないように思われる．デイヴィッド・チャルマーズは，因果的機能に基づいて理解可能な意識の側面を心理学的意識（psychological consciousness），クオリアを本質とする側面を現象的意識（phenomenal consciousness）と呼び，心理学的意識の自然化を意識のイージー・プロブレム，現象的意識の自

然化を意識のハード・プロブレム（the hard problem of consciousness）と呼んで
いる（Chalmers, 1996）．ハード・プロブレムこそが，意識の自然化をめぐる問
題の核心なのである．

　心理学的意識と現象的意識，イージー・プロブレムとハード・プロブレムと
いう区別は，意識の神経相関物（neural correlates of consciousness）の特定と意
識の自然化の区別にも対応する．われわれが赤い色を見たり腰に痛みを感じた
りする時には，脳の異なる部位が活動しているはずである．このように，個々
の意識的経験に対応する神経活動を特定するのが，意識の神経相関物の特定で
ある．しかし，意識の神経相関物が特定できたとしても，ある神経活動が生じ
る時に，なぜある特定のクオリアを伴う意識的経験が生じるのかは説明されな
い．神経相関物が特定できたとしても，ハード・プロブレムは解決しないので
ある．

自然主義者の戦略

　自然主義者は，意識のハード・プロブレムに対してどう対応できるだろうか．
二つの戦略が考えられる．第一の戦略は，ゾンビの想定には実は何らかの矛盾
や不整合があるということを示すことによって，ゾンビは実は思考不可能であ
るということを明らかにし，意識を他の現象と同じやり方で自然化するという
ものである．このような戦略はタイプ A 物理主義（type-A physicalism）と呼
ばれる．第二の戦略は，意識が自然的現象であるということを認めつつ，意識
にはゾンビが思考可能となる特別な事情が存在するということを，自然主義の
枠内で説明するというものである．このような戦略はタイプ B 物理主義
（type-B physicalism）と呼ばれる（詳しくは，鈴木，2015，第 3 章を参照）．

　意識の問題に関しては，その他の立場も存在する．自然主義者は，意識は自
然的な現象だが，人間は知的能力の限界からその説明を手にすることができな
いのだ，と考えることも可能である．このような立場は新神秘主義（new mys-
terianism）と呼ばれる．しかし，なぜ意識だけが理解不可能な現象なのかに関
する説得的な説明はない．意識の問題に関しては，方法論的自然主義は受け入
れつつ存在論的自然主義を放棄する人々も存在する．このような人々は，たと
えば汎心論（panpsychism）を支持する．汎心論とは，すべてのものは物的性

質と心的性質の両方を持つと考える立場である．この立場によれば，たとえばクォークも，何らかの原初的な心的性質を持つことになる．そして，マクロな物質の物理的性質がそれを構成するミクロな要素の物理的性質から説明できるように，人間の意識も，人体を構成するミクロな要素の心的性質から説明できるというのである．しかし，それが具体的にどのような説明となるかは不明である．存在論的自然主義を放棄する人々の中には，中立的一元論（neutral monism）と呼ばれる立場を支持する人々もいる．この立場によれば，物的性質と心的性質はどちらも，第三の性質によって説明されるという．チャルマーズ（Chalmers, 1996）は，情報がこの第三の性質になるという可能性を検討している．しかし，第三の性質によって物的性質と心的性質をどのように説明できるのかに関して，今のところ具体的な提案はない．

このような現状を踏まえれば，意識の自然化を目指す上でまず検討すべきは，タイプA物理主義の可能性である．以下では，タイプA物理主義をとるならば，どのような説明が可能かを具体的に見ていこう．

意識の表象理論

意識を自然化するにはどうしたらよいのだろうか．一つの手がかりは，多様な意識的経験に共通性を見出すことである．われわれの意識的経験には，知覚，感覚，思考，情動など，多種多様な心的状態が含まれる．しかし，これらを統一的に理解することは不可能ではないように思われる．

まず，知覚について考えてみよう．前節でも見たように，知覚経験は，私の周囲の世界のあり方を表象している．志向性という観点から知覚経験について考えると，知覚経験の内容は，（自分の身体を含む）世界がどのようであるかということ，すなわち，その表象内容に尽きるように思われる．

われわれの意識的経験を注意深く見てみると，このような分析は知覚経験以外にも適用できることがわかる．たとえば痛みの感覚経験は，自らの身体の特定の部位に生じた損傷や，その具体的なあり方を表象していると考えることができる．情動経験にもこのような分析は適用可能である．ジェームズ―ランゲ説以来論じられてきたように，情動は身体状態と密接な関係を持つ．情動が意識的に経験される内容に尽きるものであるかどうかには議論の余地があるとし

ても，情動の意識的経験の内容は，身体状態の知覚経験に尽きるように思われる．不安の経験と恐怖や怒りの経験の違いは，それぞれにおいて自らの身体がどのように経験されているかの違いに尽きるように思われる．また，不安には明確な対象のある不安とそうでない不安があるが，どちらにおいても，不安の意識的経験において経験される内容，すなわち不安のクオリアは，自らの身体のあり方に尽きるように思われる．

　すべての意識的経験にこのような分析が可能だとすれば，多種多様な意識的経験は，すべて広い意味での知覚経験だと考えることが可能になる．意識的経験は，みずからの身体を含めた世界のあり方がどのようであるかを表すものなのである．

　このように考えることで，意識の自然化への道筋が明らかになる．以上の分析は，意識を表象と関係づけるものである．そして，前節で見たように，志向性に関しては，いくつかの自然主義理論が存在する．そのいずれかが正しいとすれば，志向性を介して意識を自然化することが可能となる．このような考え方は，意識の表象理論（representational theory of consciousness）と呼ばれる（詳しくは，Harman, 1990; Dretske, 1995; Tye, 1995; 鈴木，2015 を参照）．

表象理論の問題点——さらなる条件

　意識の表象理論は，自然主義的な意識の理論として現在最も有力な理論である．しかし，意識的経験を表象と考えるだけでは，意識の理論としては不十分である．

　第一に，志向性を持つ心的状態がすべて意識的経験となるわけではない．たとえば，「地球は丸い」という内容の思考も志向性を持つ心的状態だが，その内容が常に意識されるわけではない．より特殊な例としては，盲視（blind-sight）のような現象もある．一次視覚野に損傷を受けた人々は，損傷部位に対応する領域の視力を失うが，一部の人々は，視覚を失った領域に提示された光の動きや図形のかたちを問われると，偶然以上の確率で正解できる．このような人々，すなわち盲視患者においては，視力が失われた領域への刺激が引き起こす脳状態は表象として機能するが，その内容は意識的経験には反映されないのである．これらの事例は，表象が常に意識的経験となるわけではないこと

を示している.

　この問題に対する素直な応答は，表象状態が意識的経験となるためのさらなる条件を特定することだろう．さらなる条件としては，現在，二つの有力な提案がある．第一の提案は，表象状態が意識的経験となるためには，それが様々な行動に利用できなければならないというものである．通常の知覚経験において生じる表象状態は，対象をつかむことにも，その特徴を言語報告することにも，それについて記憶することにも利用できる．これに対して，盲視患者の表象状態は，特定の質問への回答には利用可能だとしても，自発的な行動には利用できない．このような違いが意識的経験の有無を生み出すというのである．このような広い利用可能性が成り立つためには，問題の表象状態が，認知メカニズムを構成する様々なモジュールによって利用可能である必要がある．一つの仮説は，ある表象状態がこのような状態になるためには，それがグローバル・ワークスペースと呼ばれる領域に含まれる必要があるというものである．この理論はグローバル・ワークスペース理論と呼ばれる（詳しくは，Baars, 1988 を参照）.

　第二の提案は，ある心的状態が意識的であるためには，その心的状態についての思考が伴うことが必要だというものである．この説によれば，たとえば，赤い光を見て，赤い光の表象状態が生じ，それによってボタンを押すという行動が可能になったとしても，それだけでは意識的な経験は生じない．この表象状態に加えて，「私は赤い光を見ている」という内容の思考が生じることによって，私は赤い光の視覚経験を持つようになるというのである．この時，赤い光の表象状態は，世界のあり方についての心的状態であるのに対して，「私は赤い光を見ている」という思考は，世界のあり方についての心的状態についての心的状態，すなわち2階の心的状態（second-order mental state）である．意識的経験には2階の思考が必要だと考えることから，この立場は高階思考説（higher-order thought theory）と呼ばれる（詳しくは，Rosenthal, 1986 を参照）.

表象理論の問題──表象と意識のギャップ

　しかし，これらの提案によって第一の問題を処理できたとしても，表象理論には，第二の，そしてより根本的な問題が存在する．それは，表象と意識の間

には依然として根本的なギャップが存在するように思われるということである．

　錯覚経験について考えてみよう．錯覚経験において，われわれは世界に実在しないものを経験する．たとえば，緑色の円をしばらく見つめた後で白い壁を見ると，ピンク色の円が見える．しかし，ピンク色の円はどこにも存在しない．なぜこのような経験が可能なのだろうか．

　ここで，表象理論の支持者は，表象は実際に成り立っていないことを表すことが可能であるという事実を強調するだろう．しかし，これは十分な説明ではない．私の脳状態が，目の前にピンク色の円があることを表象しているとしよう．この表象状態が成立する時には，世界にピンク色のものが存在している必要はない．誤表象が可能であることは，表象の本質的な特徴だからである．しかし，残像経験が生じている時，われわれの目の前にはたしかにピンク色の円が現れている．哲学の言葉遣いで言えば，ピンク色であるという性質がそこに例化（instantiate）されているように思われるのである．それが正しい経験であろうが誤った経験であろうが，経験されているものは目の前に存在するように思われる．経験に関するこの基本的な事実と，経験は一種の表象であるという表象主義の主張は，根本的に相容れないように思われるのである（詳しくは，信原，2002，第 4 章；鈴木，2015，第 4 章を参照）．

　これまで自然化が論じられてきた様々な問題と比較した時，意識の自然化には特別な難しさがあるように思われる．生命や遺伝といった現象の場合，被説明項が因果的機能によって分析可能であることは広く認められていた．問題はむしろ，被説明項の因果的機能を適切に分析することや，その因果的機能がどのように実現されるのかを明らかにすることにあった．これに対して，意識の自然化においては，意識が因果的機能によって分析可能であるかどうかに関して，自然主義者と反自然主義者の間には根本的な対立が存在する．意識の自然化は，まさにハード・プロブレムなのである．

4　自然主義的な認知の理論

　心の自然化をめぐる二つの主要な哲学的問題，すなわち志向性の自然化と意

識の自然化は，いずれも原理的な問題だった．そこで問題となっていたのは，志向性や意識は自然化可能かという問いだったからである．この点で，これらの問題は，認知科学とはやや次元を異にする問題である．認知科学は，自然主義が正しいことを前提とした上で，心に関するどのような自然主義理論が正しいかを，経験的探究を通じて具体的に明らかにする営みだからである．実は，心の自然化に取り組む哲学者は，このような問題，すなわち認知科学の哲学の諸問題にも取り組んできた．本節では，このようなタイプの問題の例として，認知の基本的なメカニズムをめぐる議論を概観しよう．

計算主義

われわれは，感覚器官から外界に関する情報を得て，それに基づいて行動を決定し，身体を動かして行動する．では，われわれは具体的にどのような仕方で行動を決定しているのだろうか．

行動に対するわれわれの日常的な説明は，次のようなものだろう．なぜ彼は突然走り出したのだろうか．彼は 10 時までに試験会場に行く必要があり，そのためには，もうすぐ駅に来る電車に乗る必要があったからである．このような説明においては，人間の行動は，信念（belief）と欲求（desire）という 2 種類の心的状態によって説明される．信念とは，世界がどのようであるかということに関する心的状態で，ここで問題となるのは，今 9 時である，9 時 5 分に電車が来る，ここから駅まで走ると 3 分かかるといった内容の信念である．欲求とは，ある人が何をしたいか，何を欲しているかに関する心的状態で，ここで問題となるのは，10 時までに試験会場に行きたいという欲求である．これらの心的状態から，駅まで走るという意思決定が導き出されるのである．

われわれの意思決定が一般的にこのような形式で行われているとすれば，意思決定の基本的なメカニズムは，信念内容の間の演繹的推論と，信念と欲求に基づく期待効用の最大化に似た手続きだということになる．他方で，計算機科学は，物理的なシステムであるデジタルコンピュータにこのような情報処理が可能であることを明らかにしている．人間の心も脳を素材とする一種のコンピュータだとすれば，人間の意思決定のメカニズムは機械的な手続きであるという考えは，十分に理解可能なものとなる．これが計算主義（computationalism）

の考え方である．計算主義によれば，認知の基本的なメカニズムは，アルゴリズムによって表現できる過程という意味での計算である．人間は，信念や欲求というかたちで様々な心的状態を持つ．そして，その内容に関する計算を行うことで意思決定をしているのである（詳しくは，Pylyshyn, 1984 を参照）．

　計算主義には主に二つの論拠がある．第一の論拠は，思考の体系性（systematicity）である．われわれは，ある思考を持つことができる時には，関連する他の思考を持つこともできる．たとえば，「大きなイヌが小さなネコを追いかけている」という思考を持つことができる人は，「大きなネコが小さなイヌを追いかけている」という思考や，「大きなネコが小さなネコを追いかけている」という思考を持つこともできるだろう．このような事実が示唆しているのは，われわれの思考には構造があり，われわれは，構成要素を決まった仕方で組み合わせることによって様々な思考を形成しているということである．思考は言語と同じような構造を持つと考えられるのである．さらに，どのような自然言語を話す人も同じような思考を持つことができるとすれば，思考は，日本語や英語といった自然言語とは異なる，思考の言語（the language of thought）によって構成されていることになる．このような見方は，思考の言語仮説と呼ばれる（詳しくは，Fodor, 1975 を参照）．

　計算主義の第二の論拠は，この立場は，人間の認知に関する重要な事実を説明できる唯一の仮説だということである．先に述べたように，思考は体系性を有する．同様に，一定の思考を持つことができる人は，原理的には無限に多様な思考を持つことができる．たとえば，「雨が降っている」という思考を持つことができる人は，「私は雨が降っていると考えている」という思考も，「私は雨が降っていると考えていると彼は考えている」という思考も持つことができるだろう．このような特徴は思考の生産性（productivity）と呼ばれる．思考の体系性や生産性を説明できるのは，計算主義だけだというのである．

　計算主義は，人工知能研究における古典的人工知能研究と密接な関係にある．人間の知能の基本的原理が計算だとすれば，それをデジタルコンピュータに実装すれば人工知能が実現できるはずである．他方で，人間と同様の知能を持つものという意味での人工知能がデジタルコンピュータによって実現可能だとすれば，その動作原理が人間の知能の原理でもあると考えることは自然である．

このように，認知科学における計算主義と古典的人工知能研究は相補うかたち
で発展してきたのである．

計算主義の問題点

しかし，認知科学と人工知能研究が進展する中で，計算主義には様々な問題
があることが明らかになった．第一に，人間が日常的に行っているような意思
決定を行うためには，常識に関する数多くの信念が必要となる．人工知能研究
において問題となったのは次のような例である．レストランでウェイターが注
文を取りにきた．ウェイターは服を着ていただろうか．また，ウェイターは前
向きに歩いてきただろうか，それとも，後ろ向きに歩いてきただろうか．われ
われにとって，これらの問いに対する答えは自明である．そうだとすれば，わ
れわれは，ウェイターは服を着ている，ウェイターは前向きに歩く，といった
信念を有していることになる．このような考察を一般化すると，われわれは，
常識を構成する膨大な数の信念を有していなければならないことになる．

第二に，仮に無数の信念を実装することができたとしても，ある場面におけ
る意思決定に必要となる信念をどのように特定すればよいのかが問題となる．
このことを端的に示すのがフレーム問題（frame problem）である．家の前の道
路で何かが燃えていれば，われわれは水をかけて消火しようとするだろう．し
かし，燃えているものが水と激しく反応するものだとわかれば，水をかけない
だろう．あるいは，それが映画の撮影だとわかっていれば，消火しないだろう．
このような場面で，消火すべきかどうかの判断に関連することは，原理的には
無数に存在する．それらをすべて書き出すことは困難であり，また，それらす
べてを確認していれば，適切な時間内に意思決定ができなくなってしまう．問
題は，ある状況に関連すること，ある状況において考慮すべきことだけを，
（それが考慮すべきことであるかどうかをいちいち検討することなしに）端的に選び出
すことはいかにして可能かということである（詳しくは，Fodor, 1983; Dennett,
1984 を参照）．

コネクショニズム

1980 年代になると，人工知能研究と連動するかたちで，計算主義に代わる

立場としてコネクショニズム（connectionism）が登場した．コネクショニズム
は，脳の構造を抽象化した（人工）ニューラルネットワークを認知のモデルと
する．典型的なニューラルネットワークは，入力層，中間層，出力層の 3 層か
らなる．ある層に属するニューロンは，次の層の各ニューロンに接続している．
ニューロン間の接続であるシナプスにはそれぞれ異なる重みが与えられており，
下流のニューロンは，上流の各ニューロンの興奮の重みづけ和を入力として受
け取り，それにある活性化関数を適用した結果を出力する．ニューラルネット
ワークが行うことは，入力層のニューロンの興奮パターンを，出力層のニュー
ロンの興奮パターンに変換することである．各シナプスの重みを調整すること
で，入力に対して適切な出力を生成することが可能となり，画像認識や音声合
成といった多様な課題が実行できる．初期のニューラルネットワークは，当時
のコンピュータの計算能力の制約から，比較的小規模なものだった．しかし，
それにもかかわらず画像認識や音声合成などの課題をうまくこなすことができ
た．これらは計算主義では困難な課題であったため，コネクショニズムは計算
主義に代わる有望な仮説として注目を集めるようになった．

　ニューラルネットワークには，計算主義システムとは根本的な違いがある．
計算主義システムは，個々の表象状態をそれぞれ独立に保持している．しかし，
ニューラルネットワークは，それが行う課題に関する情報を，ネットワーク全
体で表現している．たとえば，イヌとネコの画像を識別するという課題を考え
よう．このような課題を行う時，計算主義システムは，ネコはヒゲが長い，イ
ヌはネコよりも顔が前後に長いといった知識を，それぞれ個別に保持する．こ
れに対して，ニューラルネットワークにおいては，個々のニューロンやシナプ
スがこのような個別的な情報を表現することはなく，これらの知識の総体がネ
ットワーク全体で表現される．このようなあり方は，分散表象（distributed
representation）と呼ばれる．

　ニューラルネットワークの重要な特徴のいくつかは，人間の脳にも見られる
ものである．第一に，ニューラルネットワークは一般化能力を持つ．計算主義
的なシステムでは，然るべき一般的知識が事前に与えられていなければ，未知
の事例に適切に対応することは困難である．これに対して，ニューラルネット
ワークは，学習によってシナプスの重みが調整されたのちには，初めて提示さ

れる事例にも適切に対応できる．第二に，計算主義的なシステムは，一部の信念が失われたり，一部の推論ができなくなったりすれば，性能が大幅に低下する．これに対して，ニューラルネットワークは，一部のニューロンやシナプスを失ったとしても，急激に性能を低下させることはない．

しかし，コネクショニズムにも問題がある．最大の問題は，先に触れた思考の体系性を説明できないということである．思考の体系性や生産性の最も素直な説明は，計算主義のように，思考は構成要素が一定の仕方で組み合わされることによって構成されると考えることである．しかし，ニューラルネットワークは個々の思考を個別的に表象するわけではないため，思考に明確な構造を見出すことができない．それゆえ，思考の体系性や産出性をコネクショニズムの立場で説明することは困難であるように思われるのである．

近年，コネクショニズムは再び注目を集めている．2010 年頃から，深層化されたニューラルネットワークを用いた人工知能研究が飛躍的な進展を遂げているからである．しかし，今日の人工知能研究で用いられるような深層ニューラルネットワークと人間の脳には，いくつかの重要な違いがある．第一に，人間の脳は 10 層から 20 層程度の階層しか持たないが，現在の深層ニューラルネットワークは数百の階層を持つ．第二に，深層ニューラルネットワークを用いた機械学習，すなわち深層学習では，外部から重みの調整が行われるが，人間の脳にはそのようなメカニズムはない．第三に，深層学習では一般に数万から数百万といった膨大な数の訓練事例が必要となる．これに対して，たとえばわれわれがある動物を視覚的に同定できるようになるためには，数例を見るだけでも十分である．深層ニューラルネットワークと脳の関係は，今後研究の進展が期待される領域である（詳しくは，第 3 章を参照）．

近年の知見

計算主義とコネクショニズムの論争は，1980 年代まで，認知科学の哲学における中心的な話題だった．そこでの主な争点は，認知の基本的なメカニズムは演繹的推論のような計算なのか，そうでないのかということ，そして，認知に用いられる表象は文のような構造を持つ個別的な表象なのか，そのような構造を持たない分散表象なのかということだった．

　しかし，1990 年代から，どちらの見方も単純すぎることを示唆する様々な知見が得られるようになった．

　第一の知見は，認知における身体の重要性に関するものである．大きな数字どうしのかけ算を例に考えてみよう．3 桁の数字どうしのかけ算をする時，われわれは紙と鉛筆を用いて筆算を行う．ここでわれわれは，紙に計算の中間結果を記録することを利用して，3 桁どうしのかけ算を 1 桁どうしのかけ算と複数の 1 桁の数字の足し算の繰り返しという，より容易な課題に分解している．このような状況では，われわれは計算を頭の中だけでやっているわけではない．むしろ，頭の中での 1 桁の足し算やかけ算と，その結果を紙に書き記すことを合わせた全体によって，3 桁のかけ算を行っているのである．かけ算は知的な活動の一つだが，それは頭の中だけで生じる過程ではないのである．

　このような観点から見た時，われわれの知的な営みの多くは，脳の中だけで生じるものではないことがわかる．買い物に行くことも，料理をすることも，老後の計画を立てることも，すべて脳と身体と環境の相互作用によって成り立っているのである．このように，身体や脳を認知にとって不可欠な構成要素と考える見方は，拡張された心（extended mind）あるいは拡張された認知（extended cognition）などと呼ばれる．

　近年では，身体と環境に着目した認知科学研究は，身体性認知科学（embodied cognitive science）と呼ばれる一つの分野を形成している（本シリーズ第 1 巻参照）．そこでは四つの E（embodied, embedded, enacted, extended）がキーワードとなっている．身体性認知科学によれば，認知は，身体を不可欠の構成要素とし，環境の中で営まれ，行為を構成要素とし，脳を超えて拡張された活動なのである（詳しくは，Clark, 1997 を参照）．

　第二の知見は，認知システムの複数性に関するものである．計算主義とコネクショニズムは，どちらも認知の基本的なメカニズムを一つの理論によって説明しようとしていた．しかし，近年の認知科学研究は，われわれの認知メカニズムはより複雑な構造をしていることを明らかにしつつある．

　たとえば，今では広く知られるようになった二重過程理論（dual systems theory）によれば，われわれの認知プロセスは，すばやく無意識で自動的な情報処理過程であるシステム 1 と，時間がかかり意識的な情報処理過程であるシ

ステム2からなる．そして，システム1においては連想や情動といった比較的単純な情報処理過程が中心的な役割を果たすのに対して，システム2においては演繹的推論のようなより高度な情報処理過程が中心的な役割を果たす（詳しくは，Kahneman, 2011 を参照）．

　第三の知見は，情動の重要性に関するものである．計算主義もコネクショニズムも，事実的な情報の処理に関する理論だった．しかし，二重過程理論に関する研究などにおいては，われわれの意思決定においては情動が重要な役割を果たすということも明らかになっている．

　たとえば，アントニオ・ダマシオらの研究（Bechara *et al.*, 1994）では，次のようなことが明らかになっている．健常者と腹内側前頭前野損傷患者にアイオワギャンブル課題を行わせると，健常者は，試行を重ねるうちに短期的には得をするが長期的には損をする選択肢を避けることができるようになるが，腹内側損傷患者はそのような選択肢を選択し続ける．さらに，試行時の皮膚電気反応を計測すると，健常者では悪い選択肢を選ぶ時に計測される反応が，腹内側損傷患者ではほとんど計測されない．腹内側損傷患者は，自分にとって悪い選択を行う際にも，それが悪いということを情動を通じて把握できず，その結果，自分にとって不利益となる選択を続けてしまうのである．このように，情動は，様々な選択肢が自分にとって持つ価値を表すものであり，適切な意思決定に不可欠なものなのである．

　第四の知見は，進化的な視点の重要性である．進化心理学研究は，身体的な形質と同様に，われわれの認知メカニズムも進化の産物であり，限られた認知的資源を用いて生存の可能性を高めるように進化してきたということを明らかにしてきた．その基本的な知見は，われわれの認知メカニズムは，われわれが自然選択を受けてきた環境，すなわち進化的適応環境（the environment of evolutionary adaptedness）において重要な課題に特化した多数のモジュールから構成されるということである．たとえば，裏切り者を探知することは，社会性の生物であるヒトにとっては重要な課題である．それゆえ，人間は形式的な推論が苦手だが，裏切り者探知という文脈を与えられると，記号で示されるだけではうまくできない推論を正しく行えるようになる．このことは，われわれが普遍的な演繹的推論メカニズムを有しているのではなく，裏切り者の探知に特

化したモジュールを有していることを示唆するのである（詳しくは，Cosmides & Tooby, 1992 を参照）．

　これらの知見から明らかになるのは，われわれの認知のメカニズムは様々な要素が複雑に組み合わさったものであり，それを一つの単純な理論で説明することには無理があるということである．人間の心の実態を解明するためには，認知諸科学の経験的知見を参照することが不可欠である．認知科学の哲学は，認知科学と不可分な営みなのである．

5　まとめ

　これまで見てきたように，心の自然化は，今日の哲学における最も興味深い問題の一つである．そしてそこには，志向性や意識の自然化が可能であることを示すという原理的な課題と，自然主義を前提とした上で認知のメカニズムに関する具体的な理論を構築するという経験的な課題とがある．とりわけ後者において，哲学と認知科学は不可分な関係にある．自然主義的な知識観によれば，これは極めて自然なことなのである．

引用文献

Baars, B.（1988）. *A cognitive theory of consciousness*. Cambridge University Press.

Bechara, A., Damasio, A., Damasio, H., & Anderson, S.（1994）. Insensitivity to future consequences following damage to human prefrontal cortex, *Cognition, 50(1–3)*, 7–15.

Chalmers, D.（1996）. *The conscious mind: In search of a fundamental theory*. Oxford University Press.（林一（訳）（2001）. 意識する心――脳と精神の根本理論を求めて　白揚社）

Clark, A.（1997）. *Being there: Putting brain, body, and world together again*. MIT Press.（池上高志・森本元太郎（監訳）（2012）. 現れる存在――脳と身体と世界の再統合　NTT 出版）

Cosmides, L., & Tooby, J.（1992）. Cognitive adaptations for social exchange. In J. Barkow, L. Cosmides, & J. Tooby（Eds.）, *The adapted mind: Evolutionary psychology and the generation of culture*（pp. 163–228）. Oxford University Press.

Cummins, R.（1989）. *Meaning and mental representation*. MIT Press.

Dennett, D. C.（1984）. Cognitive wheels: The frame problem in AI. In C. Hookway（ed.）, *Minds, machines, and evolution: Philosophical studies*. Cambridge University Press.（信原幸弘（訳）（1987）. コグニティヴ・ホイール――人工知能におけるフレーム

問題　現代思想, *15(5)*, 128-150.)

Descartes, R. (1641). *Meditationes de prima philosophia*. (山田弘明（訳）(2006). 省察　筑摩書房)

Dretske, F. (1986). Misrepresentation. In R. Bogdan (Ed.), *Belief: Form, content, and function* (pp.17-36). Oxford University Press.

Dretske, F. (1988). *Explaining behavior: Reasons in a world of causes*. MIT Press. (水本正晴（訳）(2005). 行動を説明する――因果の世界における理由　勁草書房)

Dretske, F. (1995). *Naturalizing the mind*. MIT Press. (鈴木貴之（訳）(2007). 心を自然化する　勁草書房)

Fodor, J. (1975). *The language of thought*. Harvard University Press.

Fodor, J. (1983). *The modularity of mind: An essay on faculty psychology*. MIT Press. (伊藤笏康・信原幸弘（訳）(1985). 精神のモジュール形式――人工知能と心の哲学　産業図書)

Fodor, J. (1991). *A theory of content and other essays*. MIT Press.

Harman, G. (1990). Intrinsic qualities of experience. *Philosophical Perspectives*, *4*, 31-52. (鈴木貴之（訳）(2004). 経験の内在的質　信原幸弘（編）, シリーズ心の哲学III　翻訳篇 (pp.85-120) 勁草書房)

井頭昌彦 (2010). 多元論的自然主義の可能性――哲学と科学の連続性をどうとらえるか　新曜社

飯田隆 (1989). 言語哲学大全II　意味と様相（上）勁草書房

Kahneman, D. (2011). *Thinking, fast and slow*. Farrar, Straus, and Giroux. (村井章子（訳）(2014). ファスト＆スロー――あなたの意思はどのように決まるか？（上・下）早川書房)

金杉武司 (2007). 心の哲学入門　勁草書房

Millikan, R. (1989). Biosemantics. *Journal of Philosophy*, *86(6)*, 281-297. (前田高弘（訳）(2004). バイオセマンティックス　信原幸弘（編）, シリーズ心の哲学III　翻訳篇 (pp.51-84) 勁草書房)

信原幸弘 (2002). 意識の哲学――クオリア序説　岩波書店

Pylyshyn, Z. (1984). *Computation and cognition: Toward a foundation for cognitive science*. MIT Press. (佐伯胖（監訳）・信原幸弘（訳）(1988). 認知科学の計算理論　産業図書)

Rosenthal, D. (1986). Two concepts of consciousness. *Philosophical Studies*, *49(5)*, 329-359.

鈴木貴之 (2015). ぼくらが原子の集まりなら, なぜ痛みや悲しみを感じるのだろう――意識のハード・プロブレムに挑む　勁草書房

丹治信春 (2009). クワイン――ホーリズムの哲学　平凡社

戸田山和久 (2014). 哲学入門　筑摩書房

Tye, M. (1995). *Ten problems of consciousness: A representational theory of the phenomenal mind*. MIT Press.

人名索引

事項索引

執筆者一覧（執筆順・＊は編者）

かわいのぶゆき
川合伸幸　名古屋大学大学院情報学研究科教授・中部大学
創発学術院客員教授

ようからく
楊嘉楽　中京大学心理学部専任講師

やまぐちまさみ
山口真美　中央大学文学部教授

はやしりゅうすけ
林　隆介　産業技術総合研究所人間情報インタラクション
研究部門主任研究員

ひらいまさひろ
平井真洋　名古屋大学大学院情報学研究科准教授

いりきあつし
入來篤史　理化学研究所生命機能科学研究センターチーム
リーダー

やまざきゆみこ
山﨑由美子　理化学研究所生命機能科学研究センター副チー
ムリーダー

つちやなおつぐ
土谷尚嗣　モナシュ大学心理科学部教授

すずきたかゆき
鈴木貴之　東京大学大学院総合文化研究科教授

認知科学講座 2　心と脳

2022 年 10 月 24 日　初　版

［検印廃止］

編　者　川合伸幸

発行所　一般財団法人　東京大学出版会

代表者　吉見俊哉

153-0041 東京都目黒区駒場 4-5-29
http://www.utp.or.jp/
電話　03-6407-1069　Fax 03-6407-1991
振替　00160-6-59964

印刷所　株式会社理想社
製本所　牧製本印刷株式会社

記号・情報処理から，身体・脳・社会，そしてその先へ

認知科学講座 [全4巻]

A5 判・平均 272 頁　各巻定価（本体 3200 円＋税）

認知革命の起源から現在までの動向を総覧し，次世代の認知科学の進む道筋を示す

○現在の認知科学の理論的基盤（身体・脳・社会）を明示した上で，新たな枠組みを紹介
○ AI，ロボットなど情報科学との接点を明らかにするとともに，心の哲学との対話を展開
○認知科学の歴史を体系的に理解でき，研究射程を広げる手がかりともなる必携のシリーズ

1　心と身体　　嶋田総太郎（編）

自己認識からロボット・VR 研究まで，身体の処理に根差しつつ，それをはるかに超える抽象的な知性が獲得されるメカニズムに迫る

〈執筆者〉嶋田総太郎・佐治伸郎・阿部慶賀・寺澤悠理・宮崎美智子・長井隆行・鳴海拓志・畑田裕二・田中彰吾

2　心と脳　　川合伸幸（編）

知覚・多感覚統合，深層学習，社会性や行動の進化，意識，心の自然化といった多様な側面から，実体としての脳に迫る

〈執筆者〉川合伸幸・楊嘉楽・山口真美・林隆介・平井真洋・入來篤史・山﨑由美子・土谷尚嗣・鈴木貴之

3　心と社会　　鈴木宏昭（編）

発達，文化，状況論，エスノメソドロジー，学習，HAI など，多角的アプローチで社会的存在としての人間の姿を描き出す

〈執筆者〉鈴木宏昭・千住淳・石井敬子・香川秀太・高梨克也・坂井田瑠衣・益川弘如・小野哲雄・長滝祥司

4　心をとらえるフレームワークの展開　　横澤一彦（編）

統合的認知，プロジェクション，予測的符号化，圏論，記号創発システム，脳型 AI 開発など，認知の本質に迫る新たな潮流を示す

〈執筆者〉横澤一彦・鈴木宏昭・大平英樹・乾敏郎・布山美慕・西郷甲矢人・谷口忠大・山川宏